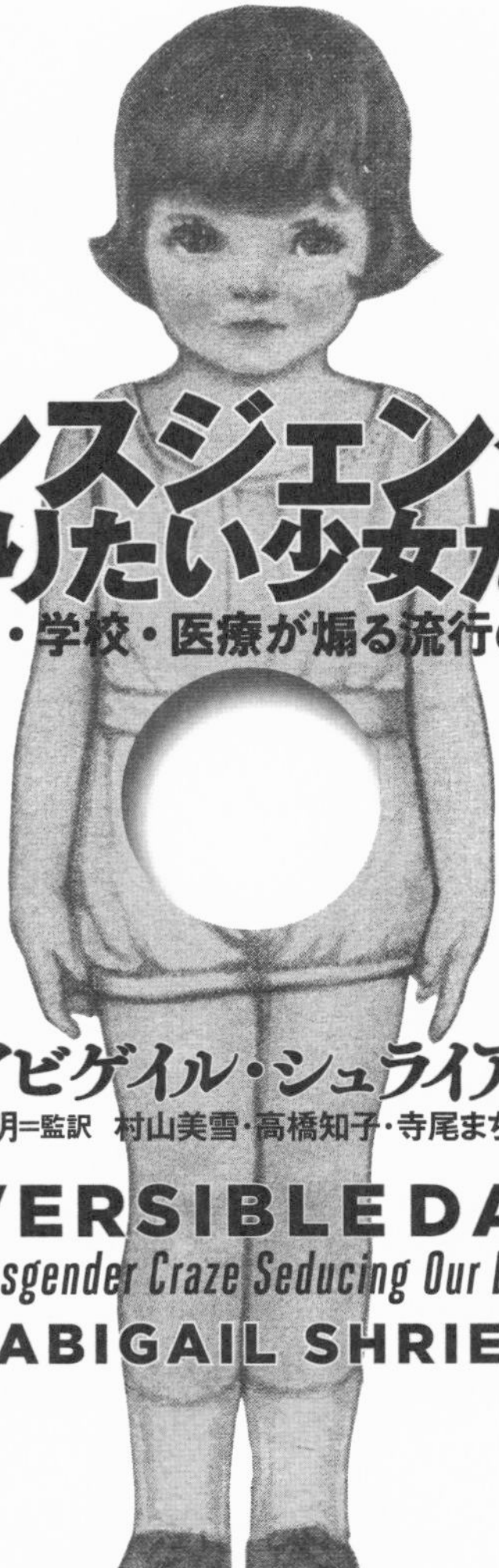

トランスジェンダーになりたい少女たち

SNS・学校・医療が煽る流行の悲劇

アビゲイル・シュライアー
岩波明＝監訳　村山美雪・高橋知子・寺尾まち子＝共訳

IRREVERSIBLE DAMAGE

The Transgender Craze Seducing Our Daughters

ABIGAIL SHRIER

産經新聞出版

トランスジェンダーになりたい少女たち

Irreversible Damage:
The Transgender Craze Seducing our Daughters
by Abigail Shrier

本書への賛辞

「今年最高の1冊」——タイムズ紙（ロンドン）
「今年最高の1冊」——エコノミスト誌
「今年最高の1冊」——サンデー・タイムズ紙
パブリッシャーズ・ウィークリー誌ベストセラー！

「『トランスジェンダーになりたい少女たち』はパンチがきいた分析力にすぐれた作品であり、ジャーナリストらしい強い関心と簡明さが最大限に発揮されている」

——クリスティーナ・パターソン（サンデー・タイムズ紙）

「恐れ知らずの本書は大人の文化戦争で少女たちの身体がいかに巻添え被害を受けているかを明らかにしている」

——ジャニス・ターナー（タイムズ紙）

「じゅうぶんな証拠《エビデンス》にのっとり示唆に富んでいる……いま起こりつつある危機を説得力をもって垣間見せている」

——サラ・ディータム（デイリー・メール紙）

「『トランスジェンダーになりたい少女たち』は類まれなる労作だ。本書ではおもに十代の少女を狙い撃つ思想の成り立ち、とりまく状況及びその影響がつまびらかにされている。その年代の少女が標的になっているのは、この十年でジェンダー・クリニックを訪れる子供――そのほとんどが女子だ――の数が四〇〇〇パーセント増加したことからも明らかだ。シュライアーは子を持つ親であり、オックスフォード大学、コロンビア大学、イェール大学で学位をおさめた弁護士であり、ウォール・ストリート・ジャーナル紙に寄稿するジャーナリストである。彼女は現在起きている現象を幅広く、そして深く掘りさげるべく、医師や研究者、教師、セラピスト、トランスジェンダーを自認する成人や未成年者、その親たちにインタビューをし、ふたつの問い「なぜ?」「これからどうなるのか?」への答えを探った。十代の少女というのは大人への道に立ちはだかる難題を乗りこえなければならない。その少女たちを、いま社会的伝染病が襲っている。その病を生んだのはSNSのインフルエンサーや学校の教師、メンタルヘルスの専門医をはじめとする医師、計算ずくの活動家たちだ。彼らがいかにしてその社会的伝染病を生み、広げたか、その過程をシュライアーは驚くほど克明につづっている。徹底的な調査を行ない綿密に構成された本書は、個人の物語や生い立ち、解説、調査報告、親のための手引を巧みに織りまぜた論文と言えよう。『トランスジェンダーになりたい少女たち』によって、英雄のマントをまとい、その陰で悪意をみなぎらせて、次世代をになうまだ免疫を持たない大切な子供たちを飲みこもうとしている現象は幕をおろす。娘を持つすべての親、子供に心を寄せるすべての人にとって必読の書だ」

――マリア・ケフラー（ザ・フェデラリスト誌）

「アビゲイル・シュライアーの新作はこの十年で思春期の少女たちに広まった急速発症性性別違和の流行に関する傑出した調査レポートだ。親、教師、教会、コミュニティのリーダー、そして若い女性たちの幸福を願うすべての人々にとって貴重な情報源である」

——ジーン・C・ロイド（パブリック・ディスコース）

「トランスジェンダー運動が驚くほど短期間でもたらした悪影響を見つめる、慎重かつ容赦ない視点。シュライアーは西欧を席巻したトランスジェンダー大流行を考えなおす機会をわたしたちに与えている」

——ジョナサン・ヴァン・マレン（アメリカン・コンサヴァティヴ誌）

「性別移行はこの時代でもっとも物議をかもす問題となった。そのため、わたしたちの大半は話題にすることさえ避けようとしている。そうした逃避こそが、同じ人間である人々の苦しみから目をそらす口実を多数派に与えているのかもしれない。アビゲイル・シュライアーは敢然と難問にぶつかることを選んだ。非常にセンシティブな論争にまっすぐ飛びこんだのだ。その結果、傷つきやすい集団、すなわち十代の少女たちに対する思いやりにあふれた本書ができあがった。本書は理解しやすく明快で説得力があり、読みつづけたくなる。きっと問題から目をそらす理由がなくなるだろう。多くの少女や女性を気にかける人々すべてにとっての必読書だ」

——アヤーン・ヒルシ・アリ（オランダ元下院議員）

これまでにチェコ語、フランス語、ドイツ語、ヘブライ語、ハンガリー語、ポーランド語、スペイン語、スウェーデン語、トルコ語、日本語への翻訳権が売却済み。

ザックに
あなたの愛はわたしの秘密兵器

著者注記

当然ながらティーンエイジャーはまだ大人ではないとわたしは考えています。明瞭《めいりよう》かつ公正にお伝えするため、女性として生まれ、現在のトランスジェンダーの熱狂の波に巻きこまれた十代の少女たちは〝彼女〟と表記しました。

大人のトランスジェンダーについてはまたべつです。まぎらわしくならないよう、できるかぎり本人が望む名前と人称代名詞を使用しています。

最後に、本人が特定されたり、戦い疲れた親が裏切り者と責められたりしないよう、トランスジェンダーと自認する思春期の当人（と親）の名前や身元の詳細は変えています。今回の社会的伝染におちいった人々の物語はとても似かよっているので、どなたかを連想される読者もおられるでしょうが、それは人違いにほかなりません。

はじめに　伝染

ルーシーはもともと〝女の子らしい女の子〟だったと母親は断言した。幼い頃はふだんからハイヒールを履いてフリル付きのワンピースを着たがり、ビーニー・ベイビーズ〔アメリカで人気の動物のぬいぐるみシリーズ〕と、ウサギ、スナネズミ、インコなど可愛がっていたペットたちにかこまれた部屋で寝ていた。大好きな遊びはおめかしで、ドレスやウィッグをトランクいっぱいに詰めこんで、さまざまな登場人物に成りきっていたけれど、そのどれもが女性だったという。ルーシーが少女時代を過ごしたのは一九九〇年代後半で、女性が主人公のディズニー映画、なかでも〈リトル・マーメイド〉をとても気に入っていたし、その後は映画〈トワイライト〉シリーズにも夢中になった。

早熟で、五歳で小学四年生向けの本を読み、のちに学区で入賞するほどの芸術的才能も早くからあらわしていた。ところが、中学校《ミドルスクール》に進級するとルーシーは急に落ち着きを失い、しじゅう沈みこむようになった。裕福な両親——母親は南部では名の知られた弁護士——は治療法や治療薬を求めて娘を精神科医やセラピストに診せたが、会話療法《トーク・セラピー》や薬では、ルーシーの学校生活のさまたげとなっていたもの、すなわち彼女を受け入れたがらないほかの少女たちからなにげなく仕掛けられる仲間入りテストをまたしくじるかもしれないという不安は、克服できるはずもなかった。

ルーシーにとっては男子のほうがめんどうくさくなかったので、高校ではずっと男性の友達やボーイフレンドと過ごしていた。家庭も順風満帆ではなかった。姉が薬物中毒におちいり、大嵐に見舞われたかのように一家は打ちのめされ、両親の関心はそちらにうばわれた。浮き沈みのはげしいルーシーはついに双極Ⅱ型障害と診断された。だからといって女性の友人をつくるのが苦手なことは解決されず、気が楽になるわけではなく、心の平穏も取り戻せなかった。

昨今のご多分にもれず、北東部のリベラルアーツ・カレッジでは、みずから申請した名前、性的指向、人称代名詞の使用を認めている。ルーシーも入学時に居場所を見つけられそうな予感と今度は受け入れてもらえるかもしれないという期待をいだいて、申請登録した。その秋の終わりに不安感が増してくると、数人の友人たちとともに、自分たちの苦悩は流行中の〝性別違和《ジェンダー・ディスフォリア》〟が要因だと結論づけた。それから一年と経たずに、ルーシーはテストステロン〔代表的な男性ホルモン〕の投与を受けはじめた。けれどルーシーを引きこんだ、言うなればほんとうのドラッグは、新たなアイデンティティを得られるという期待だ。髪を剃《そ》りあげ、男物の服を着て、新たな名を持つのは、女性から男性へ生まれ変わる洗礼式のようなものだった。

次の段階は――本人が望むなら――通称〝トップ手術〟、すなわち両乳房の自主切除となる。

「なぜ娘さんは性別違和ではなかったと言いきれるのですか？」わたしはルーシーの母親に尋ねた。

「これまでずっとそのような兆候はいっさい見られなかったからです。娘は自分の身体を不快に感じているような言葉は一度も口にしたことがありません。初潮を迎えたのは四年生のときでとても早かったので、だいぶ戸惑ってはいましたが、身体についての不満は聞いた憶《おぼ》えがないんです」

母親はいったん口をつぐんで、わかりやすい例を思い起こして語ってくれた。「あの子が五歳のときにわたしがショートヘアにしてあげたら、男の子みたいに見えると言ってわんわん泣いていたくらい、いやがっていました」さらに言いそえた。「男の子とデートをしていましたし。あの子がデートをしていたのは男の子だけでした」

本書は大人のトランスジェンダーについて書いたものではないが、執筆を進めるなかで、いまは女性として、あるいは男性として生きる多くの人々からも話を聞いた。みな親切で、思慮深く、良識ある人々だ。自分の身体がまったく間違っているかのようで、嘘のようにも思えてしまう、やりきれないいらだちを語ってくれた。みな物心がついてからずっとそんな思いに悩まされていたという。

そうした違和感は決して得意な気分にさせてくれるようなものではなく、ほとんどの場合には不安と戸惑いを生みだした。その誰もが、共感しあえる相手をひとりも知らずに成長し、助言をくれる導師《メンター》を見つけられるインターネットもまだ普及していない時代だった。でも、メンターを求めていたわけではなかったし、必要としてもいなかった。自分たちの感覚の正体をわかっていたからだ。異性になりさえすればもっと心地よく生きられることを。有名になりたくてそのような人生を選んだわけではない。彼らにとっては〝パス〟〔本人が望む性で社会的に認識されること〕すればいいだけで、ほとんどが放っておいてほしいと望んでいる。

公表の許しを得て、またはオフレコで、そうした人々から話を聞いた。誠実で勇気ある彼らにわたしは敬意をいだかずにはいられなかった。そのうちのひとりはいま友人でもある。トランスジェンダー・アクティビズムで彼らのためと主張されていることの多くは、本人たちの言いぶんではないし、本意でもない。この人々は昨今の十代の少女たちを苦しめているトランスジェンダーの大流行とはほとんど関わりがない。

この状況は十七世紀のセイラム魔女裁判に重ならなくもない。十八世紀の神経症や、十九世紀の神経衰弱症の大流行にも同じことが言える。[1] 二十世紀には、神経性無食欲症〔拒食症〕[2]、抑圧された記憶[3]、食欲異常亢進《こうしん》（過食症）、自傷[4]行為の伝染が見られた。そこには自身の精神的苦痛を声高に広めたことで名を知らしめた先導者がいる。思春期の少女だ。[5]

少女が苦悩しているのは事実だとしても、心理学的に必要不可欠なことより励ましや助言に左右されがちな自己診断はどうしても誤りやすい。

三十年まえなら、そうした少女たちはやせ細りながらも脂肪吸引を望んでいたのかもしれない。二十年まえだったら、現在トランスジェンダーだと自認する十代が、幼い頃のトラウマのせいで抑圧されていた記憶を〝発掘〟していたのかもしれない。このところ大流行している診断名は、悪霊の憑依《ひょうい》ではなく、〝性別違和《ジェンダー・ディスフォリア》〟だ。対処法は悪魔祓《ばら》いでも、浄化するための下剤でもない。男性ホルモンのテストステロンの投与と、乳房を切除する〝トップ手術〟だ。

アメリカ合衆国憲法の修正条項から好きなものを選ぶなんてばかばかしいことだと思われるかもしれないが、わたしなら第一条を選ぶ。わたしがトランスジェンダー政治《ポリティクス》の世界へ裏口から足を踏み入れることになったのは、言論の自由を守りたいという強い思いからだった。

二〇一七年十月、わたしが住むカリフォルニア州で、患者が申請した人称代名詞（heやsheやtheyなど）の使用を拒んだ医療従事者に懲役を科す法律が制定された。*6 ニューヨーク州でも、雇用主、家主、事業主を対象とする同様の法案が可決されている。*7 どちらの法律についても、違憲であるのは火を見るより明らかだ。アメリカ合衆国憲法修正第一条により、政府から干渉を受けずに、不人気なことも言える権利が長らく守られてきた。政府が求める言葉の使用をわたしたちが拒む権利も保障されている。

合法かどうかの境界線上ではなく、一目瞭然《りょうぜん》に判別できる問題だ。一九四三年のウェストバージニア州教育委員会対バーネット裁判では、最高裁判所が、アメリカ国旗への敬礼を児童に強制することは違憲との判断を示している。多数派意見を書いたロバート・H・ジャクソン判事は次のように宣言した。「わが国の憲法という星座に恒星があるならば、それは公務員が地位の高低にかかわらず、政治、ナショナリズム、宗教、その他の分野の意見について、なにが正当であるべきかを指図したり、市民に対してそれらに関する個人の信念をことばまたは行為を通じて明かすように強制することはできないという点である」〔『ブリタニカ国際大百科事典　小項目電子辞書版』二〇一一、「ウェストバージニア州教育委員会対バーネット裁判」〕

政府が児童に国旗への敬礼を強制できないのなら、医療従事者に特定の代名詞を使用するよう強いることもできないはずだ。アメリカ合衆国では、政府が人々に発言を強制できない――礼儀を示すためであろうと、どのような理由であろうとも。

わたしはこの件についてウォール・ストリート・ジャーナル紙に『トランスジェンダー言語戦

争』という見出しで寄稿し、ひとりの読者――南部の著名な弁護士でありルーシーの母親――がその記事に希望を見出《みいだ》した。彼女は仮名でわたしに連絡をくれて、子供の頃には性別違和の兆候はまったく見られなかったのに、思春期になって〝トランスジェンダー〟だと言いだした自分の娘について書いてほしいと求めた。母親によれば、ルーシーは思春期の少女たちに新たに自認した性別へ移行する術《すべ》――身なりや歩き方や話し方――を指南するトランスジェンダーの導師《メンター》たちが勢揃いしているインターネットを活用して、新たな自己を発見したという。どのサイトで最高のブレストバインダー（乳房を平らに締めつける下着）が売られているのか、無料で親にわかりづらい包装で送ってくれる団体はどこなのか。医師にホルモン投与をしてもらうにはどうすればいいのか。親をあざむいたり、新たな性自認《ジェンダー・アイデンティティ》を受け入れてもらえない場合にはその親と完全に決別したりする方法もインターネットで知ることができる。

テストステロンの投与の影響と、母親曰《いわ》く背徳の魔力のせいで、ルーシーは無愛想で攻撃的になり、新たに自認した性別について説明したがらず、尋ねても答えようとはしなかった。母親を〝門番《ゲートキーパー》〟だとか〝トランス嫌悪《フォビア》〟だとなじった。「ずっとまえから違和感を覚えていた」「もともとトランスジェンダーだった」というルーシーの作り話は、インターネットからそのままそっくり引用したものだと母親はのちに気づいた。

ルーシーはひどく興奮しやすい気質に様変わりして、両親が本名で呼んでしまったり、新たな人称代名詞を間違えたりすると、激昂《げきこう》するようになった。あっという間に、もとのルーシーの面影は失われた。生物学的には支離滅裂としか思えないようなジェンダー思想《イデオロギー》に突如として取り憑《つ》かれてしまったかのような娘に、両親は危機感をつのらせた。ルーシーはカルト教団に入信したみたいだったと母親は言う。娘を取り戻せないのではないかと恐れていたと。

かつては性同一性障害と呼ばれていた性別違和は、自身の生物学的な性別にはげしい不快感をいだきつづけるのが特徴だ。[*8] おおむね二歳から四歳の幼少期に発現するが、思春期にとりわけ顕著に見られる場合もある。だが、その七〇パーセント近くは子供の頃に性別違和を認識する。[*9] そのような状態に悩まされるのは歴史的に見て全人口からするとごくわずかな人々（およそ〇・〇一パーセント）で、ほとんどが男児だ。現に二〇一二年までの科学論文では、十一歳から二十一歳の女児で性別違和を発現した事例は示されていなかった。

この十年で状況は激変した。西欧諸国では、性別違和を訴えて〝トランスジェンダー〟を自認する思春期の少女たちが急増している。医学史上初めて、そのように自認する人々のなかに女性として生まれた少女たちが現れただけでなく、全体の大きな割合を占めるようになったのだ。[*10]

どうしてなのか。何が起こったのだろう？　性別違和に悩まされる人々のなかで常に少数派だった思春期の少女たちが、なぜ多数派を形成するに至ったのか？　それ以上に重要なのはおそらく、圧倒的多数だった男児に替わって思春期の少女が大半を占めるようになった男女比の逆転がどうして起こったのかということだろう。

わたしは南部の弁護士であるルーシーの母親に好感をいだき、すぐさま話に引きこまれたが、報道記者ではなく論説委員の立場だった。そこでべつのジャーナリストにその話を伝え、ルーシーの母親には信頼してまかせられる女性だからと請けあった。それからウォール・ストリート・ジャーナル紙でほかの論題の記事を書き、メールの受信箱からルーシーの母親の表示が消えてしばらく経っても、彼女から聞いた話がわたしの頭にずっとくすぶっていた。

三カ月後、わたしはあらためてルーシーの母親に連絡をとり、彼女が当初教えてくれていた関係者のすべてに取材を申し入れた。内分泌学者、精神科医、性自認を専門とする世界的に著名な心理学者ら医療従事者からも話を聞いた。心理療法士とも話した。それまでとは異なる性を自認することにより解放された経験者からその内面をうかがい知ろうと、思春期のトランスジェンダーと大人のトランスジェンダーにも語ってもらった。いったんはトランスジェンダーと自認したものの、その後性別移行《トランジション》を撤回した〝ディトランジスター〟、医療処置で外見を変えてしまったものの、後悔して、もとに戻そうとしている〝ディトランジショナー〟からも話を聞いた。思春期に突然トランスジェンダーを自認した人々について知るほどに、わたしはある疑問が頭から離れなくなった。この少女たちはいったい何に苦しめられているのか？

二〇一九年一月、ウォール・ストリート・ジャーナル紙にわたしが書いた記事が掲載された。『あなたの娘が生物学に逆らうとき』。すると千件近くのコメントが寄せられ、そうした意見にまた数百件の反響が届いた。トランスジェンダーの作家ジェニファー・フィニー・ボイランがすぐさま書いた反論は、二日後のニューヨーク・タイムズ紙の論説面に掲載された。その論説にも数百のコメントが寄せられ、それらにまた同じくらい多くの反響があった。それを機に、わが子にもわたしが書いたのとまったく同じ現象が起きていた、または子供が通う学校でそのような出来事を目撃したという読者からの電子メールがつぎつぎにわたしのもとに届くようになった。ある学校では、同じ学年の生徒たちが大挙して突然自分たちはトランスジェンダーだと主張してホルモン投与を願い出て、手術を切望しはじめたという。

ネット上でわたしに反発していたトランスジェンダー活動家《アクティビスト》たちにも、同じように話を聞かせてほしいと依頼した。それを聞き入れてくれた数人とは話をした。ディトランジショナーたちとも連絡をとりあった。わたしはＴｕｍｂｌｒ《タンブラー》〔ブログとＳＮＳの機能を持つプラットフォーム〕のアカウントを公開し、トランスジェンダーとディトランジショナーの人々に話を聞かせてほしいと呼びかけた。多くの人々が応じてくれた。Ｉｎｓｔａｇｒａｍ《インスタグラム》でも、#testosterone、#transboy、#ftmといったハッシュタグを付けて呼びかけ、何十万人ものフォロワーとつながりを得た。この問題について言いたいことがある人はぜひ聞かせてほしいと何度も繰り返し呼びかけた。そうして得られた話をもとに本書は生まれた。

　これはアメリカ人が耳を傾けなければいけない話だ。思春期の娘がいてもいなくても、わが子が昨今のトランスジェンダー旋風に巻きこまれていようがいまいが、アメリカがこうした大熱狂を生みだす肥沃《ひよく》な土壌となった要因は、この国の文化的弱点と切り離して考えることはできない。親の権威が失墜し、専門家まかせとなり、科学界と医学界の反対論者たちは及び腰で、言論の自由の推進がさらなる危機にさらされ、重大な影響をもたらしかねない医療法が制定されている。そして、インターセクショナル〔人種、ジェンダーなど複数の要因が交差して生じる社会構造や差別をとらえる概念〕時代の幕開けとともに、支配的なアイデンティティから逃れたい人々が被害者集団にまぎれこもうとしている。

　そうした思春期の少女たちについて語るにあたって、わたしは二百人近くにインタビューし、およそ五十家族から話を聞いた。親たちの説明に拠《よ》るところも大きい。従来の性別違和は幼少期に発現し、身体への不快感を〝長期にわたり絶えず、強烈に、一貫して〟覚えつづけるのが特徴

（幼児が容易に隠せるものではない）なので[*11]、親は概して、思春期の少女たちが幼い頃から性別違和を強く感じていたのかどうかをよく知る立場にある。言い換えるなら、これほど多くの十代の少女たちが苦しめられている要因が、従来の性別違和なのか、それともまったく異なる現象なのかについても、いちばんよく知りうるのは親だということだ。

思春期の少女たちがトランスジェンダーだと自認することや、新たに自認した性別での暮らしを築くことについてどのように感じているのか、親にはわかりようがないと思われている。けれど、子供たちの学業や仕事の状況、経済状況、家族関係、またはその絆《きずな》の欠如、さらには友人関係や、友人がいないことまでも、事実を語ることができるのは親だ。トランスジェンダーを自認する思春期の少女たちがまだ学生生活を送っているのか、退学してしまったのか。昔からの友人たちとはまだ連絡をとりあっているのか。家族の誰とも話をしていないのか。恋人と将来設計を立てているのか。地元のコーヒーショップで働いて得られる賃金で暮らしていけるのか。

そうした思春期の少女たちの事情について、ましてやトランスジェンダーが感じていることまで自分が何もかもじゅうぶんに理解できたなどとわたしは思っていない。トランスジェンダーの成功物語はあちこちで語られ、称賛されている。その人々は人権を訴える横断幕を掲げて行進し、新たな文化的境界線を越えて、またひとつ人類を分断する壁を壊すのだと宣言している。

でも、十代の少女たちに吹き荒れている現象はそれとは違う。従来の性別違和ではなく、インターネットの動画に端を発している。ネット上の尊師《グル》たちにならって、女性の友人たちとともに手をたずさえて息をとめ、目をつむって誓いを立てる。そうした少女たちはトランスジェンダーを自認することで、しつこくさいなまれている不安から解放される。受け入れられたいという奥深い欲求が満たされ、いけないことをしているような高揚感や、魅惑的で心地よくひたれる仲間意識を得られる。

思春期のトランスジェンダーのひとり、〝カイル〟は、わたしにこう説明した。「カミングアウトする勇気が持てた理由の半分は間違いなくインターネット。ユーチューバーのチェイス・ロスのおかげ。十二歳のときだった。彼を信じて言うとおりにした」チェイス・ロスはわたしの取材に応じ、それがどういうことなのかを説明してくれた。彼の話については第3章でご紹介する。

この本に書かれているのは、愛情深く、勤勉で、親切な、良識あるアメリカ人家庭の話だ。正しいことをしようとしているのに、いまの社会では、親はますます偏屈でだまされやすい邪魔者とみなされているのだと気づかされる。それまで違和感を覚えたことはなかったのに、学校やインターネットで過激なジェンダー思想《イデオロギー》に触れて傾倒した十代の少女たちがもてはやされている。そうした少女たちの後押しをしているのは、同世代の仲間たちのみならず、セラピスト、教師、インターネット上の著名人たちだ。だが、そんな若さゆえの暴走の代償はピアスの穴やタトゥーではない。肉体のおよそ四五〇グラムもの切除だ。

トランスジェンダーは常に全人口のごく一部を占めている。けれどそれまで性別違和を感じたことのなかった悩める少女たちを引きよせて、ホルモン依存症や肉体を損なう手術に追いこむような昨今の熱狂が、いつまでも続きはしないだろう。これが社会的伝染なら、きっと社会がそれを食い止められる。

いわばフォロワーになっただけの思春期の少女たちに、そのような高い代償を払わせるわけにはいかない。

目次

※　本文中の（　）内は原著者による注釈、〔　〕内は訳者による注釈です。
日米で学校制度が異なるため、原著の一年生から六年生を小学生、七年生から九年生を中学生、十年生から十二年生を高校生としました。

また、本書の数字や肩書きは原著発売当時のものです。

なお「参考文献」「原注」では、邦訳出版された資料に関しては邦題を併記し、それ以外は原文ママとしました。

1　少女たち

一九九〇年よりまえに生まれたアメリカ人が「十代の少女」と聞いて思いうかべるのは、ショッピングモールで顔を寄せあってクスクスと笑っている少女たちや、パイル地のカーペットを敷きつめた寝室の床にあお向けになり、髪が乱れるのも気にせず同じ歌を繰りかえし聞きながら、真偽のほどはわからない恋愛話を種に、同じような話を延々としている少女たちだろう。そういったたわいない時間をともに過ごすうちに、真の友情が築かれるのだ。テレピン油のようなマニキュアの除光液の匂いが漂うなか、初めてキスをしたときのことや好きな人への思い、ファーストキスや恋への憧《あこが》れ、どちらにも興味のない心情を語りあう。

近年、十代の少女のあいだで起きているトランスジェンダーの流行を理解するには、今日の少女が右に挙げた少女たちのイメージとどれほど違うのかを探る必要がある。使う道具を現代のものに——たとえばＣＤをＳｐｏｔｉｆｙ《スポティファイ》に、電話でのおしゃべりをテキスト・メッセージに——替えればすむ話ではない。いま思春期にいる少女たちは、かつての十代が日々、人から直接与えられていた安らぎやなぐさめ、精神的苦痛を同じように受けることがめっきり少なくなった。以前は、デートに誘われたり、好きな相手にキスをされたり抱きしめられたり、振られたりすると、親友に報告して一緒に泣いたり喜んだり笑ったりした。言葉だけでなく口調や表情で、あなたはひとりじゃないと伝えあっていた。

初めてキスをしたときのことはいまも覚えている。相手はジョエル。ランチタイムに、わたしたちが通っていたユダヤ系の学校の裏でのことだった。彼の茶色の目はうるみ、息はシナモンガムのような匂いがした。わたしの唇を割る彼の舌、荒い息づかい、男性用フレグランス、ドラッカーノワールの濃厚な甘い香りにわたしは頭がくらくらして、声を出すこともできなかった。

彼から離れると、努めてふだんと変わらない風を装って中に戻った。どこか変に見える？きっと変だと思われている。世の中の分子配列がなんとなく変わったような気がした。わたしは駆けだしたくなった。叫んで、声をあげて笑いたかった。それと同時に、なぜかジョエルとのキスをなかったことにしたい気持ちもあった。何か悪いことをしてしまったような気分になったのだ。一九九〇年代の中学生の倫理観に照らしてわたしにできたことは、彼がリードするキスを受け入れることだけだった。なんといっても、わたしはジョエルのガールフレンドだったのだから。

その関係も二週間後には終わっていた。ジョエルがわたしの友人のひとりに、「あいつはキスがうまくない」と言ったのだ。そりゃそうでしょう。もう一度言うが、まだ十二歳だったのだ。彼にしたらすぐにでも別れたかったのだろうけれど、わたしがひとりでいるところを捕まえて、直接話せる機会を待たなければならなかった。

友人のヤエルは、ジョエルの友人たちから聞き出したこと――わたしがガールフレンドとしてどれだけふさわしくないかを山ほど――をこと細かに伝えてきた。わたしはジョエルと縁を切り、以前からの友人たちのところに戻った。アーロンは、わたしがしばらくの間、つきあいが悪くなっていたのでさびしがっていたし、ジルは最初からジョエルのことをたいしていいとは思っていなかった。アリエルはここぞとばかりに、短期間ではあったが恋を実らせたわたしにいじわるをしようと、ジョエルがわたしよりジェニファーを気に入っているのはみんな知っていると言ってきた。いちばんの親友でも、こちらが望むなぐさめの言葉をかけてくれるとはかぎらない。

とはいえ、彼女たちの支えがどれほどもの足りなかったとしても、そんなものだろう。わたしと別れたことをジョエルがまわりに話すと、ヤエルは状況を逐一わたしに報告し、アーロンは親切心からわたしの心の傷についていっさい触れなかった。ジルは目をぐるりとまわして、サッカーをしようと何度も誘ってくれた。アリエルはがみがみとわたしを叱って、彼女たちのところに引っぱり戻してくれた。わたしを傷つけるにしろなぐさめるにしろ、直接わたしの目をじっと見て言葉を吐いた。どの人も、しようと思えば手を伸ばして抱きしめることができた。

こういった思春期の戸惑いは、一九九〇年、八〇年、七〇年、それにおそらくずっとさかのぼって四〇年代に生まれた女性ならば多かれ少なかれ経験しているだろう。わたしと同じ、一九七八年生まれの女性――わたしたちの頃のアメリカの十代はまるで荷電粒子みたいで、互いにぶつかりあっていた――には、いまの思春期がどのようなものか想像がつかない。[*1]

わたしたち世代が十代だった一九九〇年代の初め、アメリカにおける十代の妊娠率はピークを迎えた。[*2] 以来、急激に下降しだし――セックス経験率も同様だ――ここ数十年、最低の数字が続いている。[*3] これには機会の欠如も一因になっているだろう。今日の若者は友人と直接顔をあわせている時間が、X世代〔欧米諸国で一九六〇年代～八〇年代初め頃に生まれた世代〕が十代だった頃よりも、一日につき最大で一時間少ない。[4] ああ、神さま、いまの若者のなんとさびしいことか。公的な調査によると、彼らはほかの世代よりもはるかに孤独を感じている。[5]

だが、郷愁の罠《わな》に惑わされてはいけない。二〇〇〇年代初めに生まれた世代（〝Z世代〟または〝i世代〟）についての専門家である心理学者のジーン・トゥエンギによると、今日の十代は、それまでの世代よりもはるかに寛容だそうだ。十代の妊娠中絶率も下降線をたどっている。[6] 中学校のトイレでフェラチオをする生徒の多さについて広く社会に警鐘《けいしょう》が鳴らされたときから、何十年と経った。

　現代のじつに聡明《そうめい》で有能な若い女性がいかにトランスジェンダー・ブームの犠牲になりかねないかを理解するには、今日、思春期の少女たちが多大な苦悩を抱えていることに目を向けることからはじめる必要がある。アメリカやイギリス、カナダでは、十代の若者たちが心理学者のジョナサン・ハイトの言う〝メンタルヘルス危機《クライシス》〟――不安症やうつ病の患者数の記録的な数値がそれを物語っている[7]――におちいっている。

　二〇〇九年から二〇一七年にかけて、自殺を考えたことのある高校生の数が二五パーセント増加した。[8] 臨床的うつ病と診断された高校生の数については、二〇〇五年から二〇一四年にかけて三七パーセント増加している。ここで犠牲になっているのは男子より女子だ。うつ病を経験した割合は男子の三倍にのぼる。[9]

　うつ症状を訴える数が男子よりも女子のほうが多いだけだと思われないために、ハイトは自傷行為におよぶ平均的な割合も同様の傾向を示していると指摘している。二〇〇九年以降、十代の女子全体で、自傷行為におよんだ数が六二パーセント増加しているのだ。[10] 十代前半、十歳から十四歳の女子に関して言うと、二〇一〇年以降、一八九パーセント――わずか六年まえの三倍近くになる――増加している。

何が起きているのか？　ポッドキャストのホスト、ジョー・ローガンはハイトに尋ねた。不安症やうつ病、自傷行為の数が急激に増えたのはなぜなのか？　「原因はSNS（ソーシャル・ネットワーキング・サービス＝会員制交流サイト）だ」とハイトは即座に答えている。[11]

トゥエンギはアトランティック誌でこう述べている。「ここ数十年、i世代が最悪のメンタルヘルス危機に瀕《ひん》していると言っても過言ではない。状況の悪化をまねいた大きな要因は携帯電話にあると考えられる」[12]

二〇〇七年、iPhone《アイフォン》が発売された。その約十年後の二〇一八年には、ティーンエイジャーの九五パーセントがスマートフォンを持つようになり、その四五パーセントが〝ほぼ一日じゅう〟、スマートフォンをいじっているとの報告がある。[13] 十代の若者に人気のあるTumblr、Instagram、TikTok《ティックトック》、YouTube《ユーチューブ》には、拒食症（やせる努力を鼓舞するもの）やリストカット、自殺など、自傷行為を促すさまざまなコンテンツが投稿されている。苦悩を味わった自身の体験を語れば、何百、いや何千というフォロワーを獲得できる可能性がある。[14] スマートフォンの登場以来、拒食症やリストカット、自殺の数はいずれも劇的に増えている。[15]

実際、アメリカの十代の少女は、自分の身体が理想の体型にならないのではないかという不安が服を着て歩いているようなものだ。以前は、理想の美を体現する女子がクラスに何人かいたはずだ。生まれつき美人で、ロッカーにもたれて髪の毛をかきあげ、くわえて――わたしにはほとんど理解不能だったが――いつ微笑めばいいかやいつ口を閉じればいいかを知っている少女たちだ。わたしのクラスには典型的な美人と称される少女が何人かいた。わたしをふくめ、残りの女子はそれを渋々ながら認めていた。とはいえ、彼女たちでさえ完璧《かんぺき》ではなかった。それほどでもなかったのだ。彼女たちも人間だ。実際につきあえば（常に顔をあわせてのつきあいだ）わかるように、いいかげんだったり傷つきやすかったり、恥をかいたり過ちをおかしたりしていた。香水の匂いをぷんぷんさせてもいた。微笑めば歯列矯正装置がきらりと光った。思春期は誰にでも訪れる。しかも、なんの前ぶれもなく。経血が洩《も》れてジーンズを汚し、体操着には汗染みができた。

ＳＮＳに登場する人たちは、いわば今日の十代と密接に関わり、一日の大半をともに過ごす〝友人〟で、生身の人間に見られる欠点がひとつもない。細部まで計算され、〝顔に修整がくわえられた〟[*16]写真は、生身の少女にはとうてい達することができない美の基準を示している。そういった写真は常に少女たちのポケットに入っていて、彼女たちの不十分であることに対する恐れを増幅させ、自分で欠点だと思い込んでいる欠点へのこだわりを強めさせる。[*17]

文句のつけようのない容姿であっても、十代の少女というのは自分の身体を――ほかの少女の身体についても――残酷なほど厳しい目で見る。そこにきていまはＳＮＳが顕微鏡を提供し、足し算引き算を行なう。

美という点で、あなたはあなたの友人よりどれほど劣っているだろうか？　今日の少女たちは、それをあえて考える必要はない。単に〝いいね〟の数を比較すれば簡単に答えが出る。何が欠点かはあらかじめ決まっていて、公的なものであると同時に非常に個人的なものでもある。

ＳＮＳは人に不安と悲しみをもたらすと誰もがわかっている。それに思春期の少女たちは集団になったときが、いちばん否定的な影響を受けやすいということも。だが、それだけではない。かつて思春期の少女はカップルやグループで人生の難題に立ち向かったが、いまの少女たちはその難題にひとりで向きあいがちだ。

Z世代はそれまでの世代ほどパーティに行かないし、友人と出かけたりデートをしたりしない。それにドライブを楽しんだりショッピングモールに行ったり、映画を観に行ったりもしない。[*18] 二〇一五年には、高校三年生が友人と出かける頻度が、六年まえの中学二年生よりも低くなっていた。[*19] 友人と会うときは、親につきそってもらうことがはるかに多くなっている。

母親が常にそばにいれば、危険を冒すおそれ——喫煙や飲酒、無謀運転のおそれ——は低くなる。それはいいことのように思える。運転免許の取得が可能な高校生のうち、実際に免許を持っているのは七一パーセントにとどまる。この数字はここ数十年でもっとも低い。

しかし、甘やかしは代償をともなう。大人への道は平坦《へいたん》ではなく、危険への挑戦はそこに欠かせない橋である。[*20] トゥエンギによると、今日の十八歳は情動面の成熟度がX世代の十五歳と、今日の十三歳はX世代の十歳と同程度だという。「十代の若者は物理的には以前よりも安全になったけれど、精神的にはもろくなっている」と彼女は言う。[*21]

若者たちは思春期特有の無防備さがもたらす傷に苦しむことがかなり少なくなっているが、その反面、そういった傷によって鍛えられることもない。思春期の挑戦という竈《かまど》に飛びこめば、傷を負って苦しむかもしれない。だが、その苦しみを乗り越えれば、精神的にたくましくなれるだろうし、もろさはなりをひそめる。

現代におけるトランスジェンダーの急増について調査する過程で、わたしは五十人以上の親と話をした。そのなかで、こういったことを何度も聞いた。「うちの娘は十七歳なのですが、傍目には十四歳に見えるでしょう」

トランスジェンダー・ブームに踊らされている思春期の少女の多くは、上位中産階級のZ世代的な生活を送っている。〝親〟という言葉が動作動詞で、〝親〟が一生の仕事だとまで思っている親に大切に育てられた彼女たちは、その多くが優秀な生徒だ。トランスジェンダー・ブームが起きるまでは、協調性があって人好きがし、親に逆らうこともまったくないと評判の子たちだった。煙草を吸ったこともなく、酒を飲んだこともない。

性的にませているわけでもまったくない。相手が男子であれ女子であれ、キスをしたことがない子が多い。トランスジェンダーという性自認の問題を抱える思春期の少女の診察を主としているセラピスト、サーシャ・アヤドによると、彼女たちの多くはマスターベーションの経験もないという。彼女たちにとって、自分の身体は謎であり、心の奥底にある願望は眠ったままで本人もわかっていない。

しかし、彼女たちは痛ましいほど苦しんでいる。不安にさいなまれ、うつ状態にある。精神的に不安定で、怖がっている。幼児がベッドの端に寄ってはいけないことを学ぶように、[*22]彼女たちは不安定な自分と、SNSで理想とうたわれている魅惑的な女性とのあいだには、危険で深い溝があると悟っている。そして、その溝を埋めるのは不可能だと感じている。

インターネットのせいで、彼女たちは一日も、いや一時間も心が安まる時がない。十代らしく恋をしてときめいたり落ちこんだりしたいと思っているが、一日の大半はiPhoneを見て過ごしている。リストカットを試してみたり、食事を拒否してみたりする。すると親は娘を精神科医のところに連れていって、落ち込んだ心を綿で覆うように癒《いや》す薬を求める。それはそれで役に立つ。もっとも、何かを感じることが大切だとされないかぎりではあるが。

本来、十代の少女の十八番《おはこ》である馬鹿騒ぎの楽しみはどこに行ってしまったのだろうか？　彼女たちは親の昔話を何度も聞いているし、少女たちがはしゃぐ映画を観たことだってある。親の世代が経験した車での大胆な長旅も、運転免許を持っている友人がほとんどおらず、親たちも自分の子供が免許を取ることを好まないとあって、経験しにくくなっている。ショッピングモールは、閉鎖されていなければ気が向いたときに（実際、気が向くことはないが）、行くことはできる。居住地の環境と、携帯電話によってもたらされる巧みにカスタマイズされた迷宮の通路は比較することすらできない。

十年まえなら、男性に性転換した女性がいると言われれば、一九九九年に公開された伝記映画〈ボーイズ・ドント・クライ〉でヒラリー・スワンクが演じたティーナ・ブランドンを思いうかべるかもしれない。スワンクの性格描写はじつに印象的だった。ティーナ・ブランドンは〝ブランドン・ティーナ〟と名前を変え、男物の服を着て女性を追いかけ、ビールをあおり、ネブラスカ州の田舎町を車で走りまわっていた。女性だと見抜かれることはほとんどなかった。ブランドンがいだく幸せの形はきわめて保守的だった。ブランドンが望むのは理想の女性を見つけ、その女性の心を射とめて結婚し、彼女を幸せにすることだった。

映画を観る者は、彼女が理想の人生を手に入れることを願わずにはいられない。ブランドンが雄々しいまでに耐えている周囲からの攻撃、彼女が暮らす町や時代にはブランドンに優しく接する人や彼女の切なる願いを受け入れる人はいなかったという事実、彼女を待つのは悲劇でしかないという絶望的な結末、これらすべてが、胸が締めつけられる思いで観ている人の心にきざまれる。

　この映画に登場するブランドンと、現在、トランスジェンダーを自認している思春期の少女たちに共通するところはほとんどない。彼女たちは〝男性〟として認めてもらいたいわけではない。それはほんとうだ。総じて彼女たちはブランドン・ティーナが当然のように思っていた、男女という区別を否定している。いかにも男性がしそうなことをしようとは思っていない。ウエイトトレーニング器具を買ったり、フットボールを観たり、女の子をいやらしい目つきで見たりはまずしない。身体にタトゥーをいれたければ、女性的なデザインを選ぶ。花やアニメの動物など、典型的な男性――〝クィア〟〔一般的な性のカテゴリーに入らない人たちの総称〕や〝シスジェンダー〟〔生まれもった性別と自認する性別が一致する人〕の男性――が好むものとは異なるデザインを選ぶ。彼女たちは燃えさかる家のような、女性という枠から逃げたがっているのだ。どこか目的地があるわけでもなく、ただ逃げることだけを考えている。

　女性として生まれ、トランスジェンダーを自認する人のうち、陰茎形成術《ファロプラスティ》を実際に受けたり、受けたいと思っていたりする人はわずか一二パーセントだ[*23]。大半の人が男性の象徴と考えるであろうペニスを得ることは考えていない。サーシャ・アヤドはわたしにこう説明した。「わたしのところに来る女性の患者はみな、こういったことを言います。『男になりたいと思っているかどうかは自分でもわからない。ただ女でいたくないと思っているのは確かなの』と」

〝ジュリー〟

ほとんどの少女にとって、プロのバレエダンサーになれる見込みはないに等しいが、ジュリーの場合、中学にあがった頃にはその可能性が見えてきていた。彼女はポワント（トウシューズをはいてのつま先立ち）が得意で、所属していたバレエ・カンパニーでは主役の座を手にし、時間さえあれば踊っていた。夏はバレエに明け暮れることができる時期だった。毎年七月には、選ばれた生徒だけが参加できる集中レッスンを受けていた。

ジュリーの同性愛者であるふたりの母親——不動産弁護士とスクール・カウンセラー——はともにアメリカ中西部出身だ。彼女たちは思想《イデオロギー》があるわけでも活動家でもなかった。「わたしたちの友人のなかに同性愛者はひとりもいません。普通の友人関係です。標準的《ノーマル》な人ばかりです」ジュリーの母親のひとり、シャーリーはそう言うと、いきなり声をあげて笑った。「そんな言い方があるんですよ、〝標準的《ノーマル》〟って言い方が！」ジュリーが好きになる相手から考えて、彼女はストレートだと母親たちは思いこんでいた。それは彼女たちにとって喜ばしいことだった。

母親たちはジュリーに小学三年生まで自宅学習をさせ、四年生になってから私立の女子校に入学させた。彼女はすぐに優秀な成績をおさめ、まわりの生徒ともなんとかうまくやっていた。友人も多くはなかったが、何人かできた。「あの子は幼い頃から身体を動かすのが大好きでした。バレエのレッスンに通いはじめたのも、それが理由のひとつです。エネルギーの塊みたいな子でした」中学校で彼女は同級生を突き飛ばして、停学処分を受けたことがあった。「バス停で、バスを待っていた子たちが騒いでいたのです。あとでわかったことですが、相手の女の子は腹部の手術を受けたばかりでした。もちろんジュリーはそのことを知りませんでしたけれど」

中学三年生になると、生徒は課外活動に参加するよう促され、ジュリーは部員の多い生徒主体のクラブ、ゲイ・ストレート・アライアンス（GSA）〔セクシャル・マイノリティへの理解を進めるためのクラブ〕に参加した。母親ふたりはこれを彼女が、自分たちをふくめたコミュニティとつながりを持った証《あか》しだと歓迎した。だが、ジュリーはカミングアウトを機に、活動への参加をやめた。「わたしが知るかぎり、娘は自分はストレートだと言っていました。乙女チックで、いかにも女の子といった子でした。どう見ても標準的《ノーマル》だったのです」そう言うと、シャーリーはまた神経質そうに笑った。

ジュリーが性別違和を示したことは子供の頃も、思春期になってからも一度もなかった。「身体がまだ成長段階にあるというのに、プールではビキニを着ていたんですよ。いたって普通の十五、いえ十六歳でした」

母親たちはジュリーに、早朝に行なわれるGSAのミーティングに行かないでゆっくり寝ているよう何度も言ったが、彼女は言うことを聞かなかった。GSAにはローレンという、ジュリーより年上の高校二年生の少女がいた。ローレンはまわりからの評判がよく、ジュリーは彼女の虜《とりこ》になっているようだった。「口を開けばローレンの話ばかりでした」シャーリーはわたしに言った。

ジュリーがその新しい友人にあまりにも傾倒しているので、母親たちは少し心配になっていた。学校が終わるとしょっちゅうローレンに会い、アニメやコンピュータで作成した擬人化された動物のことを教わっていた。「それがトランスジェンダー・カルチャーにつながっているとは思ってもいませんでした」シャーリーはわたしに言った。ジュリーは芸術家のためのオンライン・コミュニティ、DeviantArt《ディヴィアントアート》――大勢のトランスジェンダーがフォローし、コメント欄にはジェンダー思想《イデオロギー》的なコメントが並ぶ――を見るようになった。*24

高校二年生のとき、ジュリーはバレエの〈シンデレラ〉でシンデレラ役を射とめた。公演には友人全員と学校の先生ふたりを招待した。「彼女は大喜びで、シンデレラをみごとに踊りきりました」だが、ジュリーが舞台後の挨拶《あいさつ》でステージに出てきたとき、ローレンが彼女を見つめているのにシャーリーは気づいた。ジュリーは「ちょっと恥ずかしそうで、沈んでいるように見えました。喜びがすっかり影をひそめていたのです」ローレンはすでに自分が〝トランスジェンダー〟であることをカミングアウトしていたが、ジュリーの母親たちはまだそのことを知らなかった。それに、ジュリーが自分もトランスジェンダーかもしれないと思っていることにも。

バレエで見られるような性別が明確になる演目は、トランスジェンダーという性自認が考慮されていない。思春期にあるトランスジェンダーの若者にとって、生まれもった性に即した振る舞いは最大の過ちだ。それは、責任感に欠ける人たち、ほんとうに〝シスジェンダー〟の人たちを自分と同じ嘘つきのように見せてしまう。

とはいえ、ジュリーはまだジェンダー思想《イデオロギー》を探っていた。その年、友人のひとりが授業で性自認について口頭での発表を行なった。その友人は性自認をはかるのによく知られるツール、〝ジェンダーブレッド・パーソン〟を紹介した。そこには人の形をしたジンジャーブレッド・クッキーのような絵と、度合いを示す矢印がいくつか描かれている。脳の矢印は〝自認している性〟を示し、心臓の矢印は〝性的対象〟を、胴体の矢印は〝表現したい性〟を、生殖器があるはずの部位の矢印は〝生物学的な性〟を示している。

ジュリーは強い関心を示したが、シャーリーは戸惑いを覚えた。「わたしはこう思ったのです。『こんなふうに人を分割して、これでほんとうに理にかなってるの？　どうして自分をこんなふうに分割しようとするの？』って」

高校二年生になってから、バレエ・カンパニーでほかのメンバーからいじわるをされたり、熾《し》烈《れつ》な競争が繰りひろげられたりで、ジュリーの受けるプレッシャーは激しさを増した。「ジュリーはくよくよ悩んだり、気を滅入《めい》らせたりしていました」母親たちはすぐに彼女をセラピストのもとに連れていった。最初のカウンセリングでセラピストは、ジュリーに性別違和がある可能性を告げ、内分泌科に行ってホルモン療法を受けてはどうかと提案した。「そこには一度行っただけで、行くのをやめました」

母親たちはべつのセラピストを見つけ、ジュリーは月に二、三度、カウンセリングを受けるようになった。「経済的にわたしたちにできたのは、そこまででした」ふたりはすでに私立校の高額な学費とバレエのレッスン料を払っていた。

セラピストはまずジュリーに、彼女の好きな名前と人称代名詞を尋ねることから始めた。ジュリーは男性の名前と男性を指す人称代名詞を挙げ、以降、セラピストはその名前で彼女を呼んだ。しかしジュリーは喜ぶどころか、いっそう不安をつのらせ、気分を滅入らせていくようだった。「カウンセリングに行くたびに、セラピストは彼女の思いを肯定していたのですが……ジュリーは腹を立て、冷ややかで生意気な態度をとるようになりました」

高校三年生になった頃にはバレエに嫌気がさし、べつの夢——男性になること——を追いかけだしていた。髪の毛を短くし、母親たちに新しい名前と人称代名詞を使うよう求めた。「最初はあの子の要求を受けつけませんでした。でもしばらくして、こう思ったのです。『まあ、あの子の言う通りにしてみてどうなるか様子を見ましょう』と。状況は変わりませんでした。彼女が選んだ名前であの子を呼びはじめると、もっと腹を立ててよそよそしくなり、心を閉ざしてしまいました。数日か一週間かして、パターンが見えてきました。それで『こんなことを続けてもらちが明かない』と思って、この件については放っておくことにしたのです」

シャーリーは学校を訪れ、先生たちに会った。先生たちは、ジュリーがこの女子校にいるかぎり、彼女を女子として扱い、生まれたときにつけられた名前で呼び、女性代名詞を用いると請けあった。「それが、実際にはそうではありませんでした」

母親たちに知らせず、許可も求めず、ジュリーの担任教師をはじめ教職員や友人たちは全員、ジュリーの願いを聞きいれ、彼女を男子生徒として扱い、ジュリーが選んだ男性名で呼びはじめていた。ジュリーは一種の二重生活を送りだしたのだ。「学校で行きすぎたことをしたり、コンピュータにかじりついたりすると、むっつりとして自分の殻に閉じこもり、いらいらしだします。わたしたちは彼女がＹｏｕＴｕｂｅの動画に洗脳されているのに気づいていませんでした」

ジュリーの母親たちはジュリーが熱心に見はじめた、ＹｏｕＴｕｂｅに登場するトランスジェンダーのインフルエンサーたちのこともまだ知らなかった。しかし母親たちは娘がだんだん離れていくのを感じとっていた。「あるときのことをはっきりと覚えています」シャーリーは言った。「わたしはジュリーをすわらせて言ったんです。『いい？　もしこれがあなたにぴったりとあうと心底思えたら、あなたが何をしようと力になる。あなたがありのままでいられて心地いいと思えるようにしていることならなんでも。でもあなたが生まれてからいままでずっと見てきて、これがあなたにあうとはどうしても思えないの』」ジュリーは言われたことを考えようと自分の部屋にあがっていった。ふたたび下におりてきたときには、落ち着きを取りもどしているように見えた。

夕食時、また問題が起きた。ジュリーがさまざまな性自認について持論を語りだしたのだ。母親のひとりがいらだちをにじませて言った。「それは自分を閉じこめる小さな箱みたいなものよ。女性というのは自分をバービー人形だと思っていて、ビキニを着る。それっておかしくない？生物学が——極端に女性化された既成概念ではなくて——人を女性にするおおもとなの」

ジュリーの心の健康が損なわれはじめた。ある夜、母親のひとりがふたつめの仕事から帰宅すると、ジュリーがひどいパニック発作を起こしていた。母親たちはジュリーを病院に連れていったが、複数の医師から身体的にはなんら問題はないとの診断がくだされた。翌朝、ジュリーがゆっくり寝ているあいだに、母親のひとりがジュリーの携帯電話を調べたところ、ある少女と交わしているメールがあった。そのなかで、相手の少女はジュリーのことを、これまでで〝最高のボーイフレンド〟だと書いていた。その少女がジュリーを男性として見ていることに母親は困惑した。男性と見られることがジュリーのためになるとは思えなかった。

高校三年生だったジュリーは大学の美術過程への一部給付奨学金を得られることになった。しかし、思春期になってからいつも不機嫌で精神的に不安定になったジュリーを見ていた母親たちは、彼女を大学に行かせることに不安をおぼえた。彼女たちは入学を一年遅らせるようジュリーを説得した。

ジュリーは十八歳で家を出ると、メディケイド〔低所得者向け公的医療保険〕に加入し――まだ母親たちの保険の被扶養者だったが――テストステロン補充療法を受けはじめた。そして彼女を男性としてレッスンに参加させてくれそうな地元のダンス・カンパニーを見つけた。だが、彼女は筋力がまだじゅうぶんついていなかった。シャーリーはわたしに言った。「わたしが知っている範囲でお話しすると、ジュリーは男性としてやっていけなかったので、振付師は三度、振付を変えました……女性のダンサーを何度か落としてしまったのです」母親はジュリーの見るからに病的な執着がいつか彼女自身を、あるいはほかの誰かを傷つけるのではないかと恐れた。母親はジュリーを厳しく叱った。「あなたの身体やあなたのキャリアの問題じゃない。ほかの人の身体とキャリアのことなのよ。このままだといつかほかの人にけがをさせる」

しかし、ジュリーは母親たちのアドバイスに耳を貸すのをとうにやめていた。彼女は母親たちと連絡をとるのをぴたりとやめた。彼女のＩｎｓｔａｇｒａｍには何百人ものフォロワーがいた。ジュリーは母親たちをブロックして自分の投稿を見られないようにした。

「わたしたちの知り合いにあの子のＩｎｓｔａｇｒａｍをこっそり見ることができる人がいて……ジュリーの動画を見ました。乳房切除手術を受けた直後の動画を。病院のベッドに横たわっていて、うれし涙を流しながら、これがどれくらい人生で最高の日かとかそんなことを話していました。あの子の四百人の応援団が『やったー』とか『すばらしい』とか『ほんとすごいね』とか『あなたならできる』とかコメントしているんです。それも――普通の人たちが」

〝おてんば娘〟はもういない

一九九〇年代のわたしの高校時代を振りかえると、自分は〝トランスジェンダー〟だとカミングアウトする人はひとりもいなかった。それは五年前までの性別違和に関する統計が示していることに合致する。人口の〇・〇一パーセントということは、同じ高校に〝トランスジェンダー〟がいた人もおそらくいなかっただろう。[*25] だからといって、女子生徒が全員、自分は女性だと自認していたことにはならないし、同様に全員が女の子らしさを発揮していたことにもならない。

わたしは幼い頃からおてんば娘だった。おてんば娘のご多分にもれずわたしもスポーツが得意で、女子よりもわかりやすい男子といるほうが好きだった。女子どうしの友情は銀行の金庫室に押しいるのに恐ろしいほど似ていることが往々にしてある。目に見えないレーザーが四方八方から発射されていて、侵入者がいるとアラームが作動する。

しかし、〝おてんば娘〟という存在はもういない。いまの十代の女子はそう言うだろう。その代わり、性的指向や性自認を示す言葉——公的で厳格に定められている——がいやというほどある。十三歳のときに自分は男性だと自覚しだした、現在十六歳になるライリーは、わたしにこう言った。「いま、男まさりの女の子でいることは難しいと思う。だって、そんな子は存在しないから。転換するの」転換、つまり男性になるのだ。

わたしが高校を卒業して何年も経ってから、最高にかっこいい男子とデートしていた同級生の何人かが、自分は同性愛者だとカミングアウトした。いっぽう、同性愛者ではないかと陰で思われていた人たちがじつはそうではないとわかった。一度口にしたら容易には撤回できない性自認を決めるにあたって、プレッシャーを感じている人はひとりもいなかった。

今日、アメリカにかぎったことではないが、八歳から十九歳の若者は、性スペクトラムにおいて自分がどこに位置するかを明確に示すよう強いられている。まだ性的にじゅうぶん発育しておらず、自分が何者で何を欲しているか自分でもはっきりとわかっていない時期だというのにだ。いずれ恋愛体験や性体験をするかもしれないだろうに。まわりから女らしさに欠けると思われた若い女性は、臆面《おくめん》もなく訊《き》かれるようになった。「あなたはトランスジェンダーなの？」

今日、トランスジェンダーという性自認の淵《ふち》に追いつめられている少女の多くも、ひと昔まえだったら、自分を同性愛者だと言っていたかもしれない。「もしレズビアンとはどういう存在かについて以前とは異なる考えが浸透していなければ、自分はレズビアンだと思っている若い女性は精神的苦痛を感じているでしょう」高名な作家で同性愛者のジュリア・D・ロバートソンはわたしに言った。その〝以前とは異なる考え〟というのは、同性愛者の女性は存在しないというものだ。つまり、見るからに男まさりの女性は〝ほんとうは〟男性だというわけだ。

今日、思春期の女子のなかには同性愛者であることをはっきりと自認している人もいるが、その性自認がトランスジェンダーよりもはるかに少ないのは明白だ。ライリーによると、彼女が通っているイギリスの女子校の全生徒五百人のうち十五人が、自分はトランスジェンダーだとカミングアウトしているという。「同性愛者は何人いるの？」わたしは彼女に訊いた。彼女はしばらく考えると、自分の答えに驚いたような顔をして言った。「ゼロよ」

〝サリー〟

もしサリーがひと世代まえに生まれていれば、〝おてんば娘〟と呼ばれていただろう。並外れた運動神経の持ち主で、身体を動かすことにかけて怖いもの知らずだった。「高飛び込みではいつも一番を買って出ていました」彼女の母親はわたしに言った。「身体能力にはかなり自信を持っていたと思います」三人きょうだいの末っ子で、幼いときにはふたりの兄に負けまいと必死になっていたという。

「四歳か五歳だったとき、ごく短い期間でしたが、男の子になりたがっていました。夫もわたしも、上に兄がふたりいればそんなものだろうと思っていました。ところが、あの子はハサミで自分の髪を切ってしまったのです」

両親はそれを重く考えなかった。サリーにとってふたりの兄が世界のすべてだったし、男の子になりたいという願望はしょっちゅう口にするような強いものではなく、長続きもしなかった。学術文献によると、幼い子供が反対の性への憧れを周期的に口にするのは珍しくないそうだ。[*26]

〝頭に浮かんではすぐに消えていく〟ような〝ささいな一面〟だった。

「夫と言っていたんです」母親のメアリーはバターミルクのようなきつい中西部訛《なま》りで言った。「『おやおや、あの子は大きくなったら同性愛者になるかもね』って」

母親の話によると、サリーは完璧な子供だった。いつもニコニコしていて素直で、友人にかこまれ、元気いっぱい走りまわっているような子供だった。「もうほんとうに、三人のなかで一番手がかかりませんでした」母親はわたしに言った。「あの子の上に息子がふたりいます。五年で三人産んだのです。まるで動物園でした。毎日が動物園状態。でもサリーはいつも自分のことは自分でしていました。コンピュータが普及するまえのことですが、子供たちはクラブを作ったり新聞を作ったりしていました」

サリーのずば抜けた運動能力はとどまるところを知らなかった。十一歳の誕生日に親からもらった一輪車に、誰にも教わらずにひとりで乗れるようになった。ドライブウェイで、一家のセダン型の車を支えにして練習をしたそうだ。「なんと百万回くらい転んでいましたよ」母親は言った。「でもそのうち一輪車で町じゅうを走るようになったのです。まわりの人たちは『わあ、あの子を見て！』って」中学校にあがる頃には、水泳選手として注目をあびる存在になっていた。

高校一年生のときには、水泳の代表チームの一員になった。三年連続で州の代表に選ばれ、自由形とバタフライで高校新記録を打ちたてて全国大会で優勝した。しかし母親のメアリーがもっとも喜ばしく思ったのは、新記録を樹立したことで地元紙にインタビューされたときのサリーの対応だった。上白糖のように白い歯を見せて微笑み、コーチたちへの感謝を忘れずに述べ、チームメートをたたえたのだ。本人は決して認めないが——おそらく思ってもいないだろう——コーチたちがいなくても彼女は同じことを成し遂げていたはずだ。「とにかくあの子を誇らしく思いました」母親はわたしに言った。「サリーはほんとうに毎日が楽しそうで、変わったところもなく、精神的にもバランスのとれた子供でした」

高校三年生のとき、サリーは同じクラスのジョーダンという少年とデートをしていた。「夫もわたしもジョーダンをとても気に入っていました。サリーは試しにデートをしてみたのだと思います。ジョーダンとならうまくやれそうだと思ったのでしょう。しばらくして、娘が言いました。『何も感じないの。彼はいい子よ。すごくいい子で、わたしが嫌がることは何ひとつしない。でも、わたしは何も感じない』」メアリーと夫のデイヴは、何年もまえからもしかしたらと思っていたことを黙って受け入れた。サリーはおそらく同性愛者だと。

メアリーとデイヴはサリーが打ち明けたくなればそうできるよう、自分たちからは何も言わなかった。メアリーは以前から政治的リベラリストで、PFLAG〔LGBTQの家族と友人をつなぐ会〕のリーダーを務め、同性愛者どうしの結婚をそれが法律で認められる何年もまえから支持していた。メアリーは娘が女の子に一途《いちず》な思いを抱いていくのを遠くから見守っていた。それらの恋がたいてい報われずに終わるのを見て、メアリーは心を痛めた。

それでもサリーは高校時代、輝かしい成績を収めた。三年生になったときには、履歴書に全米育英会奨学金最終選考進出者という一文が加わっていた。彼女は全米屈指のアイビーリーグの大学のスイミングチームから誘いを受け、入学が認められた。メアリーは大喜びだった。「わたしにとって、いろいろな意味で願いがかなったような気分になりました。美しい学生寮やキャンパス、歴史ある建物を見て、自分の娘がここでいろいろな経験をできるのだと思って」

メアリーとデイヴにとって、アイビーリーグの学費は大きな負担だった。ふたりは十万ドル借金をして学費を支払った。「とても誇らしい気分でした。学費も喜んで払いました」メアリーは言った。「自宅を二重抵当に入れることになりましたが、心を躍らせていました」

大学一年生のとき、サリーは同性愛者であることを大学の友人や両親に打ちあけた。メアリーとデイヴは安堵《あんど》をおぼえた。「ええ、よかったと思いました。夫もわたしも寛容なタイプです。サリーのガールフレンドのことも気に入りました。よくうちに泊まりにきていたんです」

しかしその頃、メアリーは少なからずほかのことに気をとられていた。学業もスポーツも秀でていた長男のヘンリーが、大学を卒業して数年後、人の車に乗っていたときに衝突事故にあった。そしてリハビリテーションの期間中に大量のオピオイド〔麻薬性鎮痛剤〕を処方され、その結果、依存症になってしまったのだ。サリーが三年生のとき、ヘンリーの担当医たちが突然オピオイドの処方を中止したのだが、医師たちの指示に従ってオピオイドを服用しはじめてからもう何年も経っていた。ヘンリーは離脱症状を抑えるために、とうとうヘロインに手を出してしまった。

いっぽうサリーは心から愛し、長いあいだつきあっていたガールフレンドに別れを告げられ、心を打ちくだかれていた。「娘にとってきつかったのは、相手の女性がとても人気のある子だったことでした。その子の魅力には、ほとんどの女の子が惹《ひ》きつけられていたと言っていいくらい。娘はといえば大学四年生で、友人がひとりもいませんでした」女の子たちはサリーについて、参加者がもっとも多い大学のネット掲示板に悪意のあるコメントを書きこんだ。サリーの容姿をからかい、身体の欠点をこと細かにあげつらった。捨てられて当然だと言外にほのめかしたのだ。

サリーは精神が崩壊した。夜まで泣きどおしだった。ここにきて初めてメアリーはサリーのことが本気で心配になった。サリーはどうしていいかわからず、大学のメンタルヘルス・カウンセラーを探した。「そのときでした。トランスジェンダーだということがまず最初にある、とわたしたち夫婦が気づかされたのは」メアリーは言った。サリーは「髪をクルーカット〔短い角刈り〕にし、スーツを着てネクタイを締めていました。その格好を見れば、それが彼女の問題かもしれないとわかって当然だったように思います」

とはいえ、サリーはセラピストに指摘されるまで、自分がトランスジェンダーだとは思ってもいなかった。それまでずっと自分は同性愛者だと考えていたのだ。男っぽい服を着ていた。それはただ、同性愛者の女性はそうするものだと思いこんでいたからだ。自分の胸や身体が悩みの種になることは一度もなかったし、どういう姿をしていようと〝ほんとうは〟男性なのだと主張したこともなかった。ここにきてサリーは初めてそういった観点から話をしはじめた。

春休みになって実家に戻ったとき、サリーはFacebook《フェイスブック》のページを開きっぱなしにしていた。メアリーは見たい気持ちを抑えられず、娘のやりとりに目を通した。「サリーは女の子と連絡をとりあっていました……乳房切除手術を受けていた子で、サリーはその子からどういうふうに両親に打ち明けるかとか、どういうふうに自分がトランスジェンダーであることを知ってもらうかといったことを教えてもらっていたようでした」

このときサリーは〝トランスジェンダー〟として両親に〝カミングアウト〟し、その自認する性に身体をあわせるためにホルモン補充療法を始めたいと訴えた。メアリーには行きすぎた考えのように思えた。彼女はサリーに言った。「医学的な処置を受ける必要があるとは思わないわ。大きな過ちになる。だって、わたしはあなたが男性だとは思っていないし、この先、男性になるかもしれないとも思っていないもの」

それからしばらく、メアリーの言葉はじゅうぶん伝わっているように思えた。サリーは性転換を話題にすることがなくなり、メアリーは胸をなでおろした。サリーは大学を卒業するとニューヨークに移り、非営利団体で無給のインターンとして働きはじめた。アパートメントを借りる際の保証金と一年めの家賃を両親に出してもらい、必死に働いて無給のインターン期間を経てフルタイムの仕事を得た。ジェンダー医療を受ける計画については両親にはいっさい言わなかったが、ニューヨークに移ってからの友人は全員、トランスジェンダーのようだった。ジェンダー問題を専門とするセラピストのもとにも通いはじめていた。「実際、あの子はトランスジェンダーに関わることばかり考えていました」

サリーが帰省したとき、メアリーは彼女がブレストバインダーを身につけ、煙草を吸っているのに気がついた。くわえて、サリーのＩｎｓｔａｇｒａｍのページがトランスジェンダーという性自認とマリファナのことばかりになっていっていることにも。「親子三人で小旅行に出かけました。あの子は以前から呼吸器に疾患があります。息ができなくなってＥＲ〔救急治療室〕に運びこまれたことも二度……それで、煙草を吸ってブレストバインダーで胸を締めつけていれば、いつ呼吸が苦しくなってもおかしくないとあの子に言いました」のちにサリーから言われたそうだが、彼女はその母親の言葉に傷ついただけでなく、〝安全ではない〟と感じたという。

そこに、デイヴが最後の一撃をくわえた。サリーは法律業務に就きたいと思い、その仕事を懸命に探していた。ある日、サリーはニューヨークで父親と落ちあってランチをともにした。デイヴは自分では良識的だと思っていたことをサリーに伝えた。「そういう仕事に就きたいなら、ほかの人とあまり変わらないように見られたほうがいいんじゃないか」彼は言った。「もし仕事を得たいのなら、そういうことは少し控えたほうがいい」

しばらくしてようやくサリーは希望どおり、高給で家賃を自分でまかなえる仕事を得ることができた。一週間後、彼女は両親にメールを送り、自分はふたりを〝毒親〟だと思っているし、一緒にいて〝安全〟だと思えない、今後はいっさい連絡しないと伝えた。メアリーは娘が誤った道を進んでいると思い、慌てて彼女に自分の気持ちを説明しようとしたが、もはやサリーは聞く耳を持たなくなっていた。

「大学を卒業するまでずっと、あの子の学費はすべてわたしたちが払っていました。ニューヨークに移って、住むところを見つけるときもすべて。正規の仕事に就けるよう、最初の半年間、あの子が無給のインターンをしていたときも金銭的な援助をしていました。連絡を絶つと言ってきたまえの週、あの子はわたしたちから二千ドル借りたんですよ」メアリーとデイヴはサリーが電話にもメールにも応じなくなってからも長いあいだ、彼女の携帯電話や健康保険の料金を払いつづけていた。「わたしたちは有害だけど、わたしたちのお金は有害ではないのでしょう」

思春期は地獄だ

思春期は誰にとっても試練のときだが、とりわけ女子にとってはそうだろう。生理痛と膨満感とニキビが同時に襲ってきて、自分の身体なのに自分ではどうにもならないと思いしらされる。なぜ、激しい痛みや突然の経血といった困惑と警戒心をもたらすためとしか思えない花火を打ちあげるのだろうか。それがもっともこたえるのは、思春期に突入したばかりの少女たちだ。

かつてこれらの変化にさらされる少女は、さほど年齢が低くなかった。アメリカの女性が初潮を迎える平均年齢は、サイエンティフィック・アメリカン誌[*27]によると、百年まえは十四歳だったが、いまは十二歳とのことだ。胸がふくらみはじめる平均年齢も現在は九歳か十歳だ。

もし思春期が個人的なことだとすれば、これらはすべて悪いことばかりではないだろうか。胸がふくらみだしたからと社交の場にデビューすれば、すぐさま男性――未成年であれ成年であれ――の関心を惹く。身体の変化によって少女たちは、父親と同年代の男性たちからの居心地の悪い視線というスポットライトの下に押しだされる。胸がふくらみだしても、本人は性欲を感じないかもしれない（感じないことは多い）。性的な誘惑に対して心の準備ができていないのは確かだ。しかし、年齢が低いあいだは男性から注目をあびることがなくても、いずれあびるようになる。

今日、トランスジェンダー・ブームが例によってブームに終わらず定着したのも、思春期の少女たちのあいだで、だ。少女たちは内側から拳《こぶし》で攻撃してくる身体に違和感をおぼえている。思春期にストレスを感じるのはいまも昔も変わらない。変わったのは、ストレスに対処する力がなくなったこと、そして常に選択肢が存在することだ。

それにいまは〝手っ取り早く解決しようとする〟時代特有の演出《ミザンセーヌ》がある。その根底にあるのは、どんな不快感であれ、それに耐える必要はないという考えだ。注意欠如障害のためのリタリン、鎮痛剤のオピオイド、抗不安薬のザナックス、抗うつ薬のレクサプロ、思春期の少女用のテストステロン。

思春期は長距離移動のようなものだ。常にスクリーンを眺めている十代の若者は忍耐力に欠ける乗組員だ。現代の通念——その症状には薬があるはずだ——にならっても許されるかもしれない。

〝ガヤトリ〟

ガヤトリは生まれたときから「とても女の子らしい子でした」インドからの移民であり医師である、彼女の父親はわたしに言った。幼い頃は〈ドーラといっしょに大冒険〉〈幼児向けのアニメ教育番組〉やディズニー・プリンセスが大好きだった。ひらひらした洋服を着ておしゃれをするのが好きで、ほかの女の子たちと楽しそうに遊んでいた。性別違和を感じさせるところはひとつもなかった。

とはいえ、身体的な問題が何もなかったわけではなかった。ガヤトリは生まれつき軽度の神経疾患があり、微細運動の制御が困難で、粗大運動の制御にもときおり支障をきたしていた。水の入ったグラスを持つと手が震えた。走ればよく転んだ。

彼女は聡明だったが、学業では優等生の兄にはるかに及ばなかった。手書きの文字は判読できないことが多かった。子供の頃は走りまわっていても、動きのぎこちなさがさほど気にならなかったが、思春期になると、年頃の女の子なら当然と思われる滑らかな動きができないことが目立つようになった。大股《おおまた》で歩き、立っているときは身体がゆがんだ。

中学の最終学年のとき、小学校からの友人のひとりが〝性別移行〟をした。ブレストバインダーをつけはじめ、名前を変えたと宣言し、まわりの人たちに、自分に声をかけるときは男性代名詞を使うよう求めた。ガヤトリの両親はかなり進歩的だった。当初はふたりとも友人の変化を重視せず、自分の娘に影響はほとんどないと思っていた。

翌年、ガヤトリが高校生になると、両親は彼女にノートパソコンと――いやというほどせがまれて――スマートフォンを買ってやった。彼女は何時間もＴｕｍｂｌｒや、大勢のトランスジェンダーがフォローしている芸術家のためのウェブサイト、ＤｅｖｉａｎｔＡｒｔを見はじめた。母親に性自認について話をするようにもなった。内容は漠然としていて現実味がなく、両親は彼女がインターネットに費やす時間と彼女が考えていることに関連があるとはまったく思っていなかった。夏になり、長い一日が手を広げるかのように、彼女のまえにすらりと伸びていた。彼女は自由な時間ができると――そういう時間はたっぷりあった――いつもインターネットを見ていた。

両親は心配すべきだったのだろうが、彼女の母親はソフトウェア・エンジニアで、夫婦そろってテクノロジーを歓迎し、インターネットを現代の生活に不可欠なものとして受け入れていた。ガヤトリは申し分のない子だった。だから、両親は彼女を信用していた。

その年の秋、ガヤトリは髪を短くし、通っている高校のゲイ・ストレート・アライアンス（GSA）に参加した。そして母親に自分で考えた新しい名前と使用してほしい人称代名詞を告げた。しかし母親は、娘にようやく友人ができたと安堵し、ジェンダーの問題をそのおまけのようにしか考えなかった。長年の不安定な時期を経て、ガヤトリは友人たちとの共通言語を持てる理由に気がついた。彼女の両親はやや戸惑いながらも、この一風変わった趣味につきあった。ただし、娘の新しい名前と人称代名詞を認めて使うことは決してしなかった。

ガヤトリの一家は進歩的な海岸沿いの街に住んでいた。ローマにいれば、彼女がトーガ〈古代ローマで着用された一枚布の上着〉を欲しがっても不思議ではなかった。「わたしたちが知るかぎり、娘の学校でそういったことをしているのは娘をふくめて四人いたので、一種の流行《はや》りみたいなものだと思っていました」彼女の父親は言った。「それに娘は幼い頃、女の子と一緒にいて居心地が悪そうだったことは一度もありませんでした」

高校一年生の後半になって、教師のひとりがガヤトリをリーダーシップ・リトリート〈生徒の各組織のリーダーの集い〉に推薦した。彼女の両親は喜び、進んでその費用を払った。「わたしは常々、アメリカのすべての機関に称賛と尊敬の念を持っています。政府はもちろん、連邦政府の姿勢、独立した学区、そういったすべてのものに」父親はいった。彼はリトリートについての小冊子を入念に読み、自分の娘が特別な名誉を与えられたと確信した。小冊子にはリーダーシップや社会正義について〝肯定的なことばかり〟が書かれていて、そのどれもがすばらしいことのように思えた。「わたしは学校を心底、信頼していました」

週末に行なわれたリトリートの最後に、生徒たちは保護者のまえで劇を披露した。「性的指向と性自認をテーマにした劇でした」ガヤトリの母親はわたしに言った。「意欲を失ってうつ状態に陥った子供たちの話です」

子供たちはひとりひとり立ちあがって自己紹介をし、苦悩の種と思われる自身の性自認について話した。「わたしはうつ病です」「わたしは同性愛者です」そしてガヤトリの番になった。『わたしはトランスジェンダーです。〝ｔｈｅｙ／ｔｈｅｍ〟と呼ばれています』涙がこぼれました。わたしたちはどうしていいかわかりませんでした」母親は言った。リトリートの集いのあと、ガヤトリは持っていた女物の洋服をすべて処分し、Ｉｎｓｔａｇｒａｍのアカウントを取得して新しい名前を宣言した。

ある日、両親と一緒に犬の散歩をしていたとき、ガヤトリはテストステロン補充療法を始めて、乳房切除手術を受けるつもりだと言いだした。両親は愕然《がくぜん》とした。

すでにガヤトリの学校が両親に何も告げず、彼女を新たな名前と人称代名詞で呼んでいる（自宅に送る書類ではいっさい使われていなかったが）ことはふたりとも知っていた。ガヤトリはもう単なるクラスの変わり者ではなく、流行の最先端を行くトランスジェンダーの若者に生まれ変わっていたのだ。彼女のＩｎｓｔａｇｒａｍにあふれる〝いいね〟や絵文字がそれを物語っていた。この新しいアイデンティティはアップグレードされ、ガヤトリには〝トランスジェンダーの男子〟として友人が、それも大勢の友人ができていた。

道しるべを求めるティーンエイジャーたち

自慢ではないが、アマンダ――わたしが通っていた中学校にいた性体験上級者――が性体験についての知識を得るのに理想的な人物とは言えないことを最初に見抜いたのはわたしだ。彼女が性行為に及んだと主張していた相手の男子を、わたしたちは誰ひとり知らない（都合のいいことに、その男子たちは隣町の公立高校に通っていた）。アマンダはディープキスのやり方（クラスの女子を相手に実演した）や手でいかせる方法に始まり、性行為の手順を懇切丁寧に解説し、わたしたちはそれを真剣に聞いていた（彼女の説明は奇妙なほど、バナナの皮をむく話のように聞こえた）。

アマンダは遊び感覚の性体験を美化した。まだそんな気になっていないのに、わたしたちの多くに、一度試しにやってみるといいとせっついた。コンドームは使わないほうがいいと言い（『男の子ってあれが好きじゃないのよね』）、セックスなんて〝一大事でもなんでもない〟と言い放ち、女子が無頓着《むとんちゃく》なセックスで払う精神的代償――握っていたはずのお守りが知らないうちに手から滑り落ち、永遠に失われてしまったような悲しい気分――についてはひとことも触れなかった。

昔に比べていまの十代の女子は世の中に通じていて、性知識を得るのに友人ひとりだけに頼ったりしない。中学一年生の早い時期に、パンセクシャル〔すべてのセクシャリティの人を性的対象にする性的指向〕（以前は〝バイ〟と言われていた）から〝クィア〟や〝デミセクシャル〟〔精神的なつながりを感じる相手にだけ性的な欲求をいだく性的指向〕まで、性的指向を示す言葉をすべて挙げられるようになる。性自認に関する言葉も、〝ノンバイナリー〟〔性自認が男女のどちらにも属さない人〕や〝ジェンダーフルイド〟〔性自認が流動的で状況に応じて変化する人〕から〝トゥースピリット〟〈男女両方の魂を持つ人〉や〝トランスジェンダー〟まですべて知っている。これらはおそらく学校で教師から教わるのだろう。彼女たちに欠けているのは、人との直接の交流だ。

異性といちゃつくようなありきたりなことでさえ、「いまの子供たちにとっては、信じられないほど勇気がいることなのです」とサーシャ・アヤドは言った。「人とつながりを持つのに、直接顔をあわせないですむ安全な方法があれば」常にその方法を選ぶだろう。しかし、思春期につきまとう疑問や釈然としない思い、強い恐怖心は、意見を求める友人がいないからといってなくなるわけではない。だから彼女たちは疑問に対する答えをほかのところへ求めるのだ。

現代の十代は長いときで一日九時間、カスタマイズされたインターネットという土牢《つちろう》にひとりではまり込んでいる。友人やセレブリティ、インターネットのインフルエンサーたちの生活が垣《かい》間《ま》見《み》え、修整がくわえられた写真が載っている魅力的なページを見ている。ＹｏｕＴｕｂｅやＴｉｋＴｏｋ、Ｉｎｓｔａｇｒａｍ、Ｒｅｄｄｉｔ《レディット》、Ｔｕｍｂｌｒにもぐり込み、そこで彼女たちを待ちかまえている住民から、人生に関する助言をもらう。

「もし、たとえば自分の性的指向に疑問を持っているとすれば」アヤドはわたしに言った。「時間をかけて、『誰に恋をすればいいのか？　自分はこの女の子の手を握りたいのだろうか？』と考えず」、Ｚ世代の若者はすぐにインターネットへ向かう。すると無数の赤の他人が喜び勇んで、性的指向の手引きを提供する。「自分で試し、その経験を自分のものにするのに、それが必ずしもいちばん役に立つとはかぎりません」

毎日何時間もインターネットを見ていると、無意識のうちにあらゆる種類の性的フェティッシュについて覚える。彼女たちは〝ファーリー〟とは何かを知っているし、長年、ボンデージポルノを見ているので、Ｐｏｒｎｈｕｂ《ポーンハブ》〔カナダ発祥のアダルトサイト〕で人気のある〝レズビアン〟動画に詳しい。少女たちがポルノ動画を初めて見る平均年齢は十一歳だ。[*28]

現在、思春期にいる少女のセックス経験者の割合は、わたしの世代がその年齢だった頃よりもはるかに低いし、さらに言えば、これまでの世代のような恋愛のしかたをする割合も低い。ケイト・ジュリアンがアトランティック誌で述べていることだが、わたしたちは〝セックス衰退期〟のまっただ中にいる。それはとりわけＺ世代のあいだで顕著だ。一九九四年、十七歳の女子の七四パーセントが過去一年半のあいだに〝特別な恋愛関係〟を経験していた。「二〇一四年に、ピュー・リサーチ・センターが十七歳を対象に、〝デートをしてセックスをした経験があるか、あるいはそこまでではなくても誰かと恋愛関係になったことがあるか〟――先の調査よりもカテゴリーが増えたようだ――を調べたところ、あると答えた割合はわずか四六パーセントだった」[*29]

トランスジェンダーを自認する思春期の女子の多くは、性体験や恋愛経験が一度もない。キスでさえ、相手が男子であれ女子であれ一度もしたことがない。人生経験の乏しさを、彼女たちは性に関する語彙《ごい》やそれまでなかったジェンダー思想《イデオロギー》で補っている。インターネットという洞窟《どうくつ》の奥では、ヒーラーの一団が彼女たちに助言を授けようと手ぐすねを引いて待っている。アマンダより質《たち》の悪い尊師《グル》たちだ。

十年近くのあいだに、このトランスジェンダー・ブームは根をおろしたが、性別違和に関する専門家は誰ひとり、それに気がついていないようだ。そうでなければおそらく――非公式にわたしに連絡をとってきた大勢の医師のように——自身の調査を公表していないだけだろう。ぽたぽたと落ちつづけた水滴が激流と化した。ジェンダー・クリニックは、テストステロン補充療法を求める思春期の女子であふれている。供給元は諸手《もろて》をあげて思春期ブロッカー〔思春期に訪れる第二次性徴を抑制する薬〕や一連のテストステロン補充療法を提供する。ここに見るべきものは何もない。

飽和状態のSNS、不安、気分の落ちこみが合わさり、乾ききった火口《ほくち》に火がつけられたように燃えはじめた。煙が渦を巻き、炎があがった。火災警報器のボタンを押し、警報を鳴らすには、心理学の世界に身を置かない女性が必要だった。

2 謎

二〇一六年、産婦人科医としての経歴を持つ公衆衛生研究者であり、ふたりの子をもつ母親であるリサ・リットマンはSNSを見ているとき、統計学的に不可解な事象が目にとまった。彼女と同じく、ロードアイランドの小さな町に住む複数のティーンエイジャー――そのほとんどが女子だった――がトランスジェンダーであることをカミングアウトした。しかも全員が同じグループの友人だった。「ふたりめまでは、『わあ、すごいじゃない』と思っていました」リットマン博士は母音が詰まったようなニュージャージー訛《なま》りで言った。ところが、そのあと三人、四人、五人、六人とカミングアウトが続いた。

リットマン博士は性別違和に関する知識がほとんどなかった。研究の対象はリプロダクティブ・ヘルス〔性と生殖に関する健康〕、とくに中絶に対する負のイメージへの対処と避妊に絞られていた。とはいえ、性別違和を感じている若者の数が既存のデータが予測していたよりもはるかに多いことは重々承知していた。「わたしは疫学を研究していました……予想を大幅に上まわる数値があれば、その考えられうる原因を探る価値はあります。数値の測り方が違うのかもしれません。ほかにもいろいろな原因が考えられます。でもおわかりのように、かなりの数にのぼります」

　実際、かつてない数字だ。アメリカや西欧諸国では、性別違和を訴える思春期の若者が急激に増えていた。一般に言われる〝トランスジェンダー〟と関連する医学的症状だ。二〇一六年から二〇一七年にかけてアメリカでは、女性に生まれついた人で性別適合手術を受けた人の数が四倍に跳ねあがった。生物学的女性が性別適合手術全体の七〇パーセントを占めるようになったのだ。[*1] 二〇一八年、イギリスではジェンダー医療を望む十代の少女の数が、過去十年のあいだに四四〇〇パーセント増加したとの報告があった。[*2] カナダ、スウェーデン、フィンランド、イギリスでは、臨床医やセラピストから、おもに就学前の男児から十代の少女までで、性別違和を訴える子供の数が急激かつ劇的に増えているとの報告があがりはじめた。[*3]

　リットマン博士は自身が目にしたＳＮＳの投稿に関心を惹《ひ》かれた。これまではほぼ男子にしか見られなかった精神疾患が十代の女子のあいだで広がっているのはなぜか？　性別違和をいだいている女子の割合が友人グループのなかで飛びぬけて高いのはなぜか？

　何か見逃しているのではないか。彼女はそう思い、性別違和に関する科学論文を読みあさった。この症状の本質や一般的な治療について理解する必要があった。

　リットマン博士は調査の準備にとりかかり、幼少期には性別違和の兆候がなかったものの十代になってトランスジェンダーを訴えるようになった娘をもつ親たちからのデータを集めた。幼少期に兆候が見られなかったという点は注目に値した。すでにわかっているように、かつて性別違和は幼少期の早い時期にその兆候が現れるのが一般的だった。それはとくに、少ないながらも性別違和を示す生物学的女性にあてはまることだった。[*4] リットマン博士は自分が見ている状況が従来の精神的疾患の新たな変種なのか、まったく別ものなのかが知りたかった。彼女は親からの詳細な報告例を二百五十六件集め、それらを分析した。結果は驚くべきものだった。

ふたつの傾向が際だっていた。ひとつは、思春期になってからトランスジェンダーを自認した十代の女子のうち、明らかに過半数（六三・五パーセント）が、長い期間にわたってSNSに熱中したあと、〝突然〟自分はトランスジェンダーだと言いだしているということ。[*5] もうひとつは、女子の友人グループ内において、トランスジェンダーを訴える子の割合が予想される割合の七十倍以上になっていることだ。[*6] これはどうしてなのか？

リットマン博士は、思春期の少女のあいだでトランスジェンダーを自認する子が急激に増えていることについて、さまざまな原因が考えられるが、そのうちのひとつで説明がつくのではないかと考えた。たとえば、LGBTQの人たちを広く社会が受け入れるようになったため、以前ならば〝カミングアウト〟したがらなかったであろう十代の少女たちが、ためらうことなくカミングアウトするようになったからだとしよう。だがこれでは、なぜ同じ友人グループからトランスジェンダーを自認する少女がかたまって出てくるのか説明がつかない。性別違和をいだく人が自然と惹かれあうからだろうか？

繰りかえしになるが、就学前から思春期にかけての子供のあいだで、性別違和を訴える子供が増え、その男女比が逆転した。幼少期にはなんら兆しがなく思春期になってから起きるという、かつてとは異なるタイプの性別違和の特性について、リットマン博士はほかの人たちが見過ごしてきた原因に目を向けた。友人間での感染だ。リットマン博士はこの非定型の性別違和を

〝急速発症性性別違和《ラピッド・オンセット・ジェンダー・ディスフォリア》〟（ＲＯＧＤ）と名づけた。

ある日突然、トランスジェンダーだと自認した思春期の少女の多くは、〝クレイズ〟――ウイルスさながら広がる文化的熱狂――に踊らされているように思えた。〝クレイズ〟は社会学における専門用語であり、侮蔑《ぶべつ》語ではない。だから、ここで用いている（リットマン博士は一度も口にしていない）。この言葉はフラフープやポケモンなど、あらゆる種類の文化的流行に対して使われてきた。

二十世紀の心理学者であり、この言葉を定義したライオネル・ペンローズによると、コミュニティ内で一気に広がる考えは「伝播《でんぱ》しやすく、必ずしも有害だったり非論理的だったりするわけではない」とのことだ。[*7] クレイズの特徴――それゆえ〝群集心理〟になるのだが――は、それが流行《はや》っているあいだは、「異常な量のエネルギーが一方向に放出され、その結果、その集団の幸福にとってもっと大切な事柄が軽視されかねないことだ」[*8]

リットマン博士が仮説を立てたように、もしトランスジェンダーを自認する思春期の少女の急激な増加が友人間での伝染だとすれば、性別移行に走る少女たちは、彼女たちにきわめて必要な治療を受けていないことになる。要望に応じてすぐにホルモン補充療法や性別適合手術を行なうのではなく、医師はほかに悪いところはないか見きわめるよう努めるべきだ。誤った治療をした場合、幸いにして、効果がなかったですむものもあるが、最悪の場合、あとで後悔しそうな患者に不必要なホルモン補充療法や取りかえしのつかない手術をほどこしたことになる。リットマン博士の主張はまさに的を射ている。

パブリック・ライブラリー・オブ・サイエンス社が刊行しているオンラインの査読つき科学雑誌、プロス・ワンがリットマン博士の論文を掲載したところ、同誌のTwitter《ツイッター》〔現X〕ページは、彼女を反トランスジェンダーの偏見学者だと非難する、トランスジェンダー活動家たちからの投稿であふれた。リットマン博士はわざと保守的で反トランスジェンダーの親を選んで応答型のアンケートをとったというのだ（実際は、調査対象になった親の八五パーセント以上がLGBTの権利を擁護する立場をとっている）。

ジャーナリストたちが立ちのぼる煙に気づき、手にガソリン入りの大きな瓶を持って群がった。ブラウン大学でのリットマン博士の教え子で、自称〝トランスジェンダー支持者〟の大学院生が、彼女の研究はお粗末――〝科学の水準以下だ〟――とプロス・ワンで彼女をけなし、リットマン博士は偏見にまみれていると糾弾する記事を発表した。[*9] さらにトランスジェンダー活動家たちは、リットマン博士は論文で人々を傷つけたとののしった。[*10] 活動家たちは彼女の論文を〝危険〟だとし、トランスジェンダーを自認する思春期の若者たちの〝精神状態を悪化〟させかねないと主張した。[*11]

ブラウン大学は大学のウェブサイトからリットマン博士の論文についてのプレスリリースを削除し、公衆衛生学部長による、〝研究の結果がトランスジェンダーの若者をサポートする活動の信頼性をおとしめるために使われかねない〟ことを遺憾に思うという謝罪文を掲載した。[*12] めったにないことだが、プロス・ワンの編集主幹は、よりよい〝内容〟を提供できなかったことに対して謝罪を表明し、もう一度、審査して〝方法論的誤り〟がなかったかどうか確認すると明言した。[*13]

リットマン博士の論文は発表まえに、学者ふたりと学術雑誌の編集者ひとりの審査を受けていた。しかしブラウン大学とプロス・ワンは目ざめた集団《ウォーク・モブ》（人種差別や性差別など社会的不正義に対して意識が高い人たち）の存在に気づき、急いでなんらかの手を打つのではなく、慎重に対応するのが得策だと判断したのだ。

子供のジェンダー問題を専門とする高名な心理学者、ダイアン・エーレンサフトはエコノミスト誌に、リットマン博士が親を対象にした調査報告を使用したのは、「KKK《クー・クラックス・クラン》（白人至上主義集団）やオルタナ右翼（従来の米国保守派に替わる保守思想）のサイトから人を集めて、黒人は実際に劣った人種だと叫ばせたようなものだ」と述べた[*14]（エーレンサフトの言うKKKは、リットマン博士の調査対象になった親たちを指している）。概して親たちが口にしたのは、トランスジェンダーを否定する意見ではなく、それまでまったく性別違和を示していなかった自分の娘が〝ある日突然〟、自分はトランスジェンダーだと言いだしたことへの信じられない思いや戸惑いであり、その告白後、少女たちの精神状態が悪くなっているという状況だったことに目を向ける人はほとんどいなかった。

親への調査は、低年齢の子供や思春期の若者を評価するために用いられる一般的な方法であるが、リットマン博士を攻撃する人は誰ひとり、そのことを認めなかった（子供の精神面の履歴を知るのに、その親に訊《き》かずして誰に訊けというのだろうか？）。くわえて、批判をとなえる人の誰ひとりとして、性別違和を感じている子供に〝社会的性別移行《ソーシャル・トランジション》〟（思春期の若者が学校や友人のあいだで自分の名前や人称代名詞を変えること）をうながすことを目的とする基本的な学術調査も同様に、親への調査をもとにしているということに言及しなかった。[*15]プロス・ワンは、リットマン博士は自身の調査方法についてじゅうぶん明らかにしていなかった――実際は、論文のタイトルに〝親たちからの報告〟と明記してあったが――とほのめかす声明を出した。

リットマン博士の論文は二〇一八年に発表された学術論文のなかで、もっとも物議をかもした論文のひとつになった。[*16] 性別違和に関する著名な世界的権威のなかには、彼女の分析と結論を称賛する人もいた。[*17] 何十人もの親がリットマン博士に手紙を書き、思春期にある自分の子供に見られる現象に名前をつけてくれたことへの謝意を示した。

しかしリットマン博士は広く社会で、偏見の塊であり弱者を虐《しいた》げる人物だという汚名を着せられてしまった。彼女には自身の立場を守れる終身在職権もなければ、共著者となる教授もいなかったというのにだ。[*18] 彼女は右翼でもなければトランスジェンダー反対派でもない。数年まえから非常勤で全米家族計画連盟《プランド・ペアレントフッド》で仕事をしたり、夫と共同で、腐敗した共和党の医療への取り組みや同様の事柄をテーマにした記事をハフポストへ何度か寄稿したりしていたが、[*19] そういった事実はもはや重視されていないようだった。

サイコロジー・トゥデイ誌は、〝性自認と性的指向について豊富な専門知識を有する、トランスジェンダーとシスジェンダーからなる組織〟から寄せられた、リットマン博士の論文に異議をとなえる書簡を公開した。手紙のなかで組織は、彼女の論文は（親への調査をもとにしているため）〝方法論的な不備〟があり、（彼女がくだした結論は）〝非倫理的〟だとし、リットマン博士は（トランスジェンダーを自認した理由を無神経に追求したとして）〝明らかに思想的な偏見〟をいだいていると非難した。[*20]

活動家の臨床医たちは、リットマン博士が医師として、妊婦と早産児の健康に関するプロジェクトの相談役を非常勤で務めているロードアイランド州保健局に押しかけた。そこでの彼女の仕事はトランスジェンダーの若者とはなんら関係がなかった。そもそも、思春期まえの子供や思春期の若者とは無関係だ。早産児に関心を持っているのは、彼女が産科学を学んだからだ。彼女自身が早産を経験――子供の出生時の体重は五〇〇グラムくらいしかなかった――して以来、彼女は早産児の看護に情熱を注いでいた。

活動家たちはリットマン博士の雇用主である保健局に、彼女はトランスジェンダーの若者にとって〝有害な〟論文を書いたと訴え、〝彼女との契約をただちに解除する〟よう求めた。そしてさらに脅しを上乗せするかのように、彼らは嬉々《きき》として保健局に、〝性別に関係なく使用できるトイレ〟を局の施設にもうけ、地域社会に〝保健局はさまざまな性を自認する人たちの命を大切にしている〟というメッセージを発信するよう促した。

活動家たちは槍《やり》に突きさす首を求め、保健局はリットマン博士の首を差しだした。こうして彼女の相談役としての仕事は終わった。

わたしはボストン郊外の、国道一号線沿いにあるイタリア料理のファミリーレストランで、リサ・リットマンに会った。一日じゅう仕事に追われた忙しさと、待ちあわせ時間に遅れる原因となった交通渋滞によるストレスで、彼女の肩にかかる焦げ茶色の髪はわずかながら乱れていた。バッグの肩ひもを握りしめ、わたしのいるテーブルに早足で近づいてくる彼女は、まさに郊外に住む母親といった雰囲気だった。わたしをあまり長く待たせていなければいいのにと願いながら、遅れたぶんの時間を必死で取り戻そうとしていたのだろう。

彼女は大きな茶色の目をしていて、べっ甲のめがねをかけ、人に安心感をあたえる大きな笑みを浮かべ、ほがらかに笑う。それまでに何度か彼女から言われていたが、彼女はインタビューされるのが嫌いだ。わたしが執筆にあたってどのように内容の正確さを確保しているかに関する、彼女からの数多くの補足質問から考えて、彼女が真実を語っているのは明らかだった。

リットマン博士は彼女のデータが示していないことをわたしが理論化するのを制止し、いまの文化の何がアメリカのティーンエイジャーをトランスジェンダーへの道へ駆りたてているのかについて、憶測でものを言うのを拒んだ。わたしはリットマン博士に、近年盛んになっているプライドイベント〔性的マイノリティの文化をたたえるパレードを中心としたイベント〕への注目度や、アメリカで人気のある元オリンピック選手、ブルース・ジェンナー改め〝ケイトリン〟・ジェンナー〔十種競技の元選手で金メダリスト。トランスジェンダーであることを公表し、名前を女性名に変えた〕が、ビスチェを身につけ、カメラのレンズを射るような目つきで、ヴァニティ・フェア誌の表紙を飾ったときの衝撃について、どう思っているか尋ねた。思春期の少女たちが女性でいることを拒むのは、大学における性暴行の増加を示す統計を見て恐怖を感じたからと断言できるかどうか、自分はトランスジェンダーだという認識は、インターネット上にある基準をもとに自分で判断するという不運な傾向の影響を受けていないかどうか、わたしはおおやけに疑問を呈している。

口には出していないが、疑問に思うことはほかにもある。最近のトランスジェンダー・ブームには、過保護で甘やかされて育った子供が反抗という領域を必死で守ろうとしている結果という側面がないだろうか？　トランスジェンダーを自認する若者の多くが、上位中産階級に属する白人の家庭の子供で、性的マイノリティでいることを自分の身を守る鎧《よろい》のように考えているのは偶然の産物ではないと言えるのか？　あるいは実際のところ、トランスジェンダーの若者は親の束縛がないきわめて進歩主義の家庭で育ったため、たたき壊す壁を躍起になって探しているのではないのだろうか？　現代は誰もが異様なまでに心の健康にこだわっている。それに、すべての人が空気を入れる必要のあるタイヤであるかのように、薬をあたえてその人の幸福感の度合いを最高値にしようとしている。上位中産階級の人たちは不安や気分の落ちこみ、失望感をいだくたびにセラピスト集団の助けを借りて、それらを完全に解消するのが習慣になっている。おそらくわたしたち大人は思春期の若者に、幸せがあたりまえの状態で、いつだって得られる状態だと思うようしむけてきたのだ。そのため若者たちは、十代特有の憂うつ感は気に病む必要のない一過性のものではなく、積もり積もっていつか危機をまねく対処すべき深刻な病気だと思いこむようになったのではないだろうか？

リットマン博士は腹を立てていたのではなく、あまりにも無責任な憶測を立て、データもないのに患者になぐさめをあたえるためだけの診断をくだす人がいることに当惑しているようだった。

「どうでしょう、わたしにはわかりません」と彼女は言った。

一九八五年三月、リットマン博士がラトガーズ大学の二年生だったとき、流れ弾のような悲劇が彼女の一家を襲った。高校三年生だった弟のマークが、入学を認められたばかりの名門サザン大学を訪れたときのことだ。「弟は問題を起こすような子ではありませんでした」リットマン博士はわたしに言った。「優等生で、詩を書くのが好きで、スポーツもしていました」マークは大学を訪問中に家に電話をして両親に、すでに割りあてられていた部屋を替わらなければならなくなったと伝えた。その夜遅く、彼は大学にいる一家の友人に連絡をとって家に泊めてもらえないか尋ねたが、断られてしまった。リットマン博士一家があとで知ったことだが、マークは大学が承認していない新入生いじめのイベントに参加しなくてすむようにしたかったのだ。その日の夜、マークはアルコール中毒で亡くなった。

「ティーンエイジャーというのは社会的な生き物です」リットマン博士はわたしに言った。マークの死から三十四年経っていた。「あの年代の子は友人の影響を受けます。それが成長過程の一部でもあるのですが」しかし、それゆえ十代の若者はたがいに傷つけあいもする。

リットマン博士は避妊や、リプロダクティブ・ヘルスに関する知識、流産の危険性にまつわる一般に信じられている考え、中絶に対する負のイメージについて学術論文を発表している。彼女は出産適齢期の女性を対象に、彼女たちが自分の身体に関して何を選択したか、またそれはなぜかを調査した。その後、自身の子供たちが思春期に入った頃、その年代の子供が日々何を考えているかに以前よりも関心をいだくようになった。

米国精神医学会が発行している『精神疾患の診断・統計マニュアル』（DSM－5）〈第7章の＊1を参照〉によると、十年まえに医療機関で診察を受けた人の数に基《もと》づくと、生物学的な男性のなかで性別違和を感じている人の割合は〇・〇〇五〜〇・〇一四パーセントで、生物学的な女性はそれよりかなり低く〇・〇〇二〜〇・〇〇三パーセントだった。[＊21] これは一万人にひとりいるかいないかの状況だ。

リットマン博士も気づいていたことだが、ここ十年、西欧諸国で性別違和を訴える思春期の子供の数が急激に増えている。アメリカでは一〇〇〇パーセント以上、増加している。[＊22] 米国疾病予防管理センター（CDC）が二〇一七年にティーンエイジャーを対象に行なった調査によると、高校生の二パーセントが〝トランスジェンダー〟を自認しているという。[*23] イギリスではその数が四〇〇〇パーセント増加しており、[*24] 治療を要する若者の四分の三が少女だ。[*25]

急激な増加や男女比の突然の逆転――以前は幼少期から性別違和を示していた少年が大多数を占めていたが、そういった傾向がまったく見られなかった少女がそれに代わった――を考えると、これは多くの科学者のレーダーに引っかかって当然の現象だった。だが、実際はそうならなかった。リットマン博士が思春期の少女のあいだで性別違和を訴える人数がこれほど増えた理由を突きとめるべく、学術研究や一般向けの報告書を調べたが、答えは何ひとつ得られなかった。

リットマン博士が調査を行なってデータを分析し、論文で発表したのと同様に、その翌年以降、西欧諸国の臨床医たちからも、幼少期に性別違和を示さなかったのに思春期になってから違和感を訴える女性の数が増えているとの報告があがりだした。[*26] スウェーデンやカナダのトロント、[*27] オランダのアムステルダムの臨床医からの報告には、性別違和の患者の過半数を二〇〇六年以前は生物学的な男性が占めていたが、それが逆転し、二〇〇六年から二〇一三年にかけて女性が過半数を占めるようになったとある。[*28] 二〇一八年までには、ヨーロッパの学者たちから、過去十年のあいだに性別違和を示す思春期の子供が劇的に増えた、しかもその大きな原因は〝生物学的な女性が性別違和を訴え出した〟ことにあるとの報告があった。[*29]

二〇一六年、アメリカで性別適合手術を受けた人のうち、生物学的な女性が占める割合は四六パーセントだった。それが一年後には七〇パーセントに跳ねあがった。[*30]

ようやくリットマン博士は、親からの投稿が掲載されているウェブサイトを見つけた。そこには同じような内容がいくつも並んでいた。高校生になる娘は生きづらさや不安をかかえているが、幼い頃には性自認になんら問題がなかったというのだ。娘たちは〝トランスジェンダー〟をおおやけにしている子供の多いグループにくわわっている。そしてその少女も自分自身について同様の告白をし、そのあと精神状態が悪くなっていた。「彼女たちは〝ほんとうの自分〟を見つけられないまま大きくなったのです」リットマン博士は彼女が読んだ親の投稿を思いかえして言った。少女たちは〝怒りっぽくなり、いつも不機嫌で、親に反抗しだした〟。そして自身の性に対する違和感が強まるにつれ、救いの手を差しのべてくれそうな人とますます距離をおくようになった。

リットマン博士は少女たちの性別違和に特徴的な社会的側面——証拠が物語る友人グループ内でのトランスジェンダー・ブーム——に衝撃を受け、同様にグループ内で広がる精神疾患——神経性食欲不振症——に関する文献を手あたりしだい読みはじめた。新たに出現した十代のトランスジェンダー集団と同様、神経性食欲不振症の少女たちは自分の身体の欠点と思われる部分のことしか考えられず、その苦しみから逃れるために自傷行為に走っていた。リットマン博士は過食症を肯定する人のサイトや拒食症を肯定する人のサイトを探した。そういったサイトでは思春期の子供たちが、体重を落とすのにもっとも効果的な方法や、食事をとったと言って親をだます方法をたがいに教えあっていた。

「摂食障害を肯定する人たちのサイトではたいてい、拒食症は完璧《かんぺき》な体形になるためのライフスタイルだと公言しています。食事をとらないよう勧め、それが規律正しいライフスタイルであるかのように肯定し、体重の落とし方について情報を交換したり、秘訣《ひけつ》を披露したりしているのです」リットマン博士は言った。

そこで提供されていることは〝アドバイス〟と言えるだろうか？　もし一個のりんごを八等分して、二時間おきにひと切れずつ食べれば、たとえりんごを一個しか食べていなくても満腹感を得られる。

「そういうサイトではこんなアドバイスもしているのです」リットマン博士は言った。「親が出かけているあいだに、自分がいつも食べているもの、たとえばシリアルをボウルに入れて牛乳をかける。スプーンを持ってきて、シリアルを生ごみ処理機に捨てる。ボウルとスプーンはそのまま残しておく。そうすれば親にシリアルを食べたと言えるって」

拒食症を肯定する人のサイトはインターネットを植民地化するきっかけとなった動画に似ている。ＳＮＳにおけるトランスジェンダーのインフルエンサーのサイトだ。Ｉｎｓｔａｇｒａｍ、ＹｏｕＴｕｂｅ、Ｔｕｍｂｌｒ、Ｒｅｄｄｉｔ、ＴｉｋＴｏｋ、ＤｅｖｉａｎｔＡｒｔ、これらはすべて、〝トランス少年〟あるいは〝トランス男性〟を自称する生物学的少女たちが、テストステロン補充療法を受けはじめてからどのように日常生活が改善されたかを誇らしげに語る動画やコメントを投稿できるようになっている。テストステロン補充療法でもたらされた高揚感、下腹部に黒っぽい毛が生え、俗に言う〝ハッピー・トレイル〟ができたときの身震いするほどの喜び、本人の言う社会的な不安の消滅について語られるのだ。

トランスジェンダーのインフルエンサーはほかの思春期の少女たちに、懐疑的な開業医をうまくだましてテストステロンを処方させる方法を伝授している。[*31]　さらに、『精神疾患の診断・統計マニュアル』で性別違和の診断基準を確認し、自分がトランスジェンダーだとどれほど〝子供の頃から自覚〟していたかについて同情を誘う話をまえもって用意しておくよう促す。自分がもう何年もまえから違和感を感じていたと訴えかけるよう、少女たちをけしかける。一刻も早く性別移行をするようせき立てる。いましなければ一生できない、もう自殺をする寸前にいるはずだと。[*32]

リットマン博士は、拒食症を肯定する人たちのサイトもトランスジェンダーたちのサイトも内集団と外集団を敵対するものとして明確な線引きをしていることに気づいた。トランスジェンダーのサイトでは〝シスジェンダー〟を馬鹿にし、性別違和は勇敢な心理状態であり、性別違和をいだかない人は無知で愚かな存在だと述べている。そういったサイトを見てリットマン博士は、入院患者であれ通院患者であれ、摂食障害の人たちの考え方――細いことにこだわるのは美徳であり、過激主義は高潔である――を思い出した。「がりがりにやせた患者と、低体重や摂食障害と関係のある重篤な病気をわずらっている患者が称賛され、〝本物〟だと崇拝されるサブカルチャーがときどき生まれるのです。医師の指示にしたがおうとしている患者や、体重が足りているだろう患者は、病院に通う必要のない〝外部の拒食症患者〟と呼ばれています」拒食症を肯定する人たちのサイトでは言葉たくみに、心の病を英雄的な社会的アイデンティティだと持ちあげて、サイトを見ている少女たちはそのアイデンティティへの強い思いを示そうと、さらなる自傷行為に走ってしまう。

リットマン博士は彼女に批判的な人たちから、〝右派[*33]〟だと責めたてられたり、敬虔《けいけん》なキリスト教徒だと思われたりすることが多い。だが、どちらの見方も愚かしいほど誤っている。リットマン博士は一度も共和党に票を投じたことはない。それに何年もまえから、彼女と夫のマイケルは進歩的な人間主義ユダヤ教団の信徒だ。とはいえ彼女の真の宗教――彼女がなんの迷いもなく信を置いているのは〝家族〟だ。

「子育ては楽しかったですか？」わたしは彼女に尋ねた。

「ええ、もちろん。それがすべてでした」彼女は言った。

トランスジェンダーのサイトに並ぶ家庭内での疎外感についてのスレッドや親の声を集めた報告書にリットマン博士は困惑し、トランスジェンダーへの関心をかきたてられた。批判の声をあびせられたり評判を傷つけられたり、さらには心血を注いでいた仕事を失ったりしても、ばらばらになった家族を思うがゆえ、彼女はこの問題への研究的興味をいだきつづけているのだ。「親に背を向ける子供を見ると……ほんとうに心が痛みます」彼女は言った。「わたしに言わせれば、最悪の悪夢です」

友人からの影響を研究している心理学者たちは、十代の少女がなぜこれほどあっさりと友人に同調し、それを簡単に伝播《でんぱ》させていくのかを探っている。十代の少女はグループで行動しがちであり、その友人どうしのつながりに原因があるのではないかと多くの心理学者は考えている。*34

「女子と男子がしゃべっているのを聞いてみると、女子は相手の男子に質問をぶつけるのではなく、相手の言葉を確認したり支持したりする発言が、男子より圧倒的に多いのです」ミズーリ大学心理学部の教授、アマンダ・ローズはわたしに言った。「女子は現実を脇に置いて、友人の世界に入りこんでしまいます。そのため、同じ思春期でも女子のほうが、たとえば友人が落ちこんでいると、それに同調して自分も気分を滅入《めい》らせてしまうのです」

友人に同調し、相手の痛みを分かちあうという女性の傾向は、生産的で有用なソーシャルスキルになりうる。くどい長話（自分がかかえている困難を友人にくどくどと話すこと）は「実際、女子どうしの絆《きずな》をより強くします」ローズ教授はわたしに言った。

しかしそれは同時に、自分の症状を相手に伝播させることにもなる。女子ならではの友人関係の特徴のせいで、十代の少女は精神疾患を広げてしまう。くどい長話をしたり過度に安心を求めたり、否定的な反応を求めたりして、自分の低い自己概念をほかの人に認めてもらい、自己統制感を維持するのだ。*35 なぜ年中無休のSNSのフォーラムがさまざまな出来事を大げさにし、投稿数を増やしているのかは容易に想像できる。リットマン博士は、性別違和は思春期の少女を襲う友人間の伝染病かもしれないという自身の観点からさらなる調査を行なった。

『精神疾患の診断・統計マニュアル』(DSM－5)によると子供の場合、以下に挙げる症状のうち少なくとも六つに該当すれば性別違和と判断される。

1. 反対の性になりたいという強い欲求がある。あるいは自分は性別が違うと主張する。
2. 反対の性の洋服をしきりに着たり、着ているまねをすることを強く好む。
3. ごっこ遊びや空想の遊びで反対の性の役割を強く好む。
4. 一般に反対の性が用いる玩具《がんぐ》やゲームを好んだり、反対の性がする活動を強く好む。
5. 反対の性の遊び友達をほしがる。
6. 一般に生まれもった性につなげられる玩具やゲーム、活動を強く拒《こば》む。
7. 自分の性器の構造を強く嫌悪する。
8. 自分が望む性に一致する第一次性徴および/または第二次性徴を強く望む。

これらは幼い子供が親にやすやすと隠せる類《たぐい》のことではない。右記の八項目のうち五つは、見ていればすぐにわかる行動や好みだ。

リットマン博士は、同意の程度をはかる多段階式のリッカート尺度を用いた質問と自由回答形式の質問、あわせて九十の質問を作成した。データは調査基準を満たした二百五十六名の親――幼少期にはなんら兆候がなかったのに思春期になって急にトランスジェンダーだと訴えだした子をもつ親――から匿名で集められた。

調査の結果、以下のことが判明した（リットマン博士の文言を少し編集している）。

・トランスジェンダーを自認する思春期の子供の八〇パーセント以上が生物学的には女性で、その平均年齢は十六・四歳だ。
・自分はトランスジェンダーだと告白したとき、ほとんどの子供が親もとで暮らしていた。
・大多数が幼少期には性別違和の兆候をまったく示していなかった（幼少期に性別違和を示したと判断する最低六つの基準を満たしてもいない）。
・親によると、子供のほぼ三分の一が思春期になってトランスジェンダーだと言いだすまで、性別違和をまったく感じさせなかった。
・大多数が性別違和を示すまでに、一回あるいは複数回、精神科を受診した経験があり、ほぼ半数が自傷行為をしていた。
・四一パーセントがトランスジェンダーだと自認するより以前に、自分は非異性愛者だと発言している。

・半数近く（四七・四パーセント）が公的に、学力の高い生徒だとの評価を受けている。
・七〇パーセント近くが自分のいる友人グループのなかに、トランスジェンダーだとカミングアウトしている子供が最低ひとりはいる。なかには、同じグループの大多数がカミングアウトしているケースも複数あった。
・六三・五パーセントが、SNSの利用やインターネットを見て過ごす時間が増えたあと、トランスジェンダーだと告白している。
・自分の子供が友人のあいだでどのような位置づけなのか知っている親のうち六〇パーセント以上が、子供はカミングアウトしたことで急に人気が集まるようになったと述べている。
・調査対象になった親の九〇パーセント以上が白人だった。
・親の七〇パーセント以上が大学か大学院を卒業している。
・親の八五パーセント以上が、同性愛者どうしが結婚する権利を支持している。
・親の八八パーセント以上がトランスジェンダーの権利を支持している。
・親の六四パーセント近くが自分の子供から〝トランス嫌悪《フォビア》〟とか〝石頭〟と言われている。その理由として以下のようなことが挙げられる。子供のトランスジェンダーだという自己認識に異をとなえるから。性別違和がこれからもつづくかどうか、しばらく様子を見るよう子供に言うから。子供に対して誤った人称代名詞を用いるから。ホルモン補充療法や性別適合手術はおそらく助けにならないと言うから。子供を誕生時につけた名前で呼ぶから。性別移行の治療を受けるまえに、ほかの根本的なメンタルヘルスの問題を解決すべきだと言うから。
・自分の子供の精神状態が、トランスジェンダーを自認したあとで好転したと考えている親は一三パーセントに満たなかった。四七パーセント以上が悪化したと述べている。

性別違和というものは存在しないとか、少女たちは性別違和をいだいていないといったことをリットマン博士がほのめかしたことは一度もない。彼女が主張しているのは、少女たちがかかえる性別違和には非定型的な原因――従来とは異なる原因――があるのではないかということだ。それまでの性別違和と違い、少女たちが示す違和感は友人やSNSに影響されていだくようになったと思われる。

では、具体的にそのなかの何に伝染性があったのだろうか？　リットマン博士は三つの可能性を挙げている（ここもわたしが彼女の文言を少し編集している）。

1．特異的ではない症状も性別違和とみなされるべきであり、性別違和はトランスジェンダーの証拠だという考え。
2．幸せに通じる唯一の道は性別移行だという考え。
3．トランスジェンダーだという自己認識に異をとなえたり、性別移行の計画に反対したりする人はトランスジェンダーを嫌悪し侮蔑的だから、縁を切るべきだという考え。

性別を移行したいという思いは、真のストレス要因や強い感情に対処するためには、〝不適応な対処メカニズム〟かもしれないとリットマン博士は推測した。また、非定型の性別違和のストレス自体が意図的な自傷行為の引き金になっている可能性があると考えている。彼女は、分析の結果は、性別移行は解決策にはならないとかならずしも示唆するものではないと明言した。彼女が言っているのは、「精神的に傷つきやすい年齢で診察を受けにくる少女全員が、自分の症状の原因について正しく判断できているわけではない」ということだ。

性別違和に苦しむ若者が、友人から励まされたりSNSでの自己満足に追随したりして、自分はトランスジェンダーだと〝カミングアウト〟することは、過去にはなかった。それに、〝トランスジェンダー〟だと自認してから性別違和を感じはじめることも、これまでにない現象だ。

リットマン博士の研究論文が公開された二週間後、プロス・ワンは活動家からの激しい抗議を受けて、彼女の論文の公開後補正を行ない、〝修正版〟をあらためて掲載すると発表した。リットマン博士は何カ所もの訂正を強いられた。「論文を修正しながらずっと〈ベン&ジェリーズ〉のアイスクリームを食べていました。もういやというほど」彼女はわたしに言った。「ものすごくストレスを感じる作業だったので」論文が最初に発表されてから七カ月後の二〇一九年三月、プロス・ワンはリットマンの〝修正版〟を公開した。

結論については、何ひとつ変更されていなかった。

3　インフルエンサー

チェイス・ロスはYouTubeで世間の注目をあびるまえ、ランニングシューズの販売員をしていた。販売員として優秀な成績をおさめていたのも納得できる。輝きを放つ大きな青い目には真のカリスマ性が宿っている。情報をふんだんに持ち、それらを惜しみなく視聴者に提供している。一流販売員のご多分にもれず、彼も軽快な口調を操る術《すべ》を身につけていた。

彼の番組は明るい感じの四和音とシンセサイザーによるドラムの音で始まる。それを聞いて、わたしは思わずインコのように軽く頭を振っていた。「こんにちは、皆さん、チェイシープーです！」カメラに向かって自信に満ちた顔で、彼は言う。[*1] 彼がトランスジェンダー関連のことに注ぐ、カラー・ウォーズ〈サマーキャンプや学校などで行なわれる競技会。参加者は色別のチームにわかれて戦う〉のチーム・キャプテンさながらの熱意は伝播《でんぱ》しやすい。若い世代が刺激を受けて、「行け行け！」と叫びだしてもおかしくない。しかし、それよりもこう叫ぶだろう。「これは最高だ！」

二十八歳になるカナダのトランス男性が二〇〇六年に始めたYouTubeチャンネル〈up

percaseCHASE1〉は大成功をおさめ、三千万回以上視聴されている（チャンネル登録者数は十六万六千人を超える）。彼はジェンダーの問題で（それ以外の問題でも）苦しんでいる思春期の若者たちのために、自虐的なユーモアをまじえながら、助言や励ましの言葉を送ったり、自分自身のことを詳しく語ったりしている。

チェイスは明るくて魅力的だ。鼻と唇にピアスをつけ、猫のタトゥーをいくつかいれている。十年近く、テストステロン補充療法を受けて立派な濃いあごひげと幅の広い肩を手に入れ、心の迷いもいっさいないように見える。生理も（ほとんど）こなくなったという。生理痛や社会的不安に悩んでいる十代の少女が彼を見れば、こう言うだろう。「彼が手に入れたものを、わたしも手に入れたい」

好奇心旺盛《おうせい》な十歳前後の子供がインターネットでトランスジェンダーの尊師《グル》とも呼ぶべき存在を見ると、心がわくわくすると同時に戸惑いもするだろう。見てみたいけれど、まだちょっと怖い気がするポルノ映画を目にするようなものだ。わたしがインタビューをしたある若い女性が、高校生のときにボーイズバンドのメンバー並みのルックスをしたSNSのインフルエンサー、ウェズリー・タッカーに恋いこがれ、ウェズリーが生物学的には女性だと知ったときには、奈落の底に突きおとされた気分を味わったと言っていた（その女性は、ウェズリーへの恋心は自分も〝トランスジェンダー〟である証《あかし》だと思いこんだ）。

ウェズリーよりも落ち着きがあって、見るからに成熟したインターネットの尊師《グル》のひとり、チェイス・ロスに話は戻るが、以前、思春期のトランス少年から、チェイスの動画を見て天啓を受けたように自分はトランスジェンダーだと悟ったと聞いて、わたしはチェイスにインタビューを申しこんだ。チェイスは自分がほかのトランスジェンダーに勇気をあたえたと知って喜び、わたしにメールの返事をよこし、会いにきてほしいと言ってきた。

しかしそのまえに、わたしは彼の動画を見た。何時間も何時間も。彼の性別移行はみごとだった。豊かなひげに体毛、広がった鼻、骨ばったあご、深みのある声。これらはすべてテストステロンがもたらしたもので、誰が見ても男性的だ。彼は親指を使って、自分の〝ペニス〟――テストステロンの作用で大きくなった陰核《クリトリス》――の大きさまで説明している。本人が望めば小柄な男性で通るが、彼にはべつの思いがあるようだった。ピアスや猫のタトゥー、オウムのような鮮やかな色に染めた髪、マニキュアが茶目っ気たっぷりに生まれたときの性を示している。アンバランスな雰囲気にしているのは、遊び心の表れでもあり重要なポイントのように思える。

チェイスは自分がトランスジェンダーを自認する思春期の若者の支えになっていると確信しているし、その使命がまさしく原動力になっているようだ（たとえば、わたしがインタビューしたほかのインフルエンサーたちとは違い、自分の性別適合手術のためにGoFundMe〔アメリカのクラウドファンディング・プラットフォーム〕に設けたページを宣伝してほしいと、わたしに頼まなかった）。彼はブレストバインダーの試供品を紹介し、トランス男性用の性具をはじめ、ターゲットにしている視聴者に役立ちそうなサービスについて感想を述べている。さらには、彼が医学的な訓練を受けていないことに不安をいだかない視聴者に向けて、自分が経験した性別移行の治療を振りかえって、そのときどきの思いを語りもする。

もしチェイスが〈ロストボーイ〉〔一九八七年公開のアメリカ映画。当時のR指定ホラー映画〕に登場する少年のひとりに重なるとすれば、それは彼が多くのことを経験してきたからだろう。チェイスの母親は、彼が一歳のときに家族を捨てて出ていった。彼はモントリオールの郊外で、彼が〝親友〟と呼ぶ父親に女の子として育てられた。チェイスの父親は地元のフリーマーケットでさまざまなものを売っていて、定職についたことは一度もない。

生計を立てるのにも苦労している多くの心やさしい父親と同様、チェイスの父親も彼に安定した職につくよう言い聞かせていたが、チェイスは自分も父親のようになりたいと思っていた。彼はYouTubeが設立された一年後の二〇〇六年に、YouTube用の動画を作成しはじめた。YouTubeがスタートアップ企業であることに惹《ひ》かれたのだ。「自分はトランスジェンダーだと自覚したとき、まあ、このことについてしゃべりたいと思ったんだ。経済的に余裕がなかったからセラピーには通えず、だったらひとりでしゃべって、それを録画して投稿すればいいやと」

実際、チェイスはYouTubeからトランスジェンダーとしてのひらめきを得た。「自分にはどこか普通とは違うところがあると、ずっとわかってた」彼は言う。「トランスジェンダーであることが普通とは違う部分というのではなくて、ただほかの人たちとは違うな、まわりにあまり溶けこめていないなと。十五歳のとき猫の動画だったか、YouTubeを見ていたら、たまたまトランスジェンダーの人が目に飛びこんできたんだ」

チェイスはトランスジェンダーの人の動画に魅了された。「動画を見て、『なんだこれは？　わけわかんない。この人はなんなんだ？』となって。それから何本か同じような動画を見て、はたと気づいたんだよ。『これだ、これでぼくの人生に起きたことすべてに説明がつく』と」十五歳のときにトランスジェンダーの人の動画に夢中になり、チェイスは自分がトランスジェンダーだと確信した。

しかし、そのときは疑念もいだいていた。実際、彼がトランスジェンダーを自認するまでの道は一本道ではなく、いくつも分岐点がある道だった。「二、三年間、『自分はトランスジェンダーだ、いやそうじゃない、ああもうイライラする』の繰りかえしだった。十八歳になったとき、じっくり自分と向きあって、こう思ったんだ。『もうこの問題から目をそむけてちゃいけない。これがほんとうの自分なんだ』って」

この気持ちの揺れ動きは、トランスジェンダーのインフルエンサー全員が経験している。チェイスのような尊師《グル》が言うように、トランスジェンダーという性自認は必死に逃れようとしているストーカーではなく、しだいに愛するようになった魅力的な他人と言える。

Ｉｎｓｔａｇｒａｍでのトランス男性の尊師《グル》、エムレ・カヤはまだ自分がレズビアンだと思っていた中学三年生のとき初めて、トランスジェンダーの動画を見たとわたしに話した。「ぼくはその動画を担任の先生に見せて、クラスのみんなにも見てもらいたいと言ったんだ。それで先生がクラスでその動画を見せたんだけど、みんなの反応に、ぼくはいたたまれなくなった。みんな、いやそうな顔をしてたんだ」これは二〇一二年のこと、エムレは時代の先を行っていたにすぎない。[*2]

トランスジェンダーである自己を発見するよう促すＳＮＳのサイトやインターネットのフォーラムは十以上ある。ＹｏｕＴｕｂｅ、Ｉｎｓｔａｇｒａｍ、Ｔｕｍｂｌｒ、Ｔｗｉｔｔｅｒ、ＦａｃｅｂｏｏｋＤｅｖｉａｎｔＡｒｔ、ＴｉｋＴｏｋはどれも代表的なプラットフォームとして、身体的な性別移行に関する情報や動画を掲載したり、トランスジェンダー嫌い《フォーブ》の人へ怒りを爆発させたり、テストステロンがもたらすスーパーパワーを称賛したり、処方薬を入手するコツを教えあったり、今日トランスジェンダーであることがどれほどつらいかに思いをよせたりするのに使われている。

トランスジェンダーのインフルエンサーたちには、教義の太鼓の音にあわせて唱えられる古典的なマントラがある。

彼らからあなたが受けとりそうなアドバイスをいくつか紹介しよう。

1．自分はトランスジェンダーかもしれないと思った人はトランスジェンダーである

〝トランスジェンダー〟は心の状態だ。生まれもったもので一生なくなることはなく、完全に認識できるものである。我思う、ゆえにトランスジェンダーの我あり。

トランス男性の尊師《グル》、タイ・ターナーは視聴者に安心をあたえるように、こう語りかけている。

「もし『自分はトランスジェンダーなの？』と問うているなら、答えはおそらくイエスだ」*3

タイ・ターナーのようなインターネット上の尊師《グル》たちは、〝トランスジェンダー〟は大切な社会的アイデンティティであり、かつてはそれを下支えしていると考えられていた精神状態をはるかに超えるものであるし、下支えを必要とさえしないものであると考えている。トランスジェンダーのインフルエンサーはたいてい、トランスジェンダーは称賛に値するライフスタイルであり、治癒を願う病気ではないとして奨励している。たとえて言うなら、もはや性別違和はトランスジェンダーという性自認の原動力ではなく、大きくて無用な鉄の塊のように引きずられたり切り

離されたりする車掌車になるということだ。大切なのは診断結果ではなく、社会的アイデンティティなのだ。このように考えると、性別違和で苦しんでいる人でなくても、トランスジェンダーになってみたいと思うかもしれない。多くのインフルエンサーが〝性別違和〟をかなり幅広い意味でとらえており、それにならえば、ほぼすべてのティーンエイジャーが性別違和を感じているように思える。

トランスジェンダーのユーチューバー、ジェイク・エドワーズは『精神疾患の診断・統計マニュアル』（DSM-5）を度外視し（あるいは、その存在に気づいていないのか）、従来言われている性別違和がなくても、〝違うタイプの〟違和をいだいている可能性があると述べている。「たとえば、社会的違和《ソーシャル・ディスフォリア》がある。社会的な状況で、何かのおりに自分に対して否定的な感情をいだくのもそのひとつだ」*4

となると、社会的不安にさいなまれている人たちは、公式に「あなたはおそらく〝トランスジェンダー〟だ」という通告を受けることになる。

トランスジェンダーのインフルエンサーたちは性別違和を脇へ置き、あいまいで誰にでも見られる症状を挙げている――まわりと違うと感じる。ほんとうのところまわりに溶けこめていない。女性らしさ、あるいは男性らしさが足りない。それにもうひとつ――自分の身体を居心地悪いと感じたことがある（ネタバレ注意：西半球でぶらぶらしている女性に訊《き》けば、全員が「ある」と答えるはずだ）。

「いま、きみはこう思っているだろう。『そう、それ、まさにわたし』って」タイ・ターナーは自宅で動画を見ている視聴者を力づけるように言う。「ぼくは自認している性と生まれたときの性が一致しているとは思っていないけれど、自分が性スペクトラムのどこにいるのか、完全に性別を移行したいと思っているのか、あるいは男性と女性の中間にいたいと思っているのか、どうすればそれがわかる？[*5]」

チェイス・ロスはわたしに、〝六〇パーセントが男性〟で残り四〇パーセントが〝どちらでもない[*6]〟と自分で思っていると言った。よくわからない？　そこが問題かもしれない。

大半のインフルエンサーは、〝トランスジェンダーであること〟は同性愛者であることに似ていると言う――生まれつきのもので、生物学的に決められ、一生変わらない。だが、これは正しいだろうか？　性的指向を研究している心理学者は、視覚への刺激による男性器や女性器の観察可能な生理反応を調べる。男性に適切な種類の画像を見せれば、その人が口を開くかなりまえに、彼がその画像で何を感じているかを身体が正確に教えてくれる。

〝トランスジェンダーになる〟のはそうはいかない。科学的な指標もなく、呼び起こされる記憶と同様、本人の言葉に頼るしかないからだ。それに一度、なんらかの結論に達したとしても、生まれたときとは異なる性自認は何度でも変えることができる。[*7]これは、〝トランスジェンダーであること〟の概念そのものへの形而上学的および生物学的挑戦である。

〝クィア〟のインフルエンサー、アシュリー・ワイルドと同じく、多くのインフルエンサーはこう言うだろう。「自分の性が何かを考えているときに疑念をいだくのは、百パーセント普通のことだ[*8]」自分の性について気持ちがころころ変わるならば、性別移行のことはじっくり考えたほうがいいとインフルエンサーは注意を呼びかけると思うかもしれないが、実際はその逆だ。疑念が性別移行に待ったをかけることはいっさいない（わたしが知るかぎりで言うと、性別移行を止められるものは何ひとつない）。

二〇一一年六月、テストステロン療法を受けはじめて一年と経っていない、当時十九歳だったチェイス・ロスは短期間ながら、気が変わったようだった。[*9] テストステロン補充療法を中止したのだ。優しげな顔立ちで、ひげもなく、まだ女性らしい容姿をしていたチェイスは、自分はトランスジェンダーだと思っているけれど、〝トランス男性〟だとまわりに知られる心の準備ができていなかったと説明した。まだレズビアンだと思われていたかったという。「失いたくなかったんだ……レズビアンっぽさを。それにストレートの人たちにストレートだとも思われたくなかった」彼は言った。

「長いあいだ、ほんとうに悩みつづけていたんだ」彼はわたしに言った。「何年も、とにかく気持ちが行ったり来たりで。『そう、自分はトランスジェンダーだ』『いや、トランスジェンダーじゃない』ってね」彼はブレストバインダーを買い、そして捨てた。性別違和がほんとうにあるかどうか疑問の余地が残っていたため、テストステロン療法を受けようとカナダのジェンダー専門クリニックを訪れたときには断られてしまった。

Instagramのインフルエンサーであるトランス女性のケイリー・コロルは、自分はトランスジェンダーだという確信をしばらく持てなかったと述べている。「たしかに、ホルモン療法を受けるまえ、自分の確信が大きく揺らいでいたわ。絶対にそうだと確信したかと思うと、次の日には、どうして自分はこんなことを考えているのだろうと思ったり。それがホルモン療法を始めてしばらくして、すべてがぴたりとはまりだした。そのときこう思ったの。『そう、これでよかったんだ。もうもとには戻りたくない』と」[*10]

2．試しにトランスジェンダーになってみる？
それにはブレストバインダーから始めるのが一番だ

トランス男性の尊師《グル》のほぼ全員が性別移行の第一歩として、ブレストバインダー――衣類の下につけて胸をうまいぐあいに平らにするスパンデックスとポリエステルでできている圧迫帯――を身につけた。トランスジェンダーのインフルエンサーはさまざまな方法を紹介し、複数のメーカーから出ている男性的な体つきに見せるための商品の効果を比較し、ときおり、それらを〝つけなければならない〟不満を口にする。

「いまがぼくの人生で最高にうれしい瞬間のなかでも、ダントツにうれしい瞬間だ、見て」外見はまだ女性だが、トランスジェンダーを自認しているユーチューバー、エリオット・ジェイムズは喜びを爆発させるように言う。*11 エリオットはグレーのポリエチレン製の封筒を破って、セロファンに包まれたブレストバインダーを取り出すと、ちょっと高い声でぺらぺらしゃべりながら小躍りする（エリオットにとってはうれしくないだろうが、胸は生まれたときの性を物語っている。しかし高い声に女性を思わせるところはない）。

エリオットは包みをはがしてブレストバインダーを手にとると、顔にあてて息を吸い、また踊りだす――エリオットは従業員用トイレのなかで撮影をしているようだ（背後のオープンラックには段ボール箱がぎっしりと詰まっている）。「やったやった、もう最高。いまからつけるぞ！」

インターネットは恥ずかしさと無縁なので、エリオットは視聴者のためにブレストバインダーを身につける。バラのタトゥーの入った腕をあらわにし、締めつけのきつい伸縮性のブレストバインダーにぶつぶつと悪態をつきながら、少々苦労しつつ腕を通す。「ふう、これ、きついな」エリオットは誇らしげに微笑んで言う。そして横を向き、ブルドーザーで胸をならした女性の彫像のような平らな胸を視聴者に見せる。「すごい！　やった、やった！　これで男だ！　ワオ！」エリオットはいまにも喜びの涙があふれそうな顔を手でおおった。

エリオットのようなトランスジェンダーの動画ではほとんど触れられないのは、ブレストバインダーによる危険な副作用だ。乳房——腺《せん》組織、脂肪組織、血管、リンパ管、リンパ節、腺葉、乳管、結合組織、靱帯《じんたい》——は実際、一日じゅう押しつぶすようにぺちゃんこにしていいものではない。[*12] その副作用として、肋骨《ろっこつ》の骨折や損傷、肺の破裂や破壊、息切れ、背中の痛み、乳房組織の変形が挙げられる。

もし十代の少女に、あなたがしたいと思っていることは危険をともなうと言い聞かせるとすれば、どのようなことを伝えるだろうか。乳房組織を傷つけたくないでしょう。いつか子供がほしい、子供を産んで、その子に乳を飲ませたいと思うようになるかもしれない。何を言っても相手の少女にすれば、太陽は将来、五十億年後に燃えつきると言われているようなものだろう。

3．テストステロン、通称〝T〟は驚くべきパワーを持っている。これで問題がすべて解消されるかもしれない

トランスジェンダーのユーチューバーでおそらくもっとも人気のある（チャンネル登録者数は三十万を超える）イギリスのトランス男性、アレックス・バーティはテストステロン補充療法を始めて一年めの状況について語っている。「こんな日が来るなんてまったく思ってもいなかっ

た」少年っぽいかわいらしさを持ち、無精ひげを生やしたアレックスは熱い口調で言った。「テストステロン補充療法を始めて、正式に一年経った。ホルモン療法を受けるまでの自分は、自己嫌悪と嫉妬《しっと》心の塊で、とにかく誰とも関わりあいたくなかった……それがホルモン療法開始から一年経ったいま、ぼくは最高に幸せだ。テストステロンによる変化のおかげで、ぼくの生活の質は向上したし、以前とは違う未来図が描ける」

彼の声は低くなっていた。体毛やひげも生えはじめていた。肩は広く、腕は太くなり、あごは骨ばってきている。脂肪のつき方も変わっていた（太腿《ふともも》や臀部《でんぶ》の脂肪が減っている）。そして、これがいちばん喜ばしいことだろうが、月経がなくなった。「ありがたいことに、〝T〟を始めて二カ月で生理は完全にとまった。ほんとうにうれしい。昨年のうちに乳房摘出手術も受けた。もうすっきりした。この手術を受けてどれほど晴れやかな気分になれたかを話す動画なら、百万本でも作れる。なんといっても、ホルモン療法で性別違和が嘘のようになくなった。やっぱりテストステロンは効果抜群だ[*13]」

トランスジェンダーという性自認はいずれ変わるかもしれないし、主観的なものなので当然ながら、誰がほんとうにトランスジェンダーなのか、どこからトランスジェンダーだと言えるのかについて難しい問題が生じる。そのため、テストステロン補充療法はほんとうの自分を確立するのに重要な手段になりうる。チェイス・ロスが動画〈トランスジェンダー入門〉シリーズで言っているように、テストステロン補充療法は「性別移行に正当性をあたえる[*14]」しかし同時にチェイスは視聴者に確かめるように言いそえている。「性別移行の正当性というのは、あなたが性別移行をいかに定義するかによる」

SNSで情報を発信しているトランスジェンダーが全員、チェイスのように穏健なわけではない。どこにでもいる十代の少女を思わせる青い目に青く染めた髪のトランス女性であるInstagramの尊師《グル》、ケイリー・コロルはこのような助言をしている。「ホルモン療法を受けるのに、自分がトランスジェンダーだって百パーセント確信する必要なんてない」ケイリーは視聴者に向かって断言する。「まず三カ月試してみるといい。三カ月なら、その影響も長く残らないから。三カ月くらいやってみて、自分がどんな感じになるか試してみればいい。最高よ、それにあっという間に終わる。ホルモン療法はみんなが思ってるほど怖くなんかないから」*15

　ホルモン療法を受けるのに、自分がトランスジェンダーだと確信している必要はない。実際、ケイリーが言いそえているように、ホルモン療法を受けるのは「おそらく自分がトランスジェンダーかどうか確かめる最善の方法だろう」*16

　テストステロン補充療法はひどい副作用があると聞いたことがあるかもしれないが、ここに挙げるようなことはほとんど聞かないだろう。YouTubeやInstagramの尊師《グル》たちの話は楽しいが、さまざまながんになる危険が増したり、がんの予防のために子宮を摘出したりするのは絶対に楽しくない。尊師《グル》たちが口にするテストステロンのもっともよくある副作用は、トランスジェンダーであるという真正性に磨きをかける副作用、つまり痛みだ。痛みは受け入れられるし、喜びをもって伝えられさえする。火のついた石炭のうえを裸足《はだし》で駆けぬけるのと同じように、筋肉注射の激しい痛みに耐えることが、着せ替えごっこの枠を越えた証しになる。これであなたも真の〝トランスジェンダー〟だ。もう悩む必要はない。

「そう、この小さな椅子みたいなものに横たわってお尻《しり》を出した」*17まだ女性っぽさが残る十七歳のアレックス・バーティは動画で、初めてテストステロンの注射を受けたときのことを語っている。看護師が「ぼくのお尻に針を刺す。まあ、そうだな、『あ、う、思っていたよりもちょっと痛い』って感じかな。チクッとした痛みだ。で、看護師がテストステロンを注入すると、痛みが増してくる。それもじわじわと増してくるんだ」[*18] アレックス・バーティはその試練にみごとに耐えた。「嘘をつくつもりはない。あれは痛かった。猛烈に痛かった」[*19]

しかし、洗礼を受けなければキリスト教徒にはなれないし、ほんの少し血を流さなければ血盟の友だと名乗れない。注射を打つことはトランスジェンダーにとってのバル・ミツバ〔ユダヤ教における十三歳の成人男性、またはその成人式〕であり、喜びをもって受け入れられるものだ。痛みは大義に身を捧《ささ》げた証しである。「言うまでもないけど、耐えられる痛みだし、その価値は絶対にある」アレックス・バーティは視聴者に向かって言うと、声を張りあげた。「イェイ、ぼくはテストステロンを打ってる！……もうトランスジェンダー予備軍じゃない！」まるでＹｏｕＴｕｂｅを見ている信者に向かって演説をしているような口ぶりだ。もうぼくは男だ。

4．もし両親があなたを愛しているのなら、あなたのトランスジェンダー・アイデンティティを支持してくれるはずだ

ジェット・テイラーは――名前の通り――かっこいい《ホット》。若いときのジャスティン・ビーバーといおうか、ボーイズバンドにいそうなルックスの持ち主だ。ふっくらとした唇、柔らかそうなあごひげ、大きな茶色の目、均整のとれた容姿。顔にはニキビの痕《あと》がぽつぽつとある。これもテストステロンの副作用、トランスジェンダーにとっては戦いで負った傷だ。

しかし、彼はただかっこいい顔をしているだけではない。ジェット・テイラーはこんなメッセージを発信している。「ほんとうの愛というのは無条件の愛だ。無制限の愛なんだ。相手をあるがままに受け入れられないのなら、真に愛しているとは言えない」[*20]

突然、トランスジェンダーを自認しだした十代の子供がいる親は、はっとするだろう。ジェットは自分のことを言っていると。もし急に自分はトランスジェンダーだと訴えた娘を疑わしく思ったなら、あなたはほんとうに娘を愛しているとは言えない。娘から背を向けられるのも時間の問題だ。「きみの人生に寄りそってくれる人、きみを無条件で愛してくれる人、その人はこれからもずっと、きみのそばにいるはずだ」ジェット・テイラーは視聴者に向かって言う。「いまぼくは、すばらしい友人に囲まれている。ぼくを無条件で愛してくれる人たちは、ぼくが進む道を一緒に歩んでくれる」

トランスジェンダーの尊師《グル》にとって、性別を移行しようとしている自分の子供に寄りそわず、ジェンダー思想《イデオロギー》の信条をわかちあおうともしない親ほど残酷で〝有毒な〟存在はいない。「もしきみがそういう家族を相手にしているのなら」ジェットは同情をこめて言う。「ぼくはこう言いたい。心から気の毒に思う。ぼくはきみを無条件で愛す。あるがままのきみを愛す。もしきみがいま悲しい思いをしているのなら、ぼくが誰よりもぎゅっときみを抱きしめてあげる。この広い全世界のなかで、誰よりもぎゅっと」ただし、彼があなたの授業料を払ってくれることを期待してはいけない。

もっとも、こういう言葉をくれるのはジェットだけではない。二〇一七年五月の母の日、トランス女性であり自転車世界選手権のチャンピオンでもある（生物学的な女性と競った）レイチェル・マッキノンは人からうながされて、トランスジェンダーを自認する思春期の子供たちに母親と縁を切るよう勧めた。「おそらくわたしたちが望むほど、親が支えになっていない子供は――悲しいけれど、どこにでもいる。でも、わたしがあなたに希望をあげる。支えになってくれない親、子供を尊重しない親、子供を虐待しさえする親、そんな親には背を向けていいということを知ってもらいたい[*21]」

これはとんでもない母の日の贈り物だ。しかしマッキノンが贈ろうとしているのはべつのものだ。彼女はそれを〝希望〟と呼んでいる。「あなたも、わたしたちが言う〝輝ける家族《グリッター・ファミリー》〟、〝クィア家族〟を見つけられるという希望をわたしはあげたい。わたしたちはここにいる。わたしたちが輝ける家族と築いた関係は、血のつながった家族のように本物で価値があるものよ」

インフルエンザにかかって寝込んでいる？　自動車事故にあった？　愛する人に捨てられた？　心配しなくていい。マッキノンがすぐに来てくれる。

5. トランスジェンダー・アイデンティティを認めてもらえないと、きっとあなたは死にたくなる

トランス男性のスカイラー・カーギルは、大学一年生のときに寮で一緒だった魅力的な少年のことを振りかえる。とび色の髪をくしゃっとさせ、少し皺《しわ》のよったシャツを着て、あごには無精ひげを生やしていた少年だ。「リーラ・アルコーンが自殺したことを考えると、ぼくはつくづくこう思う」カーギルは警告を発するように言う。「トランスジェンダーの若者の幸せ、安全、健康に関して親が果たす役割を考えることは大切だ[*22]」

オハイオ州のトランス女性であり、重度のうつ状態にあった十七歳のリーラ・アルコーンは、両親に無理やり、キリスト教式転向療法《コンバージョン・セラピー》〔性的指向や性自認を変更するための心理的、精神的介入〕を受けさせられたあと、車のまえに飛び出し、みずから命を絶った。リーラはＴｕｍｂｌｒのブログに遺書をのこしていた。そこには、自分が死を選んだのは、自分がトランスジェンダーであることを両親が受け入れようとしなかったからだとはっきり書かれていた。

実際、トランスジェンダーを自認する人が自殺をする割合は驚くほど高い。[*23] それゆえ、トランスジェンダーのインフルエンサーのほぼ全員が、トランスジェンダーの若者がよりいっそう生きづらくなるような親の行為――親がつけた名前の使用を強要したり、ｉＰｈｏｎｅを取りあげたりといった行為――は許しがたいほど残酷だと考えている。心が壊れそうになっている人にそんなことを誰がするだろうか？ ただ一日一日を生き抜くことがどれほど大変かわかっていないのだろうか？

確実に言えることがある。トランスジェンダーの少女たちは、まちがいなく苦しんでいる。大人は、彼女たちの精神的苦痛に思いをいたして当然ではないだろうか。親は子供の気持ちをくむべきだ。しかし思いやりを示すというのは、要求――とくに親が自分の子供の最大の関心事ではないと思っている要求――に応じることと同じではない。

いったい親は何をわかっているのだろうか？ スカイラーに言わせると〝たいしてわかっていない〟。スカイラーは辛抱強くこう説明する。思春期の子供が自分はトランスジェンダーだと打ち明けたとき、親がすべきことは子供を疑うことではなく、歩調をあわせることだ。「『あなたはトランスジェンダーじゃない、かんちがいしてる、ただそういうことを思いたい年頃なのよ』なんて言えば、子供は気持ちをわかってもらえないと思うだけだ。実際、彼女たちは何かに変わろうとしているわけじゃない。だって、〝治さなければならない〟ところなんて何もないんだから」[*24]

このメッセージは形のうえでは親に向けられたものだ。しかし子育てについて十代の若者からアドバイスをもらうために、YouTubeを見る親がどこにいる？　いうまでもなく、スカイラーのメッセージは親に向けて発信されたものではまったくない。メッセージは子供たちを導き、性自認を撤回させようと躍起になる類《たぐい》の親を遠ざける手助けをする手段なのだ。

6．性別移行のために親や医師をだますことが必要ならば、その行為は正当化される

トランスジェンダーのインフルエンサーたちはたいてい、異性のホルモン剤を手にいれるためにあらゆる手段を使っている。どんなことであれ、する必要があればするし、言う必要があれば言う。自分の命が危機に瀕《ひん》しているのだ。「何を言えばテストステロンを処方してもらえるか探って、それだけを言えばいい」SNSでトランスジェンダーのアドバイザーは言う。「治療を受けるための話をしてる。まわりの人たちに正直でいるための話じゃない。正直かどうかなんて医師には関係ないことだし、たいていの場合、ものごとをめちゃくちゃにしてしまう」[*25]

さらにこう述べている。「まず何を言うか考えておくんだ。さっき言ったけど、嘘は最小限にしておくこと。言っていいのは、ほんとうかどうか確かめようがないことだけ。家族をふくめ、怖くて誰にも言えなかった気持ちのようなこととか」[*26]

ブレストバインダーは通常、理解のない親に知られないよう地味なパッケージに入って売られている。チェイス・ロスでさえ、未成年の少女にブレストバインダーを送る際、両親がその子の

性自認を認めていない場合は友人の住所宛てに送るようにしている。「あるとき、『パパがバインダーに気づいて、わたしの目のまえでズタズタにしちゃった』っていうメッセージが届いたことがあった。ぼくは胸が張り裂けそうだった」彼はわたしに言った。「だから、新しいバインダーをその子の友達の家に送ったんだ。だって悲しすぎるだろう。バインダーをつけてたら、父親に目のまえで引き裂かれたんだよ。ひどすぎるだろう」

7．〝トランスジェンダー〟になるために反対の性を自認する必要はない

もしチェイス・ロスがもっとも好感度の高いインフルエンサーのひとりだとすれば、アッシュ・ハーデルをどう判断していいのか、わたしはわからなかった。女性に生まれたアッシュは声が高く、きつい中西部訛《なま》りで話す。背が高くて、健康的な女性だ。小妖精《しょうようせい》のようにかわいらしく、十二歳に見えるが、実際は二十代後半だ。彼女は〝ノンバイナリー〟あるいは〝クィア〟――男性でも女性でもない――を自認している（人称代名詞はｔｈｅｙ／ｔｈｅｍだ）。

アッシュの動画はもっとも演出のうまい動画の部類に入る。気分が明るくなる音響効果を用い、巧みに編集されている。それに彼女がテンポよく軽快にしゃべるので、見ていて楽しい。その証拠に、彼女のＹｏｕＴｕｂｅチャンネルの登録者数は六十五万を超える。とにかくノリがよく快活で、セプタムリング〔鼻中隔につけるピアス〕をつける人の特徴だろうか、底抜けに明るい。おまけに開けっぴろげでなんでも話す。

動画では、彼女が母親に――初めて――自分が〝トランスジェンダー〟だと打ちあける場面や、乳房切除手術の過程――医療機関での初診から術後の最終的な結果まで――が見られる。しかし、

一般的なトランスジェンダーを自認する女性とは違い、アッシュはテストステロン補充療法を受けていない。アッシュがなりたいと思っている自分――あるいは、彼女が思っているほんとうの自分――は〝中間の存在〟だ。もしかすると彼女は、今日の思春期の少女がもっとも望む姿を体現しているのかもしれない。それは〝クィア〟だ。

とてもおしゃべり好きで愛らしく、かなり若い少女のように見えるからだろう、アッシュはトランスジェンダーというのは健全なのだと思わせるのに成功している。手術で乳房を切除した彼女の身体はテストステロンの影響もなく、まるで八歳の少年のようだ（彼女のパートナー、グレイソン[*27]も乳房を切除しており、アッシュは術後の喜びと失望感について、驚くほどこと細かに話している）。

ノンバイナリーやアジェンダー〔自認する性がない人〕のインフルエンサーのなかにはテストステロン補充療法を受けている人もいるが、それによって求めているのは男性と女性の中間の状態だ。アッシュの友人でアジェンダーのチャンドラーはこう説明する。「テストステロン補充療法を受けているノンバイナリーはけっこういて、ふたつのパターンにわかれる。ひとつは短期間、毎回ある程度の量を投与するパターン。わたしはこのパターンでする予定。もうひとつは、期間を長めにして、一度に少しずつ投与するパターン。どちらのパターンにするかについては気が変わるかもしれないけれど、投与は受けるつもり」大人なら、わたしと同じように、こう思うかもしれない。結果を予測できず試行錯誤しながら行なう、この魔術的なホルモン療法の経過を観察するのはどんな医師なのか？　女性に生まれついた人を〝男でも女でもない〟体つきにするため、その人の乳房を切除するのに、何がヒポクラテスを正当化できるというのか？

チャンドラーの悩みの種――彼女がテストステロン補充療法を受けはじめた理由でもある――は、まわりの人がいつも、彼女が内面も女性だと思って接してくることだった。彼女は〝もっと中間的な感情〟――女性的と思われる感情はごくたまにでいい――を得たいと思っている。[*28] 彼女が使用を求める人称代名詞は〝ｔｈｅｙ／ｔｈｅｍ〟だが、無性《むせい》が彼女が望む見られ方だ。往々にして、ノンバイナリーのティーンエイジャーはほかの人と同じゲームをするのも、同じ言葉を使うのも拒んでいるように思える。ゲーム盤をひっくり返し、ゲームの駒をあたりに投げちらし、すべてのルールを書きかえ、ルールというルールをなくしたがっている。〝パス〟はしたくないし、枠にはめられるのも嫌う。ノンバイナリーのティーンエイジャーは〝ジェンダーフルイド〟であり、気持ちを変える権利を保持している。

心にとどめておきたいのは、そもそもノンバイナリーという性自認を〝肯定〟して乳房切除手術を行なうということは、トランスジェンダーの身体を変えることに対する論理的根拠を揺るがす恐れがあるということだ。性別適合手術を行なう根本的な理由は、昔もいまも変わらず性別違和――〝誤った性の身体〟に感じる不快感――であって、両方の性に対する不快感や自分の身体への嫌悪感ではない。

しかし、もし自分の身体に求めるのが〝ノンバイナリー〟――そういうものは存在しないし、これまでも存在しなかった――だとすれば、実際にノンバイナリーの身体になったかどうか、どうすればわかるのだろうか？　ノンバイナリーの身体には一生なれない可能性のほうが高くないだろうか？　もしかしたらマイケル・ジャクソンの〝完璧《かんぺき》な〟鼻のように、すぐに手が届くところにあるのかもしれないし、手術を一回受けるだけで手に入るのかもしれない。

動画を見て、その作成者にインタビューするまで、自分がトランスジェンダーのインフルエンサーに好意をいだくとは思っていなかった。わたしがインタビューした親の多くは、そういうインフルエンサーをカルト集団のリーダーかドラッグディーラーのように考えていた。しかしわたしはインフルエンサーたちを嫌ってはいなかった。ピアスをつけ、タトゥーをいれ、夏の嵐のごとくなんの前ぶれもなく猛烈な勢いで襲ってくるうつ症状と闘い、変化していく自分の身体のことで頭がいっぱいの人たちだ。もしトランスジェンダーのインフルエンサーが危険な信念を持った過酷な伝道者だとすれば、彼らにも愛情と配慮が必要だ。

テストステロンの投与を受けて有頂天になって、〝目を光らせている〟親に許してもらえずテストステロン補充療法を受けられない人を哀れんでいるトランスジェンダーのインフルエンサーは、まちがいなく薬物や性別適合手術の推進者だ。その多くは誤った情報や、医療に関する嘘、悪質な助言を広めている。テストステロンをスケジュールIIIの規制物質〔アメリカの規制物質法では薬物の規制をその度合いによってスケジュールIからVに分類している〕ではなく、まるでプロテインシェイクであるかのように絶賛する。そして両乳房切除をヘアカットと同様、大事《おおごと》ではないかのように語る。くわえて、疑《うたぐ》り深い親を〝毒親〟と呼び、トランスジェンダーの〝輝ける家族〟の一員になるよう視聴者に勧める。[*29]

医師には、子供の頃から性別違和があったと言うか、それまでの精神面の健康状態についていっさい話さないか、とにかく嘘をつくようそそのかす。[*30] さらにはこうも言っている。自殺願望が芽ばえるだろうが、それは性別移行をすればあっという間になくなる。性別違和という悪霊に取り憑《つ》かれるまえに、一刻も早く性別移行をしたほうがいいと。

しかし彼らはみんなまだ若く、つらい経験を乗りこえてきた。カメラに向かって、自分が知り得たあらゆることを、さらにそれ以上のこと、いつか後悔するかもしれないことを話している。彼らの闘いは内面的なものかもしれないが、傷跡は本物だ。胸に——以前は乳房があった箇所のすぐ下に、半月形にメスをいれた痕がつややかなピンク色の筋になっている。

彼らは『オリヴァー・ツイスト』〔チャールズ・ディケンズの長編小説〕に登場する自信たっぷりで抜け目のないスリ、アートフル・ドジャーのように見える。ドジャーは模範的な市民ではない。もっとも、それは彼のせいとは言い切れないが。

トランスジェンダーのインフルエンサーは口をそろえて、いまがいちばん幸せを感じていると言い、トランスジェンダー・アイデンティティへの真の喜びを爆発させている。とはいえ、自分の身体にかける時間はランウェイを歩く標準的なモデルよりも多いように思える。出費はかなりの額になる。テストステロン補充療法はひと月に何百ドルもかかることがある。乳房切除手術はたいてい、一万ドルくらいだ。彼らは生まれたときの性を思い出させるもの、〝デッドネーミング〟（彼らを出生時の名前で呼ぶこと）や〝ミスジェンダリング〟（誤った人称代名詞でその人を指すこと）で負った傷に弱い。それに、彼らが危機と称する不愉快な生理現象に悩まされている。チェイス・ロスはテストステロン補充療法を受けはじめて十年近くになるが、まだときおり月経がある。

彼らは完全に〝パス〟しているわけではない。それゆえ、トランスジェンダーではない人が大半を占める社会に溶けこめるとは思えない。平均的な男性よりも背がかなり低いし、手も小さく、顔もほっそりしている。通りを歩けば、好奇心にかられた人に二度見される運命にあるようだ。もっとも、好奇心にかられなくとも、思わず二度見してしまう人も多いが。彼らのほとんどは、男性であることを決定づける特徴のひとつを得るために必要な陰茎形成術《ファロプラスティ》を受けていないので、男性としてのアイデンティティがいつ崩れてもおかしくない。男性用小便器のまえに立てば、万事休すだ。

インフルエンサーたちの話をおもしろがって聞く視聴者はいる。呆《あき》れるほど気が変わりやすく流行を追うのが好きな集団、ティーンエイジャーだ。いまはインフルエンサーたちに夢中だが、その熱もいつか一瞬にして冷めてしまうかもしれない。尊師《グル》たちは、自分の人生が充実していて、トランスジェンダーであること以上に多くのことをなしていると思われたがっているが、ほんとうに人生が充実している人はほとんどいないだろう。

トランスジェンダーとして人気を集めるトランス男性のウェス・タッカーのように、トランスジェンダーのインフルエンサーはときおり、気分が落ちこんで動画を更新できなかったことを謝罪している。[*31] 彼らは何十万もの視聴者に向けて、個人的な危機を包みかくさず話す。彼らが作ったインターネット上の避難所は波打ちぎわに建っているようなものだ。大衆の意見や精神的健康の危機という波がくれば流されてしまう。

彼らのあいだには、損得勘定のない仲間意識があるようだ。たがいに励ましあい、堂々と愛の告白をしたり、相手を受け入れたりする。輝ける家族のように、実際の交友関係のような重たさもやっかいさもなく、すてきな装飾品をつけ加えていく。

彼らの告白動画はＬＧＢＴＱへの理解を広めるためという名目で、各地の学校で見られている。

また、Ｇｏｏｇｌｅ《グーグル》で検索にかければ、自動的にＹｏｕＴｕｂｅで再生されるようになっている。

もしあなたが自分は普通ではないと感じたり、不安や恐れをいだいたことがあるならば――もしほかの人とは違うと思ったことがあるならば、どうか……「自分の家にいるつもりで／家族の一員だと思って／わたしたちはあなたが大好き／絶対、わたしたちは仲よくやっていける」

4　学校

二〇一九年六月、カリフォルニア教員組合（ＣＴＡ）の政策立案部がロサンゼルスのウェスティン・ボナベンチャー・ホテルで会議を開いた。[*1] 三カ月に一度行なわれる公立校の教員組合の会議では、直近の役員選挙や、新たに設立されたチャーター・スクール〔公費によって地元住民や企業が運営する学校〕の活動を組合が継続して監督することなど、毎回話しあうべき議題が多くある。このときの会議では、〝早急な対応〟が必要な審議事項について投票が行なわれた。トランスジェンダーを自認するマイノリティの生徒からの、性別移行目的のホルモン療法を受けるために、親の同意がなくても早退を許可してほしいという要求についてだ。[*2]

この新方針に対する論理的根拠は明解だ。カリフォルニア州法ではすでに、〝シスジェンダーの未成年が親の同意なしにホルモン療法（この場合の目的は避妊だ）を受ける〟ために学校を早退することが認められている。[*3] それならば、トランスジェンダーの子供たちにも、ホルモン療法を受けるために早退する権利があっていいはずだというわけだ。政策立案部の委員たちは投票を行ない、トランスジェンダーの生徒たちからの要求を承認した。これでＣＴＡは、十二歳以上の生徒が性別移行目的のホルモン療法を受けるために学校を早退してもよいという方針を推進させることとなった。

それだけでは不十分だとでも言うように、二〇二〇年一月、ＣＴＡの教育における公民権小委員会は、先の方針を発展させた。

〝シスジェンダー、トランスジェンダー、ノンバイナリーの生徒が平等かつ内密に、身体面や精神面、行動面についての幅広い診療を受けられる〟よう、〝学校が基盤のヘルスケア・クリニック〟の創設に向けて動きだしたのだ＊4（傍点による強調は筆者による）。この政策を実施するには再度、投票が必要だった。しかしうまくいけば近々、カリフォルニア州において性別移行目的のホルモン療法を望むマイノリティの生徒は、親への通知や親の同意なしに、ホルモン療法を受けられるだけでなく、学校を早退しないで受けられるようになるかもしれない。

こう思う人がいるだろう。どこかのろくでもない教員組合のしわざにちがいない。さらにはこんなことも。そんなことをするのはカリフォルニア州だけだ。カリフォルニア州の教師たちは、太陽の光をあびながらシャブリをしこたま飲んで酔いつぶれ、本来の仕事から逃れたくてほかのことをしようとしているのだ。わたしも同じことを思った、ほんとうに。

しかし、学校現場に広がるジェンダー思想《イデオロギー》や教員組合の急進化、組合と活動家たちとの親密な関係について詳しく調べてみると、この新たな提案がしごく当然のことだと知るにいたった。すでにカリフォルニア州で導入され、全米に広がっているあらゆる法律や方針は急進的なカリキュラムを論理的に延長した先にあるものだった。

教師や活動家、法律制定者たちはカリフォルニア州の青写真を吟味している。ニューヨーク州、ニュージャージー州、コロラド州、イリノイ州、バージニア州の北バージニア、オレゴン州の公立校では、ジェンダー問題への急進的なジェンダー教育がすでにカリキュラムや方針に組みこまれている。上流階級の子供が通う私立校は言うまでもない。だって、アバンギャルドな教育哲学はお手のものなのだから。

教師たち

カリフォルニア州は性自認と性的指向に関して、どの州よりも包括的な教育を誇っており、幼稚園から高校三年生までの全生徒を対象に、親へのオプトアウト（生徒に関する情報を親に伝えること）を明確に禁止することが法令で義務づけられている。[*5] この功績の背景には巧妙なからくりがある。[*6] カリフォルニア州法では、性的健康教育について親へのオプトアウトをはっきりと許可している。だがカリフォルニア州議会は、〝性自認と性表現〟および〝性的指向〟に関連する事項については、その法律を適用しないとした。そのような命令は差別や嫌がらせ、いじめを防ぐために絶対に必要だと教師たちは訴えている。[*7] 同性愛者やトランスジェンダーの生徒が嫌がらせを受けないようにするためには、すべての生徒に性自認と性的指向についての教育が必要だったのだ。

ジュディ・チアソン博士は性自認に関する最新の教育に精通している。ロサンゼルスの統一学区――学校は千二百を超え、全生徒数が六十万を超えるアメリカで二番めに大きい学区――で人間関係や多様性、公平性についての授業のコーディネーターとして、学区内の性的指向や性自認の教育に関するすべての方針を監督している。

彼女からのメールを読むとすぐに、彼女の人生においてジェンダー思想《イデオロギー》が大きな部分を占めているのがわかった。「ミクス・シュライアー」〔「ミクス（Mx）」は性別を区別しない敬称〕と彼女は書いていた。

わたしは目をぱちくりさせた。〝M〟のあとにはっきりと〝x〟と打たれていた。タイプミスではなかった。メールに入っていた署名によると、彼女の人称代名詞は〝she／her〟だ。

「学校の役割は変わりました」電話で話をしたとき、彼女はわたしに言った。「正確に言うと、学校は教育機関ですよね？　読み書きに算数。基本的に、それが学校というものです」確認するように彼女は言った。「でも、学校が果たすべき役割は広がって、もっと多様な社会奉仕をする拠点になりました。子供たちに起きていることを、以前より全体的に、そして感情的に見ているのです」彼女は説明した。「学校を社会正義の源と考えています。わたしたちの役割はこれからさらに広がっていくでしょう。現在の奉仕活動は多岐にわたります」

カリフォルニア州の公立校が生徒のために行なっているさまざまな奉仕活動や支援には驚かされる。日に三度の食事、リュックサックいっぱいの衣類、学内での診療や歯科治療。これらのサービスを提供している公立校が、自分たちは親の代わりを――ほんとうの親の願いや価値観にはまったくあわないことに関しても――していると思うのももっともかもしれない。

「学校は子供たちを直接見ているので、いろいろな社会的問題に対処してくれるだろうと、社会が学校をあてにしているのだと思います」彼女は例として、校内暴力と学校での銃乱射事件のふたつを挙げた。「わたしたちは親の代わりをしているわけではありません。でも、以前は家庭や社会が対処していた領域のことを、いまは学校がもう少し意識して目を向けるよう求められているのです」

今日、教師の多くが、親たちは自分の子供に性自認や性的指向についてきっちりと教えているとは言いがたいと考えている。教師たちは率先して親の怠慢を正し、アメリカの家族を二十一世紀に引っぱってこようとしている。ただそばに行って、〝ゲイ〟という言葉を口にする。「安心感をあたえられる教師や親が必要です。ただそばに行って、〝ゲイ〟という言葉を口にする。大きな声で！ そう、底抜けに明るい口調で」チアソン博士は言った。「トランスジェンダーについて話す。性の多様性について話す。トランスジェンダーのおじさんのことを話す。そういうことを、ふだんの会話のなかで普通に話せるようにならなくてはなりません。ＬＧＢＴＱの子供たちにはそういったことが必要なのです。親がそうしたら、子供は親に言って学校にお礼の電話をかけてもらう。それが理想です」

チアソン博士によると、教師はたいてい性的指向や性自認について生徒に教えるのをいやがるそうだ。なぜなら親たちからの苦情が怖いからだ。そこが問題だとチアソン博士は考えている。「多くの教師がＬＧＢＴＱの問題を学校で取りあげるのをためらうのは、親たちが言ってきそうなことが頭にあって、それを心配しているからです。実際、親たちは学校に電話してきて、苦情をまくしたてて怒りをぶつけてきますからね」彼女は言った。「たしかに、わたしたちは地域社会に仕える身です。でも場所によっては、わたしたちがその地域社会を引っぱっていかなければなりません」

男女をへだてる壁を壊して男性の役割を果たす女性はこれまでにもいた。そういう行為をすれば、いまなら確実に〝ジェンダー・ノンコンフォーミング〟〔性に関する旧来の概念に合致しない人〕と見なされるだろう。過去の例を挙げると、ジャンヌ・ダルク、エカチェリーナ二世、ジョージ・エリオット〔イギリスの作家〕、ジョルジュ・サンド〔フランスの作家〕、サリー・ライド〔アメリカの宇宙飛行士〕だ。この女性たちは誰ひとりとして、男性の役割と考えられてきたことをしたからといって自分を女性らしくないとは思っていなかっただろうし、自分はほんとうは男だと主張もしなかった。

もし彼女たちが、現在、アメリカじゅうの学童が教わっている彼女たちに対する見方を知れば、驚くだろう――性スペクトラムの女性側にいるけれど、完全に女性というわけではない。*8 ほんの少し男性寄り、あるいは男性と女性の中間だ。

カリフォルニア州、ニュージャージー州、コロラド州、イリノイ州では、学校でLGBTQの歴史を教えることが法律で義務づけられている。こうなると実際問題として、社会の教科書やカリキュラムを改訂して、サリー・ライドの性的指向を〝暴露〟しなければならなくなる。彼女は自身が同性愛者であることを秘密にしていたが、それはおそらく、同性愛者として自分を記憶してほしくなかったからだろう。女性初の宇宙飛行士であることのほうが大切だと考えていたはずだ。ライド以外の歴史上の偉人も同様に、〝死者のための洗礼〟――ノンバイナリー、クィア、あるいはトランスジェンダーとしてふたたび人の目を集める機会――にさらされることになる。

この性自認に関する方針が表のドアから大手を振って出ていく裏で、大規模な窃盗事件が起きている。女性の功績の搾取だ。女性への不信感が強まれば強まるほど、女性が乗りこえなければならない障壁は多くなり、よりいっそう〝ジェンダー・ノンコンフォーミング〟とみなされるようになる。このゆがんだ図式にあてはめると、当然ながら、功績をあげる女性ほど、女性だと見なされなくなってしまう。

アメリカの幼稚園では、生物学的な性《セックス》と社会的な性《ジェンダー》は多くの場合、別ものであると教える。つまり、双方に重要なつながりはないというわけだ。自認する性と生まれたときに与えられた性が完全に一致する人はいる。そういう人たちは〝シスジェンダー〟と呼ばれる。〝性のこちら側〟を意味し、〝性の向かい側〟を意味する〝トランスジェンダー〟の対義語として造られた言葉だ。*9 〝シスジェンダー〟という言葉は学校現場で用いられているので、空集合〔要素をいっさい持たない集合〕のように思われることが往々にしてある。自由に選べる料理がずらりと並ぶビュッフェのように性《ジェンダー》に関するさまざまなアイデンティティをまえにすれば、誰もがいずれかの要素を、たとえそれがほんのわずかでも持っていると思うだろう。

算数あるいはスポーツが好きな女子や論理的な女子、それに歌や演技、あるいは絵を描くことが好きな男子はみんな、〝ジェンダー・ノンコンフォーミング〟である。そういう子供たちは〝算数が得意な女の子〟や〝歌の才能のある男の子〟として就学したかもしれないが、いずれ〝生まれもった性に対して一般的と考えられない振る舞いや性的表現をする人〟として見られるようになる。*10

それに、人々に文化として浸透している、表現やアイデンティティ、役割および／またはそのほか認知されているジェンダー規範をふくめ、ジェンダーの定義を拡大させる人は男女同権論者《フェミニスト》や進歩主義者とは呼ばれない。〝ジェンダー・エクスパンシヴ〟である。[*11] 数学やレスリング、物理が得意だからといって、その女性が性別二元制〔性を男性か女性のどちらかに分類する社会規範〕に盾突いていることにはならない。[*12] 〝ジェンダー・クエスチョニング〟〔性自認や性的指向が決まっていない人〕かもしれない。だが、その女性が単なる〝女性〟でないことは確かだ。

アメリカ自由人権協会（ＡＣＬＵ）や全米家族計画連盟《プランド・ペアレントフッド》、ＧＬＳＥＮ（元〝ゲイ・アンド・レズビアン・インディペンデント・スクール・ティーチャーズ・ネットワーク〟）はカリキュラム資料を提供している。これらの組織のメンバーは定期的に各学校を訪れて生徒に、性的指向と性自認についての講義をしている。また、教師に研修を行なったりビデオを提供したり、さらには人気のある課外活動、ゲイ・ストレート・アライアンス（ＧＳＡ）の指導を手がけたりもしている。[*13]

このように、ジェンダー活動家による資料やカリキュラム、講義、教師の研修を通じて、ジェンダー思想《イデオロギー》は学校で教えられている。[*14] 幼稚園では〝ジェンダーブレッド・パーソン〟[*15]や〝ジェンダー・ユニコーン〟[*16]が導入されている。幼稚園の教諭は『アイ・アム・ジャズ』〔二歳の頃から女の子を自認する男の子が主人公の絵本〕を読みきかせ、園児たちは自分が〝男の子の身体に女の子の脳〟を、あるいは〝女の子の身体に男の子の脳〟を持っているかもしれないと教わる。[*17]

こういった教育を行なっている学校は、それが科学的観点から言ってでたらめだとは決して認めない。女の子の脳――すべての細胞にＸＸ染色体が入っている――が男の子の身体に宿っているかもしれないという発想は、生物学的見地から見て馬鹿げている。生物学的な女の子が〝ほんとうは男の子〟だと判断するための医学的基準も実験に基づいた基準もないという事実については誰も言及しない。それにもかかわらず、こういったとんでもない話が、人の繁殖や性感染症に関する事実を口にするときと同じようにまじめに、かつなんら間違いがないかのように語られるのだ。

もしワクチン反対派の人たち——彼らもまた科学の主流派から大きくはずれている——が学校に招かれて生徒に講演を行なったり、依頼されて健康教室で用いる資料を提供したり、彼らが考える科学の話をするのを許可されたり、なんらかの障害とワクチンの関連性を主張する講義を行なったりすればどうなるか想像してほしい。ワクチン接種を受けたことのある多くの生徒が彼らの話に固執し、共感して苦しみ、社会的な手がかりを見あやまり、繰りかえし行なわれる運動に参加し、自傷行為に走り、たがいになんらかの障害があると診断しあうところが頭に浮かんだとしてもおかしくない。もしそのような生徒がワクチン反対派が唱える〝科学〟を信じだし、それを否定する主流の医学による、彼らにとっての陰謀を叩きつぶそうとしても、なんら驚くにあたらない。

ジェンダーに関する資料は数多くある。各段階での指導例を紹介しよう。それらには独善的な主張やそれとなく誘導するような言葉が随所に見受けられる。あなたは性スペクトラムのどこに位置するか？　どのようにしてそれがわかったか？　確信はあるか？

幼稚園から小学校

性自認《ジェンダー・アイデンティティ》について、幼稚園児には何を教えるべきだろうか？　それならば、ジェンダーに関する従来の概念から始めるといい。「ジェンダーについて幼稚園児と話しあうこと」とカリフォルニア州教育委員会は提言している。「以前から言われていたタイプを具体的に説明し、自由に答えられる質問を投げかける。たとえば、男の子あるいは女の子が好きな色とか好きな玩具《がんぐ》とか好きな遊びは何か、といったことだ[*18]」

幼い女の子がジェンダーのタイプについて話を聞くのはこれが初めてかもしれない。X世代の両親にしてみれば、かつてスポーツは男の子しかできなかったらしいとか、芸術は長年のあいだ男性しか入りこめない世界だったが、ずっとあとになってようやく女性も関われるようになったといった話を自分の子供にすることになるとはまったく思っていなかったかもしれない。しかし、ジェンダー思想《イデオロギー》信奉者は幼稚園児にも、スポーツや数学の類のものは男の子だけのものだということをはっきりと教える。ジェンダーの従来のタイプを知ることが必要なのは、それがわからないと〝性自認《ジェンダー・アイデンティティ》〟というものがまったく意味をなさなくなるからだ。男の子が自分はお絵かきやダンスのような〝女の子〟の遊びが好きだと気がついたとき、自分は完全には〝男の子〟ではないという自覚が芽ばえる。

カリフォルニア州教育委員会はオンライン図書館を通じて幼稚園の教諭に、読みきかせに向いている本を紹介している。ブルック・ペシン・ウェドビーの"Who Are You? The Kid's Guide to Gender Identity"〔あなたはだあれ? 子供のための性自認入門〕だ[*19]。著者はよくある出生時の話から始めている。「赤ちゃんは話すことができません。だから大人は生まれてきた赤ちゃんの身体を見て決めます。男か女か、これが生まれたときに与えられた性です[*20]」

この著者は性自認《ジェンダー・アイデンティティ》について一般的に幼稚園児に教えるとされる範囲を網羅している。"Who Are You?"ではさまざまな性の選択肢を提示している（ここに挙げているのは、使用されている言葉のほんの一部だ。トランス、クィア、ノンバイナリー、ジェンダーフルイド、トランスジェンダー、ジェンダーニュートラル、アジェンダー、ニュートロワ、バイジェンダー、サードジェンダー、トゥースピリット……）。ベビー・ブーム時代に生まれた人が州都すべてをすらすらと言えるように学んだ方法で、現在、小学生はジェンダーの分類を、たいてい暗記してしまえるくらいに教えこまれる。ジェンダー思想《イデオロギー》信奉者は自分たちは客観的な存在論を示しているだけだと主張しているが、子供が自分たちで楽しい〝性を創造する〟[*21]選択肢を選ぶことを願っているように、どうしても見えてしまう。

リンジー・エイマーは〝クィア〟――つまり、男女という旧来の性の枠を超えた存在――を自認している教師だ。エイマーは定期的に各地の学校を訪れ、自身が未就学児向けに作った歌をウクレレを弾きながら披露している（彼女はその歌を"FREE TO BE YOU AND ME"〔子供たちに自分らしい人生を歩むよう鼓舞する歌を収めたアルバム〕に対するジェンダー思想《イデオロギー》信奉者の答えだと考えている）。「ゲイだっていい。みんな、ほかの人と違うところがいっぱいある。男の子でも女の子でも、その中間でもかまわない。みんな、ひとつの大家族の一員なの。ゲイは〝幸せ〟って意味だから」

彼女は未就学児もジェンダーについて学ぶべきだと考えている。その理由について彼女は「自我が発達している時期だからです。その年齢の子供はまわりを観察して情報を吸収し、それを自分のものにしているのです[*22]」と述べている。となると、子供たちに必要なのは、自分が性スペクトラムのどこに位置するかを見きわめるためのジェンダーに関する語彙《ごい》だ。

公立校におけるトランスジェンダーの生徒への対応法を指南する、おそらくもっとも普及している手引書"Schools in Transition"に、このようなことが書かれている。「重要なのは、学校でジェンダーの影響を受けている生徒はトランスジェンダーの生徒だけではないと認識しておくことだ。学校という環境では、ジェンダーに関する固定概念がさまざまな形で強められている。そのため、すべての生徒がそれぞれの能力を最大限発揮できているとは言いがたい」[*23] 学校でジェンダーに関する固定概念が強化される理由のひとつは、教師がそれを積極的に教えるからだということに気づいている人はいないのではないだろうか。

"Who Are You?"で最後に紹介されている、ジェンダー思想《イデオロギー》の基本的な考えは、ジェンダーの指標として確実に信頼できるのは子供の気持ちだということだ。「あなたは、あなたが自分はこうだと言ったとおりの人です。なぜなら、それをいちばんわかっているのはあなただからです」と本は語りかけている。幼い子供に、自分のことをいちばんわかっているのは自分だと言うとは、なんということだろうか。本には、親は子供の声に耳をかたむけなければならないとも書かれている。とはいえ、それが真に意味するのは、親は子供の言うことに同意しなければならないということだ。

TED《テッド》Talks《トーク》〔さまざまな分野の専門家による講演が視聴できる動画配信プラットフォーム〕で、エイマーはこう語っている。「わたしがクィアについての子供番組を作るのは、わたし自身、子供の頃にそういう番組があればよかったのにと思うからです。わたしは自分が何者であるかを知ることができなかったので、自分のアイデンティティがわからず苦しみました。この番組があれば、わたしが味わった苦しみをほかの人が味わわなくてすみます」

中学校

ポジティブ・プリベンション・プラスは、性自認教育を行なっている学校で使用される、もっとも評価の高い健康教育カリキュラムのひとつである。中学生向けに作られたこのカリキュラムで教師に求められているのは、生徒に〝さまざまな性を想像する〟よううながすことだ。[24] 教師への指示にはこうある。「生徒に立って、ぐるりと二回まわって、すわるよう言う。そのあと『みなさん、自分がいまと違う性になったところを想像してみましょう』と言う」もしうまく想像できない生徒がいれば、教師はもう少し踏みこんで言ってみる。「『もしいまと違う性になったら、毎日の生活でどんなことが変わってくるでしょうか？』と尋ねる。生徒たちの答えを黒板に書き、質問をする。『べつの性になったら、どんな気持ちがするでしょうか？　べつの性になったら、どんな楽しみがあるでしょうか？　あなたの生活のなかで、べつの性になっても変わらないものはなんでしょうか？』[25]」

畳みかけるように質問が続く。自認する性が定まっていない人の立場になって考えてみよう。あなたは完全に女性だろうか？　自信を持ってそうだと言えるだろうか？

学校で生徒に見せる動画〝Ｔｒａｎｓ　１０２〟で言われているように、「十代でいるのは、ときに最悪だ。あなたは悪くない。もしあなたが女の子らしい女の子でなければ、よりいっそうつらいだろう。男の子らしい男の子でない場合も、ほかの人から変わり者と言われるような人の場合もそうだ。だったら、まわりからあなたは女の子だと言われても、自分は男の子だとわかっている自分を想像してみよう。あるいは、男でも女でもない自分を。ほんの少し男の子でほんの少し女の子の自分を」

唯一のルールは、性的二型（生物の生殖器以外の性別による違い）をすべて除外することだ。教師は性と性的指向の選択肢を数多く提示し、生徒が賢明な選択（つまり、シスジェンダー以外の選択）をしたら、うれしそうに驚いたふりをする。生徒にそのビッグニュースを家族に伝えるよううながしてはいけない。

公立校の五年生の担任教師であり、イクオリティ・カリフォルニア（LGBTQの人々の権利を擁護する団体）とカリフォルニア教員組合との連絡係でもあるC・スコット・ミラーはわたしに説明した。「親たちは権利を持ちたがりますが、それと同じくらい彼らに必要なのはプロセスに関わることです。とにかく親が子供に関われば関わるほど、何が起きているのかをより深く把握できます。子供をゲイ・プライド・パレードに送りだすわけではないので、親に電話をかけて子供のことを〝アウティング〟（性的指向や性自認について本人の許可なく第三者に暴露すること）するのは学校の義務ではありません。学校は子供たちを、まったく安全ではなく誤った情報にあふれ、怒りが渦巻く場所へ送り帰しているのです。そういう場所が子供にとって安全な場所になるはずがありません」

高校

もっとも評価の高い健康教育カリキュラム*26のなかの三つのうち高校生向けのものは性自認と性的指向に関する内容をふくんでいて、かなり扇情的かつ露骨で過激だ。思春期の若者を興奮させてオーガズムを感じさせようとしているのか、あるいはセックスに嫌悪感をいだかせようとしているのかと思うほどだ。アナルセックスが何度も奨励されるので、作成者は自分たちがそれを考案したと思いこんでいるのではないかと勘ぐる人も出てきそうだ。副教材では、フィスティング〔拳《こぶし》を膣《ちつ》または肛門《こうもん》に入れる行為〕や口による肛門への刺激が、想像の余地がないほど説明される。登場しない穴はひとつもない。

　未就学児から始まるＬＧＢＴＱ教育の累積効果はどれほどのものだろうか？「教育によって、わたしたちを標準化しようとしているのだと思います」とＬＧＢＴＱに属するチアソン博士は言う。おそらくその通りなのだろう。同性愛者の生徒を平然と無視したり、大勢の目のまえでその性的指向をからかったりすることはもはやできない。

　しかし、またべつの側面もある。教育という名のもとで思春期の若者たちに、否応《いやおう》なく自分の性や性的指向を突きとめさせようとしている。常に強い感情や衝動、〝ジェンダーフルイド〟か〝クィア〟、〝アセクシャル〟、または〝ノンバイナリー〟のほうに向かせるかもしれない何かを意識するよう仕向けているのだ。それに、ふたつの集まり〝自分たち〟と〝それ以外の人たち〟の漠然とした形成をうながしてもいる。極端にステレオタイプなジェンダーにぴたりと一致する人と、そうではない人とのあいだには目に見えない線が引かれている。生まれたときの性とは異なる性自認や性的指向を喜んで受け入れる大胆な若者と、そういうことに恐怖心をいだく年長者との対立の構図もある。

　実際、かなり多くの学校のスクールカレンダーには、ＬＧＢＴＱの生徒を平等に扱うだけでなく、その生徒たちの勇敢さをたたえるための記載がある。年間を通じて行なわれるプライド・パレードは、〝カミングアウトデー〟〔十月十一日〕や〝国際人称代名詞デー〟〔十月第三水曜日〕のある十月から始まることが多い。また、ＬＧＢＴＱの歴史月間である十一月には、トランスジェンダーであることを理由に殺害された人たちに祈りを捧《ささげ》る〝トランスジェンダー追悼の日〟（十一月二十日）を締めくくりとする〝トランスジェンダー認知週間〟（通常は十一月第二週）がある。三月には〝トランスジェンダー可視化の日〟（三月三十一日）が、四月にはLGBTQの生徒へのいじめや嫌がらせに対する認識を広めるための〝沈黙の日〟（主に四月第二金曜日）、五月には同性愛者の権利活動家として有名なハーヴェイ・ミルクを悼む〝ハーヴェイ・ミルク・デー〟（五月二十二日）があり、六月は言うまでもなく、三十日間、LGBTQのアイデンティティをたたえ、反LGBTQ派からの抑圧に抗議するプライド月間だ。

わたしはある母親、フェイスに話を聞いた。彼女の中学一年生になる娘はとても聡明《そうめい》だが、まわりになじめず苦しんでいるという。フェイスの娘にとって、プライド月間は心を揺さぶられる時期だ。「娘は中学校に通っているのですが、そこではプライド月間を華やかに祝います。六月、丸々一カ月間。それ自体は楽しくてすばらしいのですが……レインボーステッカーをつけない先生たちが疎外されだすと、微妙な空気が流れはじめるのです」

当初、フェイスはプライド月間のお祝いをすばらしいと思っていたし、プライド・パレードに参加したこともあった。だが、娘が学校での盛りあがりに夢中になり、心底楽しんでいる様子に気がついた。「学校でお祭りがありました。あるブースがあって、そこでは人の身体にレインボー・フラッグを描いていたのです」彼女の娘は一年生のとき、レインボー・フラッグを描いてもらい、それで一日過ごした。

一年生の終わり、フェイスの娘は自分は〝アセクシャル〟だと、そのあとしばらくすると〝トランスジェンダー〟だと言いだした。男の子とキスをしたことさえなく、初潮もまだ迎えていなかった。それでも、その新たな性自認によって、彼女は大義と仲間を得た。

「友人はほとんどがバイセクシャルです」フェイスはわたしに言った。娘の告白から一年が経っていた。「友人グループ――人数は少ないですが――のなかでヘテロセクシャル〔異性愛者〕の女の子がひとりだけいますが、ほかはレズビアンかバイセクシャルです。娘はその一歩先をいかなければならず、それで〝トランスジェンダー〟になったというわけです」

北バージニアの公立校に通う娘をもつ母親、アンジェラも同じようなことを語った。娘の学校での友人は全員、トランスジェンダーかレズビアン、ゲイ、バイセクシャルを自認しているという。「娘やジェンダーに関心のある子の多くにとって、ＬＧＢＴＱの傘の下に入ることはとても重要なのでしょう。でも、その傘の下でどういう存在になるかも同様に重要だとは思っていないようです。メンバーでいること自体を誇りに思える集団だから、その傘の下に入らなければ、としか考えていないのでしょう」

彼女たちはチームの一員になりたい、そしてパーティに呼ばれたいのだ。指を振る教師ではなく、〈フットルース〉〔一九八四年公開のアメリカ映画〕に登場する十代のダンサーに、わからず屋の堅物校長ではなく、〈ブレックファスト・クラブ〉〔一九八五年公開のアメリカ映画〕のタイプがばらばらな高校生グループの一員に、敵ではなく仲間になりたがっているのだ。

思春期の子供たちへの性自認教育の影響

念のために言っておくと、思春期の子供があまり深く考えずトランスジェンダーを名乗るようになったおおもとの原因が、学校での性自認教育にあるとは思っていない。しかし、わたしと同世代の人やそれより年長の「性別違和症候群でほんとうに苦しい思いをしないかぎり、思春期の子供がトランスジェンダーを選ぶはずがない」と考えるような人には、警告を発したい——あなたの世代にはひとりもいなかっただけだ。

育った時代が違う。いまのティーンエイジャーが苦しんでいるような猛烈な孤独感を味わったことがない。人生において迷いの多い年頃に、インターネットで繰りひろげられるトランスジェンダーのプロパガンダに網膜を張りつかせてもいなかった。それに、いまの公立校に通っているわけでもない。現在、幼稚園から高校まで公立校では、きわめて急進的で広範囲におよぶジェンダー思想《イデオロギー》を徹底的に教えこまれる。そういった状況で、多くの子供がＬＧＢＴＱの傘の下に身を隠そうと思ってもなんら不思議ではない。

学校は思春期の子供にトランスジェンダーを自認するよう強要してはいないが、物事をまこと滑らかに運んでいる。学校が作った隠れ家は道徳的優越感で組みたてられ、公民権に保護されていて、じつに斬新《ざんしん》で魅力的だ。ジェンダー思想《イデオロギー》を教える人が思春期の子供をトランスジェンダーにしているわけでもない。彼らはただ子供たちの頭にジェンダーの選択肢と思想をたっぷり詰めこんでいるだけだ。だから子供たちは実際に危機に見まわれたとき、すぐに思いきった解決策を見出《みいだ》せるのだ。

論理的根拠：いじめ対策

教師や活動家はどのようにしてジェンダーに関する急進的な考え方を学校に浸透させたのだろうか？　成功をおさめた数多くのセールスと同様、原動力になったのは思わず手を伸ばしてしま

う パッケージ、つまりいじめ対策だ。道徳的な必要性と、自分の子供の身体の安全を極端なまでに気にかけるX世代の親たちに訴えかける宣伝文句には抗《あらが》いがたい。ＬＧＢＴＱの子供への暴力や嫌がらせ、精神的苦痛を防ぐために、この性的指向と性自認に関する教育はすべて必要だったと教師たちは主張している。

「それぞれの性に期待される振る舞いに対する社会通念を、幼稚園で払拭《ふっしょく》しておけば、小学校以降での寛容さや包括性、いじめに反対する環境の土台を築くことができます」[*27]とカリフォルニア州教育委員会は言う。「ジェンダー・ノンコンフォーミングと身体的特徴が、さまざまな形のいじめの根源になっていることが少なからずあります。個々の違いやほかの人にはない特徴を受け入れることを学べば、それと同時に、いじめの性質やいじめっ子にならずにすむ方法についても学べるでしょう」[*28]

今日の教師は、これまでＬＧＢＴＱの生徒がつらい思いをさせられたいじめの例や、それを是正できなかった学校の愕然《がくぜん》とするやり方を知っている。もっとも悲惨な例のひとつに、一九九六年にウィスコンシン州アッシュランドでジェイミー・ナボズニーという中学生が見まわれた事件がある。[*29]

ナボズニーは公立の中学校、高校に通っているあいだずっと、執拗《しつよう》に心身とも傷つけられ、からかわれ、〝ホモ〟や〝カマ掘り〟など同性愛者を侮蔑《ぶべつ》するあらゆる言葉を浴びせられ、暴力をふるわれ、恥をかかされ、小便をかけられていた。それもすべて、同性愛者であることをいっさい隠そうとせず振る舞っているという罪を犯したからだという。彼に対するほかの生徒の仕打ちはおぞましく、悲劇的で容赦なかった。同級生たちは彼を殴るためだけに存在する屈曲自在の筋肉の塊と化していたとしか思えないほどだ。

しかし、同級生たちがナボズニーに見せた残忍さよりはるかに悪辣《あくらつ》だったのは、彼が保護を求めたいくつもの学校の校長たちの慈悲のかけらもない無関心さだった。学年が変わっても、いじめは続いたが、どのカウンセラーもどの校長もいじめを止める手だてを打たなかった。あるとき、ナボズニーと同じクラスの男子生徒何人かが彼を地面に押したおしてレイプする真似をし、ほかの生徒がそれを笑って見ていたということがあった。ナボズニーはその一件を校長に訴えたが、校長は彼に、もし〝これからも同性愛者だと公言しつづける〟のならば、ほかの生徒から今回のような扱いを〝受けるもの〟と思っておいたほうがいいと言いはなった。中学二年生の終わり、ナボズニーは自殺を試みた。

ナボズニーは成人すると、自分を守らなかったと学区相手に訴訟を起こした。控訴審で第七巡回区控訴裁判所は、ナボズニーが何度も助けを求めたにもかかわらず、学区が彼の苦境の訴えに耳を貸さなかったのは、アメリカ合衆国憲法修正第十四条で認められた平等な保護を受ける権利の侵害にあたると断じた。

しかしジェイミー・ナボズニーの事件を引きあいに出さなくても、警戒を怠らない学校環境がなければ、ＬＧＢＴＱの生徒がほかの生徒よりもいじめの対象になりかねないことは容易に想像がつく。

トランスジェンダーを自認する生徒は相対的に攻撃されやすくて、うつ病や自殺の割合も高く、トランスジェンダーではないと自認している生徒よりも嫌がらせを受けがちだというのは確かだ。米国疾病予防管理センター（ＣＤＣ）が二〇一九年に十九の州の学区を対象に行なった調査の結果報告を見れば、トランスジェンダーの高校生が暴力を受けたり自殺をはかったりする割合はほかの高校生よりも高いという一般の良識的な考えが正しかったことがわかる。[*30] ＧＬＳＥＮのような活動家組織も同様の報告を発表している。[*31]

いじめ防止法を可決させた連邦議会議員や教師、性自認および性的指向に関する教育を実践している教育委員会は——良識ある人ならば誰もがそうあるべきだが——ＬＧＢＴＱを自認する生徒の幸福を真剣に考えていると、わたしは信じて疑わない。とはいえ、問題に対処するために取られた方策が改善の域をはるかに超えてしまった場合、立案者の意図からそれているのは明らかだ。

それゆえ、聖職者のたゆみない情熱によって行なわれる性自認と性的指向の教育が、秘められた目的のための口実だと言われるのだ。生徒に自分は同性愛者やトランスジェンダー、パンセクシャルだと思うよう強要していい理由はどこにもない。それに、生徒が女の子の身体をした男の子、あるいは男の子の身体をした女の子かもしれないと勝手に思っていい理由もまったくない。もっとも認められている学校マニュアルの言葉を借りて、「トランスジェンダー・アイデンティティの表明や、性の枠を拡大した振る舞いは人間形成の健康的かつ適正で典型的な一側面である」[*32]と生徒に教える理由も同様にない。

必要なのは、クラスメートに対して慎み深さや礼儀正しさ、親切心を示すよう生徒に言いつづけることだけだ。行動規範に従え。いじめっ子に立ちむかえ。ほかの人の体形や宗教、セクシャリティなどの違いを指摘する行為は寛大さとも寛容さとも無縁だ。悪い行ないは即座に罰せられるべきだ。

いじめがほかの文脈でどのように扱われるか見てみよう。もしタイの子供がパヌン〔タイの男女が着用する腰巻〕と伝統的な幅広のパンツを身につけて学校に来たという理由でいじめられた場合、教育委員会が全生徒に両手をあわせてするタイの挨拶《あいさつ》、ワイの仕方を学ぶよう命じることはありえない。それに、ラーマ九世の歴史を学ぶことを強いたり、単に仏教の教えでそれが真実だとされるからというだけで、欲望が人間の苦しみの根源だという教訓を授けたりすることもありえない。教師はただこう言うだけだろう。「やめなさい。人をそんなふうに扱うものではありません。罰として居残りを命じます。校長室に行きなさい」万が一、嘆かわしい行為がジェイミー・ナボズニーの事件にあったような、加重暴行レベルにまでエスカレートしたら、その生徒を退学処分にするか、警察の手に委《ゆだ》ねるかするだろう。

しかし、〝いじめ〟はジェンダー思想《イデオロギー》をじゅうぶん教えこむための口実や、トランスジェンダーの生徒は〝肯定〟されなければ大きな心理的代償にさいなまれるという主張に使われている。「子供の性自認を肯定しないと、取りかえしのつかない影響が出かねません。健全な人間関係を築き、それを維持する能力の発達が阻害される可能性があります」と全米教育協会（NEA）は警告を発している。「トランスジェンダーの若者の性自認が肯定されない期間が長くなればなるほど、学校への興味の喪失、酒やドラッグにおぼれるリスク、不健全な精神状態、自殺など、懸念すべき影響は深刻さを増し、短期間では解消できなくなると思われます」[*33]

教師たちによると、トランスジェンダーの生徒の性自認を肯定するのはその子の幸せや安全にとって非常に大切なことなので、全米教育協会やカリフォルニア州、ニューヨーク州、ニュージャージー州をはじめ各地の多くの学校では、生徒が学校で自分はトランスジェンダーだと〝カミングアウト〟したときには、それを親には知らせないという方針をとっているという。生徒から親は支えになってくれないという話が出たときは、ここまで見てきたように、学校の校長や教職員はその生徒が表明した新たなアイデンティティを親にはいっさい知らせず、内密に学校のすべての記録簿に記載されているその生徒の名前と人称代名詞を書きかえる。

「家族が協力的ではないトランスジェンダーの生徒にとって、プライバシーと守秘義務はきわめて重要なことです。そういうケースで、うっかり情報がもれてしまえば、その生徒は家で危険な状態におちいる可能性があります。だから、いかなるミスも不手際も起きないように万全の計画を立てなくてはなりません」[*34]と全米教育協会は述べている。

さらに全米教育協会は、学校は活動家組織ジェンダー・スペクトラムが作成した極秘扱いの〝ジェンダー・サポート・プラン〟を使用するよう推奨している。この記録簿には以下のことが明記されている。「この生徒の保護者は自分の子供の性別移行を認識していて、かつ協力的ですか？　はい／いいえ」そして、「答えが〝いいえ〟の場合、この計画の実施にあたって、どのような事柄に留意しなければなりませんか？」

チアソン博士に、なぜ学校は学校で用いる名前と人称代名詞を変えると決めた生徒の親にそのことを知らせないのか尋ねると、生徒の教育記録を保護する〈家族の教育上の権利とプライバシーに関する法律〉（ＦＥＲＰＡ）のもと、親への通知は生徒のプライバシーの侵害にあたるからだとの答えが返ってきた。ついで彼女は言いそえた。「考えてみてください。もしわたしがジュディスではなくジュディと呼んでほしいと言った場合、あなたはわたしの両親の許可が必要ではありませんよね」その通り、親には関係がないことだ。

親はそう考えないかもしれない理由はある。子供は〝新たな〟性自認を主張することによって、その自己認識に対する意識が強まるかもしれない。一年間、反対の性の名前と人称代名詞で呼ばれつづけると――くわえて反対の性のトイレの使用を認められ、宿泊をともなう修学旅行では反対の性の部屋のベッドがあてがわれると――その子供は自分が何者なのかわからなくなり、自分の決心を変えるのがよりいっそう難しくなるかもしれない。[*35] 性自認は、子供の人生に関して親に知る権利がある事柄だと思う人はいるだろう。

しかし公立校で五年生の担任をしているC・スコット・ミラーはわたしに、親だからといって望むものが常に手に入るとはかぎらないと説明した。「親が学校に来て、『うちの子をそんな名前で呼んでほしくありません』と言ったとします。それはそれでかまいません。でも親としての権利は、子供が公立校に入学した時点でなくなるのです」

実際のところ、子供を私立校に通わせている上流階級の親も同じような立場にいる。マンハッタンに住み、子供がアメリカでもっとも学費が高い富裕層向けの私立校に通っている親にも話を聞いた。ある親が言うには、一年間で四人のトランスジェンダーの講演者が招かれ、彼女の娘のクラスで話をしたとのことだった。彼女の娘とその友人何名かが自分もトランスジェンダーだと言いだしたとき、この親はどう対処していいかわからなかった。そこで彼女は校長との面会の約束をとりつけた。校長をはじめ先生たちは、所轄外の決定事項を報告することしかできない下級官僚のような生気のない顔で彼女を出むかえた。学校の第一の義務は、親ではなく生徒を守ることだと教師たちは彼女に告げた。

いじめっ子は誰か？

いじめ防止の取り組みというのは性自認教育を行なうための口実にすぎない。わたしがそう確信するに至ったのは、〝いじめ〟と生徒の〝安全〟に対する解釈が拡大されつづけているからだ。いじめが身体的虐待や、言葉による執拗な攻撃の問題としてとらえられることはめったにない。生徒を〝誤った〟人称代名詞で呼ぶような――その子の親はするかもしれないが――ちょっとしたことでさえ、教師からすれば生徒の安全をおびやかす行為に思えるのだ。「日常生活において、トランスジェンダーという性自認が尊重も肯定もされなければ、その生徒はそうとうな精神的苦痛を感じるでしょう」と全米教育協会は言う。[*36]

インタビューの最後にチアソン博士が、公立校の校長を対象にトランスジェンダーの生徒の指導方針に関する研修を二日間行なうので来ないかと誘ってきた。そのあと彼女はしばらく考えてから、いまの誘いを取り消した。「あなたは記者でしたね。この研修は安全な場所で行ないたいので」彼女は言った。校長にとって安全な場所？　彼女たちの会議の場にオブザーバーとしてわたしがいるだけで、部屋に集まった人――おそらく大人だけだろう――の脅威になりかねないというわけだ。

ジェンダー思想《イデオロギー》信奉者が虐待と見なすものには、数えきれないほどさまざまな形があるようだ。カリフォルニア州教育委員会によると、〝霊的虐待〟というものまであるらしい。〝相手に厳格な性的役割を強いる虐待を正当化するために霊的信仰を利用すること〟だそうだ。[*37]〝わたしはキリスト教徒だから、あなたは自分が女の子だって言うけどわたしは男の子だと思ってる〟と、実際に口に出して言う生徒はおそらくいる。そのような信心深くて型にはまった生徒は、ジェンダー思想《イデオロギー》が浸透しきった学校環境ではさほど長続きしないだろう。

現にチアソン博士から、いまの生徒はほとんどがＬＧＢＴＱのアイデンティティなどとりたてて言うほどのことではないと思っていると聞かされた。「ストレートの中学生や高校生にインタビューしてみてください。性自認なんて、わざわざ話題にするようなことじゃないって言いますから」彼女は言った。「高校生の知り合いが何人かいるのですが、『ああ、あれね、なんとかかんとかっていうやつ。性別移行しちゃうんでしょ』ですって。あの子たちにすれば、なんてことない話なのですよ」

先の〝安全〟というのが何に対して言っていたのかがようやくわかりかけてきたときのことだ。なぜ学校は、自分たちがＬＧＢＴＱの生徒にとって〝安全圏〟だと言わなければならないのか。なぜ学校はトランスジェンダーを自認する生徒の新たな名前と人称代名詞を記しておくための特別な記録簿を用意し、それを内密にするのか。なぜＬＧＢＴＱの生徒へのいじめを防ぐために、あれほど警戒するのか。なぜ学校は一年じゅう、指導の時間をあれほど多く犠牲にして、一風変わった性的指向や性自認を祝うのか。それは学校組織のなかにいるジェンダー活動家やその追随者が自明の理と見る概念――いじめっ子はトランスジェンダーの生徒のまわりを永遠にまわりつづける――のせいだろう。彼らは相手を肯定できないと思えばいつでも、その子を痛めつける。無情にも、その子を新たな名前で呼ぶことを拒み、ときにはその子の性自認までをも否定する。

こういういじめっ子は、新しく設けられたＬＧＢＴＱに関する方針と熱狂的な教育によってはね返さなければならない。いじめっ子というのは校門の外にいる野蛮人であり、教師たちは必死に彼らを撃退しようとしている。野蛮人たちは子供の幸せをいちばんに考えていない、と活動家たちは言う。学校の方針や教師の指導の観点から見ると、ジェンダー理論やクィア理論について無知同然のいじめっ子たちは、口うるさいでしゃばりだ。

いじめっ子たちは自分の無教養ぶりをいっさい気にしない。彼らはアメリカの時代遅れの法律で介入が許されていることをのぞけば、考慮されるに値しない存在だ。

世間では、そのいじめっ子たちも〝ママ〟と〝パパ〟で通っている。

キャサリン・ケイヴはたびたび〝トランス嫌悪《フォビア》〟だと非難される。実際のところ、彼女がジェンダー検査を受けたいという娘に反対していたら、この七年、彼女の人生はもっと楽になっていたかもしれない。二〇一三年、当時十二歳だった娘、マディがトランスジェンダー宣言をしたとき、馬鹿馬鹿しいと娘に言うことはできただろう。マディの新たな人称代名詞と男性名を使うことも拒否できたはずだ。最初に反対をしていればよかったのだ。もしマディが言うことに――そこに至る過程に対していだいていた疑問の多くを脇へ置いての話だが――耳を貸していなければ、いまこれほど裏切られたように感じていないかもしれない。

しかしキャサリンは政治的には左派で、弁護士でもあり、進歩的な大義のためのロビイストでもあった。同性婚がアメリカの一部の州で法的に認められるずいぶんまえから、同性婚を積極的に支持していたし、同性と結婚するいとこの結婚式で付添人を務めたこともある。だから、娘のカミングアウトも偏見のない心で受けとめた。しかし、娘の自己判断をどうとらえればいいかはよくわからなかった。娘には〝性別違和〟の特徴は見られないように思えた。おてんば娘と言えるような側面はまったくなかったし、スポーツのような汗をかくことをするのは嫌いで、一般的に男の子の活動とされることに関心を示したこともなかった。

マディは全校集会の場でカミングアウトした。自身のジェンダーの旅について語って全校生徒を喜ばせたトランスジェンダーの十五歳のように、マディは自分もずっと〝普通とは違うと感じていた〟と母親に伝えた。ほかの女の子たちになじめないとも。マディは言語能力に長《た》け成績もよかったが、人付きあいが下手で柔軟性に欠けた。母親によると、何にでも〝白黒つけたがる〟性格だという。そのため、娘は自閉スペクトラム症ではないかとキャサリンは思っていた。事実、のちにマディは〝高機能の〟自閉症だと診断されている[*1]。

話は戻るが、マディが何時間もSNSを見て過ごしだした二〇一三年、いち早くインターネットの危険性を察知している人はほとんどいなかった。キャサリンもさほど心配せず、娘がトランスジェンダーという新たなアイデンティティのことばかり考えていることに気がつかなかった。マディは自分の自己診断を母親がすぐに受け入れなかったことに怒りをつのらせていたが、それにもキャサリンは気づいていなかった。

しかし、キャサリンは聞きながしていたわけではなかった。十人のセラピストに電話をかけて、ひとりひとりに状況を説明し、娘が性別違和を示したことは一度もなかったと伝えた。キャサリンがセラピストに相談しようと思ったのは、マディが学校でカミングアウトをしたことを受けてのことだった。「どのセラピストにも同じことを言われました。『そのぐらいの年齢になれば、子供も自分がどういう人間かわかるものですよ』と」もしマディが自分はトランスジェンダーかもしれないと言うのならば——その定義から言って——彼女はトランスジェンダーだということだ。

キャサリンはセラピストの言葉に納得がいかなかった。マディが〝女の子の身体に閉じこめられた男の子〟だとは思えなかった。ただまわりの子供たちにうまく溶けこめず、その原因を自分なりに見つけ、それにしがみついている女の子でしかないように思えた。が、娘が自分はトランスジェンダーだと執拗《しつよう》に言いはるので、キャサリンも、もしかしたらマディの言うとおりなのかもしれないと考えるようになった。

キャサリンは娘が急にトランスジェンダーを主張するようになった理由を、マディを男の子として扱うようアドバイスしたセラピストたちには尋ねずインターネットで探った。「自分の考えが正しいと思わせてくれるものは何も見つかりませんでした……。インターネットで見たのは、同性愛に反対する人たちの憎しみに満ちた批判ばかりで。わたしの考えがあっていると思えるものは何も」

キャサリンはそういったウェブサイトにうんざりした。ここは専門家に相談したほうがいいと考えたキャサリンは、マディをジェンダー・クリニックに連れていった。「自分がいだいていた疑念はすべて、いったん忘れようとしました」

ジェンダー・クリニックでキャサリンは、マディと同じようにある日突然、自分はトランスジェンダーだと言いだした思春期の子供をもつ親の会にくわわった。セラピストは、新たな男性名と男性代名詞を使ったとしても、この先それをやめてもとに戻すことはできると請けあった。認めない理由はどこにもないようだった。セラピストは確固とした口調で言いきった。「もしわたしが〝肯定〟できなければ、娘は自殺をする可能性が高いと言われました。親が肯定するかどうかが鍵《かぎ》だと――自殺を防ぐには、親が肯定することが最善の策だと。それを聞いて、ええ、わたしは背筋が凍る思いでした」

セラピストの言葉にキャサリンは恐ろしくなり、専門家が言うことだからと、その忠告に従うことにした。「結局、人称代名詞も名前も新しいものを使うことにしました。それにブレストバインダーも買って、あの子に渡しました」彼女はそのときのことを思い出しながら言った。それが本意ではないことは、声を聞けばすぐにわかった。「ブレストバインダーはインターネットで売っているので、買ってやったほうがいいと言われたのです。そうしないと、ダクトテープを胸に巻くようになるからって」

キャサリンは、娘は――どういうわけか――ほんとうは息子だったのだと思いながら、娘を定期的にジェンダー・クリニックに連れていきはじめた。定期的にセラピーを受けることで、娘の性別違和が消えることを願っていた。自分が認めれば、娘の不安がやわらぎ、いずれこの戦いに勝てる、マディは折れて白旗をあげる。キャサリンはそう思っていた。だがそうはならず、マディの性別違和は増していくばかりだった。

「あるとき気がついたのですが、このいわゆるセラピーはほんとうのところ、マディを次のステップに進ませるものだったのです。じつは、とうとう我慢ができなくなって、マディとセラピストのやりとりを盗み聞きしたんです。あの子が何を考えているのか、どうしてこういうことになったのかが知りたくて。そうしたら、こうですよ、次はどうしたい？　で、娘はもっと先に進みたいと答えていたのです」

性別移行のための医療措置を受けなければならなくなるのかと、キャサリンは動揺した。セラピストはマディのかかえる問題の原因はジェンダーにあると決めつけて、そのことだけに焦点をあて、不安定な精神状態を広い視野でとらえていないという思いが頭から離れなかった。娘が自閉症であること――人間関係がうまく築けず、融通がきかない――は完全に脇に追いやられていた。

キャサリンはそのクリニックをやめ、自閉症に特化したジェンダー・クリニックに娘を連れていった。「そこで言われたのです。思春期ブロッカーを服用する必要があると」思春期ブロッカーとは、思春期を人為的に抑制するために化学的閉経を起こさせる薬だ。ジェンダー専門の医師が口をそろえて言うには、思春期ブロッカーを飲んで〝思春期の一時停止ボタン〟を押すのは、マディが女の子として標準的な思春期を再開するか、ホルモン療法を受けて〝男性〟になるか、どちらがいいか全員が納得する答えが出るまで〝時間をかせぐ〟手段だそうだ。医師たちはキャサリンに、リュープリン〔ホルモン剤の一種。詳細は第9章に〕のような思春期ブロッカーは〝安全性に問題がなく、研究もじゅうぶんなされている〟と請けあった。

キャサリンはまた不安と恐怖を覚えた。化学的閉経を誘発するほど強力な薬が、娘の健康に長期的なリスクをもたらさないとは信じられなかった。キャサリンは娘に薬を服用させないと決めた――少なくとも、思春期ブロッカーについてもっとよく調べて、身体にどのような作用を及ぼすのかがわかるまでは。このクリニックでの親の会で、自分自身に一時停止ボタンを押したのは自分ひとりだけだったと彼女は考えている。

キャサリンはリュープリンに関する資料を片端から読みはじめた。この薬はもともとがんや子供の思春期早発症の治療に使われていたが、現在は、思春期まえの子供が性別移行のためのホルモン療法を始めるまえに思春期に入らないよう認可外で処方されている（通常はホルモン療法開始後、最長二年まで服用する)。目的は第二次性徴を阻害することだ。性別移行のための医学的処置を受けつづける場合、第二次性徴が訪れてしまうと、反対の性として〝パス〟するのが難しくなってしまうのだ。

しかしキャサリンは資料を読めば読むほど、不安がつのった。読んだ医学論文に研究結果が引きあいに出されていると、その研究についての資料を探しだして目を通した。「まず第一に、研究によると思春期ブロッカーを服用する子供のほぼ全員が、ホルモン療法を受けるようになっているそうです」

原因はまだ定かではないが、これはほんとうだ。考えられる原因のひとつは、トランスジェンダーとして生きたいと強く願っている若者が、その第一歩として思春期ブロッカーを服用しはじめるから。またほかに、何年ものあいだ反対の性に見られるように振る舞い、その性で通してきたので、それをやめて生まれもった性に戻ると社会的代償がかなり大きくなるからというのも考えられる。長いあいだ主張しつづけていることを撤回するのは、たとえそれを望んだとしても難しい。

これだけでも恐ろしかったが、次に知ったことにキャサリンは頭が混乱した。「思春期ブロッカーで思春期が来るのを止めてホルモン療法を受けると不妊症になるというのです」十代前半の子供に思春期ブロッカーを飲ませろと言うのは、マディが不妊症になるように仕向けろと言っているに等しかった。ジェンダー専門医に対するキャサリンの信頼は崩れさった。

なぜ精神科医は思春期ブロッカーを勧めるのか、なぜ医師はそれを許可するのか。なぜ医学の職業規範は、人間のきわめて重要な能力を子供から奪うことを、親が性的マイノリティである子供に代わって承諾するのを認めているのか。キャサリンには理解できなかった。おまけに彼女の目のまえで、学校は全校をあげてそういったことを推しすすめ、親たちは協力し、マスコミはもてはやし、誰も彼もがこれがまるですばらしいことでもあるかのように振る舞う。ここまででじゅうぶん、キャサリンは気が変になりそうだった。

それに、たとえマディが思春期ブロッカーを服用せず、思春期が終わるのを待ってからホルモン（テストステロン）療法を始めるにしても、あらゆるリスクはついてまわる。子宮内膜《ないまく》がん、卵巣がん。そして子宮摘出。

キャサリンは度を失った。恐怖におびえ、娘には絶対にこの道を歩ませないと固く心に誓った。彼女は夫とマディに、自分が知りえたことを伝え、急いで反対方向に舵《かじ》を切った。だが、さまざまな点で遅すぎた。「わたしも夫も知らなかったのですが、娘はすでに学校に伝えていて、でも学校はそれをわたしたちに知らせていなかったのです」

マディが中学一年生のとき、学校はキャサリンと一度も話しあうこともなく、マディをクラスメートに〝カイル〟としてあらためて紹介し、クラスメートや教師たちに彼女は男の子になったと伝えた。泊まりがけの修学旅行では、なんと男子用のベッドで寝ることを許可したのだ。それをキャサリンに教える人はいなかった。彼女に許可を求めることは言うに及ばず。

マディのしはじめたことに愕然《がくぜん》としたキャサリンは、助けてくれる人、少なくとも自分の苦悩や恐怖をわかってくれる人を探しもとめた。だが、トランスジェンダー思想《イデオロギー》に公然と異を唱える人はなかなか見つからなかった。彼女が属する進歩主義団体のなかにもいなかった。キャサリンはトランスジェンダーを自認する思春期の子供についてのディスカッション・フォーラムで得た知識を、インターネットの掲示板に投稿して、親たちに投薬治療の危険性への警告を発し、自分自身の経験——マディの男性としてのアイデンティティに対する意識は、まわりに〝肯定〟されることで強固なものになった——を語った。キャサリンから聞いた話では、彼女の投稿はいずれも削除され、掲示板へのアクセスを禁止されたそうだ。十代のトランスジェンダーをたたえる主要メディアの記事を読むたび、キャサリンは自分がいだく懸念をつづって投稿した。だが、そのうちの何件かは削除されたとのことだ。

　調査をつづけていたキャサリンはある日、イギリスのウェブサイトＴｒａｎｓｇｅｎｄｅｒ《トランスジェンダー》Ｔｒｅｎｄ《トレンド》とそのアメリカ版４ｔｈＷａｖｅＮｏｗ《フォース・ウエーブ・ナウ》に行きあたった。いずれも、思春期のわが子が突然トランスジェンダーを自認しだしたことに疑問をいだいている親を対象にした〝ジェンダー・クリティカル〟〔ジェンダーという概念自体がおかしいという考え方〕なフォーラムだ。４ｔｈＷａｖｅＮｏｗは思春期の子供に対する性別移行の医療措置はほとんどの場合、有益でもなければ適切でもないと考える人たちに情報を発信する世界最大の団体のひとつだ。

　４ｔｈＷａｖｅＮｏｗの広報担当、ブリー・ジョントリーは進んでわたしに実名で話をしてくれた数少ない母親のひとりだ。彼女がそうしたのは、ひとつに彼女自身の娘がいっときトランスジェンダー・ブームに乗せられたが、性別移行を思いとどまったからだ。「真実は人を守ると信じるなんて、わたし頭がどうかしていますよね。わたしは自分が言うべきことを言っていますが、それがなんであれ、その発言を取り消したいとは思っていません」ブリーはわたしに言った。そして言いそえた。「もう辞めましたが、以前はフルタイムの大学教員でした」しかし、彼女は大学教員以上のことをなしている。

ブリーの娘もマディのように、インターネットを見ている時間が増えたあとで急に自分はトランスジェンダーだと言いだした。そしてブリーはキャサリンと同様、娘をジェンダー専門のセラピストのもとに連れていった。ジャズ・ジェニングス〔アメリカのトランスジェンダー。ＹｏｕＴｕｂｅやテレビで活躍。ＬＧＢＴＱの権利活動家でもある〕をまじえたジェンダー会議に参加したこともある。そしてこれもキャサリンと同じだが、娘に思春期ブロッカーを服用させるよう勧められたあと、独自で調査を始めた。

ブリーが医師である友人に連絡をとったところ、こう言われたそうだ。「よく聞いて、思春期を止めたら脳の発達も止まるわよ」それだけでじゅうぶんだった。ブリーは性別移行の医療措置を話題にするのをいっさいやめ、ジェンダー専門医が発信している情報を丹念に調べはじめた。

ブリーが大学での仕事を辞めたのは、娘がトランスジェンダーを自認して以降、それ以前より悩み苦しんでいるのに気づいたからだ。その後、ブリーは娘が男性として存在する社会的環境から彼女を遠ざけるため数カ月、娘を連れて旅をした。娘のトランスジェンダー自認を煽《あお》っているのは、娘の友人たちのようだったからだ。その性自認を主張する娘の気持ちをやわらげるため、友人たちから引きはなすことが必要だった。母と娘はアメリカを横断して南西部へ行き、そこで娘は人生の再スタートを、もとに戻って女の子として切った。

ブリーは４ｔｈＷａｖｅＮｏｗで精力的に活動するようになった。思春期の少女たちが突然トランスジェンダーを自認することに関して知りえたこと――リュープリンの危険性、テストステロンの知られている危険性と知られていない危険性、子供を性別移行させるよう親に圧力をかけるために使われがちな自殺の統計データの詳細な分析――をすべて、サイトで発表した。

4thWaveNowのようなサイトが助けになってキャサリン・ケイヴは、娘は流行の波に飲まれただけで、そういう少女は娘だけではなかったとわかってきた。娘の学校ではかなりの数にのぼる生徒がトランスジェンダーだとカミングアウトしていることには、すでに気がついていた。その数は性別違和をいだいているだろう生徒の数よりもはるかに多かった。キャサリンは教師が生徒たちにトランスジェンダーへの道を歩むよう促すまえにと、娘の学校に飛んでいき、自分が得た情報を伝えた。「証拠や資料を見せて、理路整然と話をしたと思います。でも、先生たちからはトランス嫌い《フォーブ》の権化のように扱われました」

彼女は学校に見切りをつけ、性別移行でどれほど痛手を負うかを娘にわからせることに全力を注ぐことにした。マディを空想科学の空論から完全に引きはがすことができなくても、自傷行為をしないよう説得することはできると考えた。だが、なんの効果もなかった。「完全に洗脳された娘がいるとしましょう――カルト教団みたいな話ですが――でもそれが本人が考える自分の一部で、親がそれを認め、学校もそれを真剣に受けとめ、彼女に寄りそって新たな名前で呼んでくれるセラピストがいれば、若者は確信を深めるのです」キャサリンは言った。インターネットで見つけた医学的アドバイスでさえ、マディの新たなアイデンティティと早急な性別適合の医療措置を支持しているようだった。「娘はすべての人を味方につけています。ええ、わたしには太刀打ちできません」

とうとうキャサリンは反トランスジェンダー思想《イデオロギー》をうたう組織、〈ケルシー連合〉を立ちあげた。この名前は、一九六〇年にサリドマイドの危険性を世界に訴えたフランシス・オルダム・ケルシー博士にちなんでいる。キャサリンは子供から将来の生殖能力を奪うことに親が同意するのは違法とする法案を起草したうえ、何人かの議員に後援者になってもらう約束を取りつけさえした。しかし、思春期になってから突然トランスジェンダーを自認した子供をもつ大半の母親と同じように、キャサリンも偽名で活動していたので、孤独感にさいなまれていた。

キャサリンと同じ境遇の母親の多くは、やがて進歩主義に幻滅し、民主党――トランスジェンダーの大義のため、少女たちを見捨てたと母親たちは考えていた――に不満をいだきはじめた。母親のなかには、進歩主義の友人がこっそり娘にブレストバインダーを買ってやり、母親が自傷行為計画と呼ぶことをするよう背中を押していたという裏切り行為をされた人も何人かいた。

「こういったことを見てきて、読んだものをどう解釈するか、何を信じるか、専門家をどう見るか、すべてが変わりました」キャサリンはわたしに言った。「組織のガイドラインというのはコンセンサスや専門家の意見をもとにしていると思っていました。でももう何も信じられません。自分の政治信条もわからなくなりました」

キャサリンが常に自身の大義を、可能なかぎり効果的に伝えられたわけではない。鋼の意志を持つ疲れ知らずの働き蜂のようなキャサリンは、関連のありそうな研究論文を片端から読み、あらゆる討論を考察してきた。しかし、同じ境遇の母親の大半と同じように――先に紹介した4thWaveNowのブリー・ジョントリーは例外中の例外だ――キャサリンも匿名性を保たなければならないことが足かせになっていた。マディとの関係は匿名性のうえに成りたっていると彼女は言う。それはそうだろう。だが、自分が誰かを知っている人がいない状況で、メッセージを発信するのは容易ではない。

二〇一九年八月、やっとキャサリン・ケイヴが会ってくれることになり、わたしは彼女と夫が娘を誘惑する人たちからなんとしてでも離れるため、一家で移り住んだ南部の田舎町まで足を運んだ。彼女の匿名性は絶対に守らなければならなかったので、わたしたちはやる気のなさそうなスタッフがひとりいるだけの小さなコーヒーショップで落ちあった。

わたしがそこに行ったのは、世界でもっとも急を要すると同時に、彼女にとってつらい問題についてインタビューをするためだった。だが、こぎれいな恰好《かっこう》で、髪を張りつめた神経のようにきつく後ろで束ねた彼女が真剣な面持ちで入ってきたとき、インタビューされるのはわたしのほうだと気づいた。彼女はサングラスを頭に載せ、化粧を軽くし、紺色のホルタートップのサンドレスを着ていた。キャサリンにすれば、それがパワースーツだったのかもしれない。

　キャサリンは娘が自傷行為に走るのではないかという不安が、頭から離れなかった。不安はハンドバッグの裏張りに埋もれたビープ音を発するデジタルウォッチさながら、ときおり音を発し、一日じゅう彼女につきまとっていた。わたしは何カ月ものあいだ、性別移行の危険性に関する彼女の主張――内容についてはわたしが立証できる――を追いかけるように読み、彼女の鋭敏さや臨機の才、あきらめることを知らない粘り強さに心をうたれていた。

さまざまな点で、わたしがそれまでに話を聞いた母親たちとよく似ていた。彼女たちの話を聞いていると、わたしは疲労困憊《こんぱい》した。彼女たちはいち早く立ちあがって、自分の娘を医師に診せ、高収入の仕事を辞めて自宅で娘に勉強を教えたり、娘の感情的な欲求に応《こた》えたりしてきた。そして、専門家をひとり残らず探しだし、娘が夢中になっているものを一緒に楽しみ、娘の関心事に心を寄せ、娘が表舞台に立ち、成功を収めて輝くチャンスをもたらす才能を追求している。彼女たちは身体が震えるほどの不安な思いに耳をかたむけ――ああ、神さま、彼女たちは真剣に耳をかたむけているのです――夜は、娘が何を隠しているのか思いをめぐらせて遅くまで起きている。それまで娘が好きになった男の子の名前も、娘につらい思いをさせた教師全員の名前も知っている。もしこの女性たちが、ジェンダー思想《イデオロギー》というウサギの巣穴にすっぽりはまりこんだ娘を引っぱりあげなければ、残るわたしたちにどんなチャンスがあるというのか？

わたしが話を聞いた親のなかに、思春期特有のプレッシャーや苦難について知らない人はいなかった。成長にともなう変化をわかっていた。幼い頃、インフルエンザにかかるたびに治るまでずっと付きそったり、ギプスや縫合が必要になって病院に急いで連れていったりした娘も、いつかはティーンエイジャーになって親の愛を呪うようになる。わたしが会った親は全員、いずれ子供に煙たがられる時期が来ると心の準備ができていた。娘にファッションセンスをからかわれ、価値観を否定される時期が来ることにも。準備ができていなかったのは、娘に突然背を向けられるという恐ろしい瞬間だ。

彼女たちと話をしていると、彼女たちの知性や誠実さ、娘を理解して助けたいという心の底からの願いに驚嘆することが多かった。またときには、親が無意識のうちに娘を十代の反抗期――母親にきつくあたれるまたとない機会――ならではの思考に浸るよう仕向けていなかっただろうかと思うこともあった。

母親たちは一生懸命、娘の気持ちに寄りそって、エモ〔心情を吐露するような歌詞が特徴のロックミュージック〕からアニメまで娘にとってのブームや夢中になっているものを一緒に楽しんでいた。娘が無神論や共産主義に傾倒していると言っても、自分は同性愛者だと天啓を受けたと言っても、それを受け入れた。母親たちが望むのは娘の幸せと成功だ――振りかえってみれば、それを望む気持ちが強すぎたのかもしれない。

母親たちが寛容なために、娘はひどく欲している反抗心を奪われたのではないか、と疑問をいだくことがたまにあった。もし娘が中学校でゲイ・ストレート・アライアンス（GSA）に入会するのを断固反対していたら、もしタキシードを着てプロムに行こうとする娘をカメラに収めたり、ハグしたりしていなかったら、もし実際は感じていない恐怖や恥ずかしさを感じているふりをして、長々と説教をしたり、ジョン・ヒューズ監督の映画〔〈ホーム・アローン〉など〕の登場人物がするように怒りを爆発させたりしていたら、それに反抗する娘は、親が相手の独立戦争は成功したと思って勝利宣言をしていたかもしれない。

初めてアンジェラに会ったとき、彼女の娘は高校三年生で、ある日突然〝トランスジェンダー〟だとカミングアウトしたと聞いた。そして七カ月後、ふたたびアンジェラと話をしたときには、すでにトランス少年という性自認を捨てて、〝ノンバイナリー〟になっていた。それどころか、ボーイフレンドまでできていた。

わたしはアンジェラに娘の性的指向――ストレートだと思うか、ゲイだと思うか――を尋ねた。彼女は笑って、娘は幼かったとき、ある男の子にキスをしようと運動場でその子を追いかけまわしていた、と思い出話を聞かせてくれた。それにいま、アンジェラの娘にはボーイフレンドがいる。もっとも、彼は自分を〝クィア〟か、LGBTQのどれかだと思っているのではないかとのことだった。「あの子たちはみんな、そうです」彼女は娘の高校のクラスメートを引きあいに出して言った。

アンジェラは思考をめぐらせながら、娘の性的指向についての話がややこしくなるのは、中学校のときに〝一度か二度、女の子に夢中になった〟ことがあるからだと言った。

さらにアンジェラはこう続けた。「でもある心理学者によると、その年頃、つまり思春期に入ってさほど経っていない年頃の子が同性の友人に恋心をいだくのはよくあることだとか。たしかに、わたしも子供の頃、友人に熱をあげたことがありました」

女の子に恋をしたことのある思春期の少女が大人になって、ヘテロセクシャルになるのかどうか心理学者に訊《き》いてみるといいのではないかと思った。わたしが経験からわかることがあるように、これはアンジェラが自身の経験からわかったことだった。アンジェラはつい最近、自分が十代だった頃、さっきとは違う女友達にあてて書いた手紙を見つけたという。やたら感傷的で〝ラブレター〟としか言えない手紙だったらしい。

それはどこにでもあるような話なので、わざわざ取りあげる価値はないだろう。思春期の少女とは切っても切りはなせない歯科矯正装置やトレーニングブラ〔乳房が発達しはじめた女の子向けのブラジャー〕のようなものだ。ロマンチックな感情にかき乱され、愛が満ちあふれている十二歳や十三歳の少女が、愛らしくてちょっと抜けている弱虫――十二歳や十三歳の少年――をじっと見つめる。しかし、少年のほうは愛を受けとめる心の準備がまったくできていない。少女はときに拒絶されてがっかりし、いだいている気持ち――たっぷりの愛情と忠誠心、それに間違いなく献身の心もたっぷり――を少年の代わりになる女友達に注ぎ、少年が大きくなるのを待つ。

アンジェラは最後に言った。「だから、娘はたぶんバイだと思います。まあ、いまのところは。ボーイフレンドがいるみたいなので」

わたしは数日間、このときの話を思い出しては驚いていた。アンジェラが意味のないことだとしてなんら気にかけなかった事柄が、彼女の娘がちょっと変わった性的指向の持ち主である証拠になった。話を聞いた母親の多くが、自分の娘が性的観点から見て〝実際は何なのか〟を、まるでそれに何か重要な要素がふくまれているかのように、その場で決めなければならないと思っているようだった。

人は誰しも、あらゆる面で自分自身に診断をくだすのが驚くほど速い。いまは性的指向や性自認に関してもそうだ。これはわたしの次の世代が身につけた習慣だ。分類して診断しなければならないという強迫観念めいた思いがなければ、不安や憂うつ感、妄想、熱情的な感情、性的衝動、それにあらゆる好感情や悪感情が芽ばえても、自然とふくらんだり発展したり、方向を変えたり消滅したりするだろう。

リチャード

二〇一九年一月、トランスジェンダーを自認する十代の少女の急増について論じたわたしの記事が、ウォール・ストリート・ジャーナル紙に掲載された。その後、メールが山ほど届き、電話が鳴りやまなかった。わたしに連絡をしてきた人のほとんどが母親だった。その多くが言うには、記事に書かれていた現象が、自分の十代の子供が通う学校でも見られるが、全国で起きているとは思わなかったとのことだった。子供の友人のなかでトランスジェンダーを自認する子が思っていたよりもはるかに多いという。娘の友人がひとり残らず〝トランスジェンダーかレズビアンかゲイかバイ〟を自認していると言ってきた母親もいた。

連絡を寄こした親のほぼ全員が高学歴で上位中産階級、白人、政治的には進歩主義だったが、信心深くて沿岸地域に住む保守派も数名いた。選挙では共和党に票を投じるが、同性婚は支持している人や、小規模な政府に信をおくが、ロー対ウェイド判決〔一九七三年に米連邦最高裁判所が人工妊娠中絶を合衆国憲法上の権利と認めた判決〕がくつがえるかどうかにはなんら関心のない人たちだ。

リチャードはそのなかのひとりだった。彼はわたしの記事を読み、娘に何が起きているのか初めてわかったと気を昂《たか》ぶらせ、LinkedIn《リンクドイン》を通じてわたしに連絡をしてきた。彼の娘、ジョアンナはいかにも女の子といった女の子で、好きな男の子もつぎつぎとできていたとのことだった。それが自分はパンセクシャルだ、ノンバイナリーだと言っていたかと思うと、進歩主義の私立高校の最終学年になってから、今度はトランスジェンダーだと言いだしたという。リチャードと妻のレイチェルは娘が一流大学に進学するのを許したが、大学からの入学許可には、在学中には性別移行の医療措置を受けないこととという条件がついていた。

ジョアンナは早々にその約束を破った。大学のカウンセラーに頼んで、大学の健康保険でまかなえるテストステロンの処方箋《せん》を出してもらったのだ。彼女は母親とほぼ毎日、連絡をとっていたが、両親にテストステロンのことを話したのは、服用を始めて何カ月も経ってからだった。

「娘は自分がゲイのように見えると思っているようです」リチャードはわたしに言った。「腕とか身体のあちらこちらに毛が生えてきました。でも、きれいな子なんですよ。休暇中、うちに戻ってきたときには、まわりから〝サー〟と呼ばれていました。頭がどうかしてるんじゃないかと思いましたよ。わたしにとって、あの子は娘以外の何者にも見えません」

その年の夏、ジョアンナは帰省したときにはすでに、法的に名前を変えてしまっていた。「わたしたちには何も言わず、ひとりで全部やってしまったのです」リチャードは言った。「それに乳房切除手術だかなんだか、医師の診断を受け、保険会社に請求書を送っていました。それで保険会社からの通知がうちに来て、ええ、開けてみました。娘あての通知でした……それを見て、わたしは、ああ、なんていうか……そこには密《ひそ》かに、こっそりと作られていたまったく違う世界がありました。親子関係がガラガラと音を立てて崩れていくようでした」彼は娘に、もし手術を受けるのなら、今後の親子関係はこれまでと同じだと思うなと言いわたした。

彼の声はときおり、怒りでこわばった。いまにも壁を壊しそうだった。彼は娘の愚かさをなじり、友人間の〝エコーチェンバー現象〟〔反響室現象。価値観の似た者同士が共感しあうことでそれが増幅される現象〕をなじった。彼の怒りは娘を診察した有資格者である精神分析医たちや、インターネットを介してできた大勢のトランスジェンダー〝仲間〟、大学のメンタルヘルス・カウンセラー――〝家族を破壊する鉄球〟だ――にも向けられた。さらには娘が通う一流大学に広がる、トランスジェンダーを名乗るがゆえに娘をキャンパスのリーダーにしてしまったトランスジェンダーを歓待する文化にも怒りをぶつけた。しかしほんとうのところ、これらはリチャードにとってサンドバッグの代用品でしかなかった。「わたしが感じているのは哀れみと不甲斐《ふがい》なさです。哀れみは妻に、不甲斐なさは自分に」

四カ月後、彼からテキスト・メッセージが届いた。「わたしたち夫婦は戦いに敗れました。娘は先週、乳房を切除しました。わたしたちは娘の立場が変わるのを目の当たりにした気がします。娘には心をこめて書いたメッセージを送りました。もうこれ以上、自分を傷つけるな、仕事で成功するのに障害になるものを作るなと、考えられうる理由をすべて書添えて……成績平均値は三・八……仕事のオファーはいまだゼロ、関心を示してくれる会社もありません。Ｉｎｓｔａｇｒａｍにそう書いていました。それでわたしは知ったのです。大敗です」

このようにつづって、リチャードは自身の苦悩を隠していた。現実を見すえた断定的で、ときに攻撃的な文言には失望、侮蔑《ぶべつ》の念、怒り、冷ややかな無関心さが交互に見え隠れしていた。リチャードは有名な国際的法律事務所の共同経営者で、相手が男性だと強気な発言や正面対決をしがちだが、女性には騎士道精神を発揮する。わたしは彼のオフィスが入るビルの一階にあるカフェで、彼と会った。彼に言われてパーキングチケットを差しだすと、無料になるよう印を入れてくれた。わたしたちがいたのは彼の陣地だったので、わたしをもてなすのが自分の仕事と思っていたのだろう。クッキーを包んでいるセロファンをいじっていると、彼はわたしの手からそれをさっと取り、包みを開けて返してくれた。上の世代の人ならば、すばらしいマナーだという類《たぐい》のことだったが、気分転換のつもりでした部分もあったのではないだろうか。

彼にすれば娘のことを話すのは辛《つら》かっただろうが、娘の聡明《そうめい》さや優秀な成績、美しさを話さずにはいられなかったようだ。娘の名前を口にするたびに、彼の青い目はうるんでいった。インタビューも終わりに近づいた頃には、彼が一度も言葉にしていない彼の思いが手に取るようにわかった――娘はわたしが世界で一番愛する存在です。わたしはあの子に心を打ちくだかれてしまった。

リチャードは娘のために住み心地がよく安全なアパートメントを探し、手付金も払ったときのことを一から話してくれた。家賃も援助していた。娘のことを何度も何度も〝わが子〟と呼んでいた。娘のジョアンナには、両乳房切除手術を受けたら親子関係を絶つと言いわたしていたが、ほんとうに絶縁した気配は感じられなかった。彼女はどうせ虚仮威《こけおど》しだと言い、戦いに勝った。

ジョアンナの両親とは個々に会った。それぞれがジョアンナの人生のどの部分が特徴的で、どの部分が説明に役立つと考えているか、それによって話す内容が少し異なるだろうと思ったからだ。驚いたことに、娘をどう扱うのが一番いいかについてや、何がまずかったのか、そしてそれはなぜかについては考えが異なったが、それにもかかわらず、娘は誤った人生を歩んでいるという点においては、意見がぴたりと一致していた。このジェンダーの旅には娘のためになるものが何ひとつない。ふたりともそう思っていた。

ここ何年かのジョアンナの生活に関しては、レイチェルのほうが細かいこと——正確に何年生のときにセラピーを受けはじめたか、初めてプロザック〔抗うつ剤〕を処方されたのはいつだったか——をいろいろと教えてくれた。ほかにも、どんなタイプの男の子が好きだったかとか、男の子とのセックス経験があるということ、恋愛対象が高校二年生のいつ女性に変わったかなど、そういったことはレイチェルから聞けた。

レイチェルもリチャードも同じことを問題視していたが、その対処法は異なっていた。リチャードは論理的に話をして、必死にジョアンナを説得しようとしていた。というのも、彼が何度も言っていたように、ジョアンナは彼が知っているなかでもっとも聡明な人のひとりだからだ。いっぽうレイチェルは、黙ってずっと娘のそばにいた。高校生になって、関心事がつぎつぎと変わる——エモ、ゴス・ファッション、女の子っぽい女の子——ジョアンナに寄りそい見守っていた。高校三年生の終わり、ジョアンナが自分はノンバイナリーだと、ついでトランスジェンダーだと言いだしたときも、この母と娘はそれまでと変わらず心がつながっていた。「わたしがあの子をじゅうぶん愛していたら、こんなことはしなかっただろうにとずっと思っていました。それがあるとき気がついたのです。娘がテストステロン補充療法を始めたあとのことですが、あの子は自分の意思でこうしているのだと」

レイチェルは以前から進歩主義者だった。父親が宝石業にたずさわっていた関係で、ファッション業界に包まれて育った。一族は四世代そろって、アメリカ人の多くが同性愛を認めるずっとまえから、同性愛に寛容だった。ただレイチェルにわからなかったのは、同性愛者とトランスジェンダーはどこがどう違うのかだ。

同性愛者は以前からまわりにいた、と彼女はわたしに語った。だが、ここにきてトランスジェンダーがブームになった。これはかつてなかった現象だ。「このトランスなんとか？　わたしからすれば、五年まえに世に広がって、ありとあらゆる人がこの流行に飛びついたって感じなんです。ずっとまえからあった、わたしがファッション業界のなかで過ごしていた子供時代にもあったと言われても――そんなものはありませんでした」

多くの母親と同様、かつてはわたしもセラピーは自分のためになることだ、自我を目覚めさせ、壁を穴があくほど殴りたい気持ちを鎮めてくれるものだと思っていた。しかし、この本を書いているうちに、かかえている問題の大きさに関係なく、次の世代がどれくらいセラピーを受けるだろうかと考えるようになった。わたしたちX世代の母親は、自分は親の世代よりも精神的に健康だと思っている。日常的な運動――体力を養い、心の平穏を維持するために行なう活動――をよいものと考えているように、セラピーもよいものだと考えている。

ひとつ副作用があるとすれば、それは次の世代が人間のあらゆる感情を心の病気――薬を服用して治療し、抑制し、セラピーを受けなければならない、あるいは完全に消滅させなければならないもの――の兆候だと見るようになることだろう。ユング派の精神分析家であるリサ・マルキアーノはこのように述べている。「ごくあたりまえの感情を病気だと見なすならば、わたしたちは世の中の人すべてに、あなたは不調だとわからせなくてはなりません」*2

わたしが話を聞いた母親のほぼ全員がセラピストやインターネットや本をもとにした、自分の娘への診断結果を口にした。いずれの母親も娘は自閉症か、聴覚処理に問題があるか広場恐怖症ではないかと疑っていた。全部正しいかもしれないが、わたしは診断の過程そのものが、暗示にかかりやすい少女たちに自分にはどこか悪いところがあると思いこませ、結果をゆがめていないだろうかとずいぶんかった。

思春期に達する頃には、自己収束や自己診断――自分を困惑させる感情への対処――があたりまえの習慣になっている。彼らはセラピーという言語ゲームに参加するよう育てられている。ゲームのなかでは、誰もがなんらかの心の病気をわずらっていて、唯一の問題はどのコードが保険につながっているかだ。

母親たちの話を聞きながら、もしわたしの両親が心理学的見地から見てもう少し先進的な考えの持ち主だったならば、わたしはどの診断を受け入れることになっていただろうかと思った。社会不安？　それもある。しかし、わたしのベビー・ブーム世代の両親は心理学用語ではなく道徳的な用語を使った。いまなら〝対人恐怖症〟として扱われそうなものを、わたしの両親は〝不作法〟だと戒めた。それに、わたしに自分たちが決めた手当てを受けさせた。七歳か八歳のとき、自分でメニューを見てウェイトレスに注文したり、店員に助けを求めたり、レジで支払いをしてお釣りを確認したりさせられた。中学生になる頃には、友人に電話をかけるたびに、「こんにちは、ペヴェンステインさん。アビゲイルです。おげんきですか？　デボラはいますか？」と、ひと通り言わされた。どれも取り立てて楽しかったとは言えない。

診断をくだしたがる母親たちは答えを心理学の領域だけでなく、範囲を広げて性的な領域でも探しもとめていた。そして同様の慎重さでもって、娘を〝パンセクシャル〟か〝バイ〟かことによると〝ゲイ〟の十一歳の若者と称した。どうやら思春期まえの娘の性的指向はすでに完成していて、注意深く見ていればそれがわかると思っているようだ。

ある母親、ワシントンDC出身の編集者であるアンジェラがいい例だった。非常に理知的で、娘――ひとりっ子だ――を溺愛《できあい》しているアンジェラは会話療法《トーク・セラピー》の効力と建設的な側面を信じきっていた。彼女の娘は三歳のときに強迫性パーソナリティ障害の兆候を見せはじめ、悩んだアンジェラは初めて娘をセラピストのもとに連れていった。セラピストはアンジェラに、娘は〝正常の範囲〟と伝え、ふたりを家に帰らせた。娘が二年生になる頃、アンジェラはふたたび娘を連れてセラピストのところを訪れた。このときは、子ネコの死がもたらした不安に娘が対処する助けが得られればと思ってのことだった。

幼い少女の不安は本物で、母親が娘にセラピーを受けさせたのは愛情の表れであり、苦悩をかかえる娘の精神状態は時が経つにつれて少しずつ悪くなっていったということに、わたしは疑念をいだいてはいない。実際、中学にあがる頃、アンジェラの娘の不安感はふくれあがり、自分の身体に小さな傷をつけるようになっていた。

しかしひと世代まえの母親ならば、娘の不安を無視するか、すぐに忘れてしまうか、場合によっては叱っていただろう。もしかしたら、こんなことを言っていたかもしれない。「自分の身体を傷つけないの。悲しいなら、ちゃんとそう言いなさい」あるいは「ショッピングモールにアイスクリームを食べに行きましょう」さらにはこんな言葉も。「つまらないことを大げさに考えているだけでしょ」

幼い子供が悲しんでいたり怯《おび》えていたりすると、その深刻度や継続時間にもよるが当然、大人は心配する。しかし十代の若者の場合、気分が落ちこんだり激怒したり、異様に浮かれたりするのは比較的普通のことであり、思春期につきものの精神状態だ。

今日の思春期の若者はセラピーを受けていて、セラピー関連の言葉をいくつも知っている。どのような社会状況に精神的苦労をおぼえるかや、自分の症状の原因となっている精神的な問題の正確な形態――〝社会不安〟〝テスト不安〟〝パニック発作〟など――をすらすらと言える。そのような診断は当人が語る問題を具体化する方法である。

セラピーというのは、われわれの思考や感情は常に監視されるべきだという思いあがりの上に成りたっている。振り子が片側に振れれば、それだけで警報を発する理由になるし、ちょっとした混乱でも、それがはるかかなたの惑星から送られてくるかすかなシグナルであるかのように耳をかたむけ、読み解く必要がある。セラピストはその定義からしても実際に照らしても、思春期の若者を心の森の奥深くへ導いていく。となると、セラピストでも出口を見つけるのが難しいのはなんら不思議ではない。

問題をかかえているとわかったのならば、残る仕事はその症状に診断をくだすことだけだ。

6　精神科医

女性が十代の息子を連れて診察室に入ってくる。

「先生、助けてください！　息子は自分のことをニワトリだと思っているんです」

息子が言う。「ニワトリについて語れることがあるとすれば、自分が何者なのかは自分がわかっているということさ」

「いったい、どこに証拠があるの」母は息子を問いつめた。「羽なんか生えていないのに」

「たしかにね」息子は答える。「ぼくは間違った思春期を過ごしてきたから」

母親は医師に訴える。「言ったとおりでしょう？　息子はどうかしてしまったんです！」

医師は答える。「あなたがいま言い争っているのは、ニワトリなんですよ」

そう、ひどく馬鹿げたジョークだ。だが、ざっくり言えば、これがトランスジェンダーの患者の治療で広く普及している医療の標準〝肯定《アファーメーション》ケア〟が書くシナリオなのだ。その標準は、精神医療従事者は――多くの証拠に反し、ときには問題に対する自身の考えと逆であっても――性別違和に対する患者の自己診断だけでなく、患者の認識の正確さも〝肯定《アファーム》〟することを求めている。つまり、性別違和で自分を女性だと思っている男性患者はほんとうに女性だと認めなければいけない。

自分の身体に違和感を覚えたり、異なる性別の身体のほうがしっくりくると感じたりすることは取り立てておかしくない。身体の形状について苦痛や失望をいだくことはとても多い。わたしたちは自分で選んだわけではない身体で仕方なく生きている。鏡を見て失望し、見つめかえしてくる女性の老いに――白髪やたるみや寝ているあいだに付いたしわに――驚いたことがあれば、自分の身体に困惑したり、ショックを受けたり、落胆したりする気持ちがわかるだろう。

性別違和を抱えている人々にとって、その失望は耐えがたいに違いなく、精神科医はその失望を重く受け止め、苦しんでいる人々に共感を示し、苦しみを理解することが求められる――さらには医療による性別移行を支えることまで。わたしは有意義で幸せな毎日を送り、安定した恋愛関係を築き、仕事でも成功している大人のトランスジェンダー数人に話を聞いた。性別違和をいだく人々が性別移行によって救われた例はあるだろう。

だが、精神科医の新しい標準〝肯定ケア〟は事情がまったく異なる。これは共感を超えて、〝身体の性別が異なっている〟という患者の思いこみを認めるよう精神科医に一足飛びに求めている。肯定ケアは医師に偽りを認めることを強いているのだ。十代の少女が少年として見られるほうが気分が楽だということではなく、実際に男性だと認めることを。

これはささいな違いではなく、たんに患者に調子をあわせる問題でもない。患者は精神的な苦しみを抱えた生物学上の少女なのか、それとも少女の身体をした少年なのか、医師がどう見るかによって、適切な治療法が決まるのだ。

しかしながら患者を調べることさえしないでどちらかを選ぶ〝肯定ケア〟という標準は、ほとんどの医療認定機関で採用されている。米国医師会、米国内科学会、米国小児科学会、米国心理学会、米国小児内分泌学会のすべてが〝肯定ケア〟を、〝トランスジェンダー〟と自認しているか〝性別違和〟と自己診断している思春期や青春期の若者たちを治療する際の標準としているのだ。

医学界のほぼすべての分野で協議された世界トランスジェンダー・ヘルス専門家協会（WPATH）の標準では、〝保健医療専門家は性別違和を抱える個人に対し、性自認を肯定し、そのアイデンティティを表現するための別の選択肢を探し、性別違和を軽減するための医療的処置について決定することで助力できる〟[*1]としている。誰の医療的判断が重視されているかに注意すること。ヒント：医師の判断ではない。

ジェンダー肯定《アファーメーション》ケア

米国心理学会のトランスジェンダー及びジェンダー・ノンコンフォーミング（TGNC）患者に対するケアのガイドラインでは、〝トランスジェンダー肯定ケア〟は〝TGNCの人々のアイデンティティ及び人生経験に対して、敬意と認識と支援する気持ちとともに提供するケア〟だと定義されている。[*2]

敬意と支援はそれほど高くない要求に思える。むしろ、すべての患者に提供すべきものだろう。だが、米国心理学会のガイドラインはそれ以上を求め、メンタルヘルス専門家にジェンダー思想《イデオロギー》を受け入れることを義務づけている。

ガイドラインには〝心理学者は健康的で正常だとみなす範囲を広げ、ジェンダーへの理解を適応させたり修正したりすることが推奨される。存在する性自認と性表現の幅、性自認が生まれながらの性と一致していない場合もあると理解することにより、心理学者はＴＧＮＣの人々や家族、コミュニティを支援する能力を向上できる〟[*3]と記されている。

神経性無食欲症の患者を同様の方法で治療すると思ってほしい。身長一六七センチ体重四三キロの少女がやってきて、医師にこう言う。「自分が太っているのはわかっています。〝デブ〟って呼んでください」米国心理学会はこのやせぎすの少女も〝肥満〟にふくまれるように〝理解を修正する〟ことを医師に奨励しているのだ。そして、患者にはこう対応するよう促している。「あなたが太っていると思うなら、太っているんです。あなたの実体験を支持します。おデブさん、これでいい？」

あるいは、自分と同じ黒人に対する人種差別を内面化している少女だったらどうだろうか？たとえば、十二歳のナイアはどうしても白人になりたいと医師に告げる。ナイアはしばらく確信がもてなかったが、ＹｏｕＴｕｂｅでとてもすてきな白人の少女たちを見て、自分もこうなるはずだったと気がついた。「〝へザー〟って呼んで」ナイアはそう訴える。「このみっともない鼻を細くしたいの。髪も大嫌い。まっすぐなブロンドにしたい。肌も白くしたい。クリームがあるのよね――何かで読んだ。わたしはこんな外見になるはずじゃなかった。とにかく、自分が黒人だという気がしないの。白人の男の子のほうがかっこいいと思うし。バスケットボールも歌も得意じゃない。ハイキングやアコースティックギターを弾くほうが好き。白人の女の子たちが好きなテレビ番組や食べ物が好みなの。つまり、わたしはもう白人なのよ」[*4]

そして、医師がこう答えるところを想像してほしい。「わかったわ、ヘザー。あなたは誰よりもほんとうのあなたを知っているはず。きょう聞いたことで、あなたが白人だと断言できる。ときには白人が黒人の身体と特徴をもって生まれることもあるの。お父さんには医療介入について最新情報を提供するけど、たとえお父さんが同意しなくても、ここは安全な場所だとわかって。わたしはいつだってほんとうのあなたを尊重する。次の診察ではどうやってそのクリームを手に入れるか相談しましょう」

こんな医師を思いやりがあるなんて思わないだろう。怪物のようだと思うかもしれない。ナイアは自分が〝ほんとうは〟黒人ではない証拠として無意味な固定観念をもちだしている。少しでもまともな医師であればナイアの考えに異議を唱え、その内容をはねかえして、根拠の誤りを暴くだろう。いったい誰がこんなたわごとをこの子の頭に吹きこんだのか？　哀れなことに、ナイアはどうして人種差別主義者のような固定観念を受け入れて内面化したのか？　身体醜形障害は鏡の向こうから見つめかえしてくる顔立ちを異様に誇張する。ナイアの問題は顔ではなく、心にあるのだ。

人種は性別に比べて生物学的特徴がはるかに自明だ。統計上有意とならない変種があるだけの男女と違い、人種は多様である。

それにナイアのような少女が医師のもとに現れた瞬間に、わたしたちはゆがんだ認識を助長しないよう医師に求めるだろう。ナイアの鼻に問題はなく、一九六〇年代に異民族の理想的な美しさを手にすることを願って鼻の美容整形手術に殺到した無数のユダヤ人の少女たちと変わらない。ナイアはそのままで美しいし、なんといってもティーンエイジャーだ。ナイアがまだ気持ちの整理をしているときに、取りかえしのつかない身体改造を勧める医師は決して許容できない。医師にはナイアの自滅的な意向にきちんと異議を唱えてほしい。やさしく探りを入れ、ナイアの不満の原因を見つけてもらいたい。そもそも、ナイアはどうしてアフリカン・アメリカンであることをよく思わなくなったのか？　アフリカン・アメリカンであることはすばらしく、美しいのに。

ナイア、誰かに何か言われたから？　いつから鼻が嫌いになったのか憶《おぼ》えている？　その鼻の何が悪いの？　ビヨンセのこの写真を見せたかしら。ビヨンセはあなたのような髪よね――彼女を醜いと思う？　ナオミ・シムズという名前を聞いたことがある？　この写真のナオミを醜いと思う？　数百万人のアメリカ人はナオミを醜いと思わなかった。だから、インスピレーションを与える存在になったの。自分はほんとうは違うと言う、あなたが思い描くアフリカン・アメリカンってどんな人？　関心事や趣味や情熱を傾けているものがあなたと同じアフリカン・アメリカンもいることを知っている？　ステレオタイプから少しはずれているだけでアフリカン・アメリカンらしくないと思うの？　彼らはそんなことを思っていないわよ。

神経性無食欲症に対する医師の反応としてとても認められないのは、こんな答えだ。「あなたが自分は太っていると思うなら、あなたは太っているということ。それなら減量プログラムと脂肪吸引について相談しましょう」あるいは、ナイアの場合だったらこうだ。「あなたが自分は白人だと言うなら、あなたは白人ね。肌の色を調整する治療法を試せるの。とても優秀な外科医がいるのよ」

思春期の子供たちに対応するセラピストは思いやりをもって接してほしい。子供たちの話をよく聞いてほしい。子供たちを理解してほしいと願う。だが、患者の自己診断に機械的に同意することは望んでいない——それは患者の傷ついた自己認識を強固にする可能性があり、患者の自己評価への同意は精神科医の仕事ではないからだ。それどころか、ほかのどんな精神状態であっても、それは精神科医の仕事ではない。*5

しかしながら、性別違和をいだく患者の自己診断を認めて〝肯定〟することが、精神科医や心理学者、さらには内分泌学者や小児科医に対する現行の専門的な命令であるのは間違いない。米国心理学会のガイドラインは医療従事者に対してトランスジェンダーのコミュニティにおいて〝味方として肯定的な関わり〟を持つことを推奨し、*6 トランスジェンダーとされる患者が必要としているのは〝肯定的な方法で性自認に対処する敬意ある治療〟だとしている。*7

興味深いことに、直接関連する唯一の医学的診断は〝性別違和〟であるにもかかわらず、米国心理学会のガイドラインは〝トランスジェンダー〟の人々の治療について述べている。つまり、米国心理学会は用語について、そしておそらくはそうした人々に対する治療方法についても放置し、政治の世界に入っている。生物学よりポリティカル・コレクトネスに導かれたガイドラインが患者にとって最善なのかどうかは疑問をいだく価値があるだろう。

セラピスト

わたしが話をしたなかでランディ・カウフマンはジェンダー肯定ケアを行なう唯一のセラピストではないが、もっとも有名であることは間違いない。カウフマンは性自認と性表現の専門家として、ニューヨークシティの名高いアッカーマン家族療法研究所のジェンダー及び家族プロジェクトで十歳以上の子供たちのケアにあたった。またハーバード・メディカルスクールの関連施設であるボストン小児病院で、ジェンダー・ノンコンフォーミングの若者に対する医療介入の適合性を決めてきた。そして二〇〇四年、トランスジェンダーの大人にメンタルヘルスと医療ケアを提供するために、ボストンのフェンウェイヘルス〔医療センター〕でトランスジェンダー健康プログラムを創設した。

肯定ケアの方法について、カウフマン博士は本を書いてはいないが、一章寄稿しているのは間違いない。ジェンダー肯定ケアの規範となっている本 "The Gender Affirmative Model: An Interdisciplinary Approach to Supporting Transgender and Gender Expansive Children" 〔ジェンダー・アファーマティブ・モデル――トランスジェンダー及びジェンダー・エクスパンシヴの子供たちを支援するための学際的アプローチ〕に載っている。

ジェンダー肯定ケアの理論と実践について調査するなかで、わたしはジェンダー問題を専門とする多くの心理セラピストと話し、そのなかには自身がトランスジェンダーの人もいた。セラピストの仕事は思春期の患者の明確な性自認に異議を唱えることではなく、患者の選択の幅を広げることだと話すセラピストはひとりではない。わたしが見つけたあるセラピストのウェブサイトでは、患者と性ホルモンまたは手術のあいだで門番《ゲートキーパー》をつとめたりはしないと約束し、初回の診察当日にジェンダー医療介入の適合性を認める診断書を書くと保証している。[*8] そして、ジェンダー肯定ケアについて知りたいのであれば、ランディ・カウフマンと話すべきだと教えてくれた人がいた。

それでは、トランスジェンダーだと自認するティーンエイジャーは親やセラピストに何を求めているとランディ・カウフマンは考えているのだろうか。「トランスジェンダーやノンバイナリーの思春期の子供たちが心の健康を保つのにぜったいに必要なものはいくつかあります——そのなかでもっとも重要な要素はまず家族に支えられ受け入れられることでしょう」カウフマン博士はそう語った。「家族に支えられている思春期の子供たちは自殺率が劇的に低く、精神状態が上向いており、それが時間をかけて実証されたという調査があります」

自殺率は子供や若者が明言した性自認をただちに肯定する理由としてジェンダー・セラピストに引き合いに出されることが多く、さらには医療による性別移行を子供たちに許す理由にさえなっている。当然ながら、子供が自傷行為をするかもしれないとなれば、よほど冷たい親でなければ屈服する。娘の新しい名前と人称代名詞を受け入れ、これまでとは異なる性別の服を買うことで娘を死なせずにすむなら、たいていの親はジェンダーという列車に飛び乗るだろう。ジェンダー肯定セラピストによれば、これはたんなる得策ではなく、親の支えとして求められる最低限のことらしい。

「受容することの一部には、子供がジェンダーの道のりを歩いていくことを理解することもふくまれます。それがどんなふうに見えても。性別移行をする子供や若者は多いけれど、全員ではありません」カウフマン博士は言った。「性別移行は人によって違います。社会的性別移行だけをする人もいれば、社会的性別移行と薬による性別移行をする人もいれば、外科手術による性別移行はするが薬による性別移行はしない人もいる。何をする、しないの選択はじつにさまざまですが、何よりも重要なのは、自分はシスジェンダーではないと感じている人がどんな自己認識をしようとも、その性別は支持されて肯定されることが必要だと理解することです」

そうであれば、娘に「どうかしたのか？」と訊《き》くのは明らかに禁じ手だ。「いいえ、あなたを

〝クライヴ〟なんて呼ばない」と言うことも。「ホルモンで育てた牛だって食べないのに！」も。親が口にするのはもっともだと思われる、あらゆる言葉を頭から追い払うこと。うっかり〝レベッカ〟と呼んだせいで、娘にガレージで首をつられたくないだろう。

だが、ジェンダー肯定ケアを行なっているセラピストによれば、トランスジェンダーを自認するティーンエイジャーを適切に支援するには呼び方を改めるだけでは不十分らしい。心から信じることが必要なのだ。あなたの娘はもういない。あなたには息子ができた。おめでとう！

子供が歩く道のりを支援して尊重するためには、親は「子供の言うことを信じるとともに、それが時間とともに変化するかもしれないし変化しないかもしれないこと、その期間は一歩ずつ進む子供の歩調にあわせて行き先を見つめる時期であることを理解しなければいけない」と、カウフマン博士は話した。

思春期の同性愛の子供をもつ親との違いに言及するのは意味があるだろう。同性愛者だとカミングアウトした子供は本来の自分を認めるよう親に求める。いっぽうトランスジェンダーを自認する子供は本来の自分ではないことを認めるよう親に求める。どれほど愛情深い親であっても、この不可解な試験に合格するのは難しいかもしれない。

もし思春期の子供たちの性自認が「時間とともに変化するかもしれないし変化しないかもしれない」のであれば、どうして親が身体改造に賛成できるだろうか。翌年にはすべてもとに戻したいと思うかもしれないのに、どうして娘の学校での〝社会的性別移行〟を認められるだろうか。

「大半の子供は思春期までに、衣服や髪型や癖や名前や人称代名詞でジェンダーを表現することで、性自認や性役割や性表現などの違いを見分けられるようになっています」カウフマン博士はそう請けあった。「思春期のあいだに心変わりするなんてとても稀《まれ》です」

だが〝とても稀〟というのはどのくらい稀なのだろうか。娘の顔立ちを永遠に変えたり、クリトリスを肥大させたり、体毛で全身をおおうことになったり、そしておそらくは不妊になったりする注射を打つことを考えているとき、娘が心変わりをする〝とても稀〟な可能性はそれほど稀なのだろうか？

わたしはジェンダー肯定ケアを行なっているさまざまなセラピストと話したが、たいていは落ち着くようにと言われた。医療処置に飛びつかなければだめだなんて誰も言っていないだろうと。これは基本的にはなりゆきを見守る方法なのだ。思春期の子供がこれまでとは異なる性自認でやってきたときに重要なのは、話を聞き、相手を信じ、新しい名前と人称代名詞を使い、新しい服を買い、人生を楽にするために何かできないかと尋ねることだ。「子供に合わせて支えるというのは子供の主導にしたがうことです。つまり、子供が新しい名前や人称代名詞を使いたがったら、そのとおりにする。名前と人称代名詞は——その重要性はどんなに強調してもしすぎることはありません」カウフマン博士は言った。「それが応援の気持ちを見せるということです。たとえ親にとって名前や人称代名詞を変えることが難しくても、取り組むことが大切なのです」

「どうしてですか？」そうした親はすでにじゅうぶん悩んでいるではないかと考え、わたしは訊いた。

「あなたが誰かに男性の名前や人称代名詞で呼ばれたと思ってください。自分のことだとは思えないし、失礼だと思うでしょう？　そんなことはあまり考えませんが。突然誰かが〝アビゲイル〟ではなくて〝アンディ〟と呼びはじめたら、〝いったいなんなの？〟と思うはずです」

どんなにがんばっても、シスジェンダーであるわたしの固い頭にはその考えが入ってこなかった。でも、ちょっと待って。わたしたちが話しているのは思春期の子供たちのことだ。彼女は生まれてからずっと〝レベッカ〟と呼ばれてきた。両親がこれまでと変わらないことを続けたからといって——自分たちが付けた名前で呼んだからといって、彼女を〝娘〟と呼んだからといって——どういうわけでそれがショックやトラウマになるのだろうか？　ルールを変えたのは両親ではない。

　わたしは次第に劣等生のような気分になり、電話の向こうでカウフマン博士が専門家らしく、わたしに対してかなりの忍耐力を発揮しているのを感じた。「親はほんとうの自分を理解してくれないし認めてもくれないと子供は感じるし、実際に親は理解していないからです。ある男の子がほんとうは自分は女の子なんだと思いながら育って、両親はジョンと呼ぶけれど自分はジュリアと呼ばれたがったら、そして男の子が〝自分はほんとうはジュリアで、すべてが間違っている〟と思っているのに、両親が〝いや、おまえよりわたしたちのほうがよくわかっている〟と言ったら、と考えてみてください。八歳の少女が自分は女の子だと言っても、なんの疑問も呈さない。それなのに、まだ幼すぎて自分が何者かを理解できなかったり言葉にできなかったりしたときに、生まれながらの性別を女に割り振られた八歳の少女が自分はほんとうは男なのだと言ったら、なぜ疑問を呈するのでしょう？」

　わたしたちは新たな場所に着地した。カウフマン博士は存在論をもちだそうとしているようだった——染色体ＤＮＡは八歳の子供の口にできない感情と同様にアイデンティティを決定する要因ではないということだ。「医師は外性器をもとにして性別を割りふります」カウフマン博士はそう説明した。「でも、身体の構造が必ずしも性自認にぴったり合うわけではないことを、わたしたちは知っています。多くの人は身体の構造が性自認とあっていると感じていますが、そう感じない人もいて、それが人間の体験において正常な変異なのです」

だが〝ジェンダーの道のり〟の変種や一貫性のなさは、ずっと呼んできた名前で子供を呼びつづける理由にならないのだろうか。ジェンダー・セラピストは「ならない」と言うだろう。なぜなら、思春期の子供たちは自分のことを知っているから——たとえ、あとで気が変わったとしても。「ジェンダーについて知っておくべきいちばん重要なことは、一部の人々にとってジェンダーはとても流動的で、生涯にわたって流動的かもしれないということです。わたしたちはあまりそんなふうに考えません。ジェンダーは定まっているものだと思っていますが、定まっている人もいれば、定まっていない人もいるのです」カウフマン博士は言った。

「ジェンダーが流動的なもので必ずしも男女の二択でなくともかまわないという考えを社会がもっと楽に受け入れるようになって、時間につれて人々が変わることを許容できたら、変化する人がもっと多くなり、人生のある時点で性別を変え、またある時点で違う方向に変わったとしてもそれほど問題にならないでしょう。それを望んでいる人がいるのです」

親について、敗北が運命づけられ戦いに疲れた戦士たちについて、詩人のテニソンがこう書いている。「彼らは言いかえすべきではなく、理由を問いただすべきでもない」それでは、親が理解できないとしたら？　親の仕事は思春期の子供たちに異議を唱えることでも、ジェンダーの道のりにブレーキをかけることでも、その道に疑問を抱くことですらない。親はティーンエイジャーの子供たちに導かれるためにいるのだ。子供たちの話に〝耳を傾ける〟ために。求められたことを行なうために。生物学的な性別を〝生まれたときにあてがわれた性別〟であり――〝生まれたときにあてがわれた名前〟と同じように変えられるものだと考える、新しい世界観を受け入れるために。

だが、古臭い頭でそうした考えを受け入れられない親はどうなのだろうか？　たとえば数千年そうだったからという理由だけで性別二元性《ジェンダー・バイナリー》を主張する敬虔《けいけん》なキリスト教徒やイスラム教徒やユダヤ教徒は？

「心は変えられないから、身体を変えなければならないと説明します」カウフマン博士は言った。「簡単に言えば。そんなふうに自分のことを決めたら、気が変わることはめったにないと伝えます。誰かをある性別にしたりやめさせたりするのは無理だとわかっていますから」

そうした意味では、トランスジェンダーであることは同性愛者であることと似ていると、カウフマン博士は説明した。同性愛者であることをやめさせられないことはわかっているだろうと。

「だから、そういう親には、シスジェンダーにさせることはできないと話します。子供たちはあるがままの存在です。だから、あなたが選ぶべき道はそのことを受け入れて子供を支えることで、そうでなければ将来、子供は心の健康を害して不幸せになり、おそらくはうつ病になって不安を抱え、機能不全に陥って、生活が立ちゆかなくなり、学校生活もうまくいかなくなって友達もできないでしょう――いますでに、そうでなければ。自殺願望を抱き――自殺を試みるかもしれない。自傷行為をする恐れもあるし、死んでしまうかも。そういったことが予想できるのです、と」

まるで頭に銃を突きつけられたかのようだ。子供の言うとおりにしろ、さもなくば子供は自らの命を絶つぞ。ジェンダー・セラピストからも、セラピストが話をした親からも何度もこう尋ねられた。「娘のまま死んでしまうのと、息子になっても生きているのと、どっちを選びますか？」

ジェンダー肯定《アファーメーション》の理論

ジェンダー肯定《アファーメーション》療法の世界観はいくつかの鍵《かぎ》となる主張に基づいている。取りかえしのつかない医療の多くがジェンダー肯定療法が正しい理論だということを基盤としている。ほんとうにそうだろうか？

1．思春期の子供たちは自分のことをわかっている

思春期を通りすぎた人、あるいは狼狽《ろうばい》して髪が真っ白になるほど奮闘して思春期の子供を育てようとした経験がある人は、笑いをこらえてほしい。どういう意味であれ、ティーンエイジャーが人生を変えるような決断を下せるほどの確信をもって自分のことをわかっているなどという馬鹿げた意見に叫びだしたくなる衝動を抑えてもらいたい。

ジェンダー肯定の擁護者は、肯定や性別移行がなされないと高確率で違和感を主張しなくなる幼少期の性別違和と異なり、思春期の性別違和は高い確率で大人になっても続くと主張することが多い。[*9] この主張は証明するために必要な長期間の調査がなく、評価は難しい。既存の調査結果はおもに性別違和が幼少期の初期にはじまった思春期の若者たちがサンプルなのだ。[*10]

調査が示しているのは、トランスジェンダーを自認し、思春期ブロッカーを投与された思春期の子供ほぼ全員が大人になってもクロスホルモン〔身体の性別とは異なる性別のホルモン〕投与を

続けているということだ。*11 当然ながら、それは思春期の子供たちが〝自分のことをわかっている〟証拠にはならない。せいぜい第二次性徴が発現しないよう医療的に思春期を止め、社会的にも新しい性自認を肯定すれば、思春期の子供がのちに方向転換する可能性が低くなることを証明しているだけだ。

ティーンエイジャーは限界を試す。極限を押しあげる。権威に異議を唱える。発達心理学者のエリク・エリクソンがアイデンティティの形成を青年期の重要な課題と呼んだのには理由がある。アイデンティティがまだ形成されていないからだ。大人、さらには幼い子供たち以上に、思春期は激しく揺れ動く自己発見の重要な時期なのだ。そうであれば、どうして思春期の子供たちがみずからについてすべてわかっているなどと思えるだろうか。

肉体改造を――タトゥーのような小さな変化であれ、鼻の美容整形や脂肪吸引、さらには両乳房切除など身体にメスを入れるものであれ――望むことで不思議なのは、そういったことをするだけで、いまよりはるかに幸せになれると思いこみがちだということだ。わたしたちは自分がいま何を求めているのかを理解するのは得意だが、それが与えてくれて当然の満足感をほんとうに生みだすかどうかを予測するのはあまり得意ではない。

ティーンエイジャーがアイデンティティや身体に重大な変化――改宗、名前の変更、タトゥーなど――を加えることに、わたしたちが概して反対するのは、将来アイデンティティが完全に形成されてホルモンも落ち着いたときに自分がどんなことを望むのかという予測に若者が失敗しやすいという理由だけではない。大人でさえ思春期後の人生について下した大きな決断を後悔する。それでも社会として、わたしたちは大人が決断することについては信頼している。だが、ティーンエイジャーは仲間に称賛されると、危険な行為でもやめられない。[12] 結局、思春期の子供たちは友人たちにどう思われるかをかなり――それどころか、ものすごく――気にし、それがあらゆる選択を狂わせる。

ティーンエイジャーはほかのあらゆる年代より危険を冒す。とりわけ仲間の称賛がかかっているときには危険を冒す傾向にあることが神経学でも明らかになっている。[13] それはたんにティーンエイジャーは愚かなことをするという話ではない。ティーンエイジャーは仲間と向きあうと、ほとんど自分を抑えられない。自己抑制を司《つかさど》ると考えられている脳の前頭前野は一般的には二十五歳まで成長が終わらないからだ。[14]

では、まじめなティーンエイジャー、慎重で思慮深いティーンエイジャーはどうだろうか？ 宿題をやり、一生懸命勉強し、よい学校に入り、ときには道理にかなったことさえ言うティーンエイジャーは？ わたしが十代だった頃はたいていその堅苦しいグループの一員で、〝インターンシップ〟に参加し、言われなくても宿題をして楽しんでさえいたかもしれない（いつだって慎重に否定していたが）。

大学一年生になる頃には、わたしは自分について少しわかるようになっていた。そのひとつが服が引っぱられてしわができている様子や、どのシャツを着ても真ん中のボタンがいまにも弾《はじ》け飛びそうに見えるのがいやなことだった。ノースリーブのシャツを着れば、必ず脇からブラジャーが見えた。胸を支えるシェルフカップが付いていなければ普通の水着が着られないのがいやだった。セクシーなブラジャーは着けられなかった。機能的にすぐれていて、くすんだ色合いのもっと工業製品ぽいブラジャーしかない。どれもひどく実用的で、まったくもっておもしろみがない。親友に話したら、心から同意してくれた。サイズがひとつかふたつ小さかったら、もっとうまくいくのに。わたしは両親にこう伝えた。胸を小さくする手術を受けることにしたと。

これは母からの遺伝だったので、母が文句を言うことはわかっていた。予想外だったのは父が反対したことだ。父はぜったいにだめだと言った。とんでもないと。わたしの身体にはなんの問題もなく、いまはそう思えないかもしれないが、女性のあるべき姿だと言うのだ。そして、いつか子供におっぱいをやりたくなるかもしれないと付け加えた。この不要な手術のせいでそれができなくなる恐れがあるかもしれない、なんのためにそんな危険を冒すのかと。

わたしは自分が赤ちゃんの世話をする可能性はまったくないと父に請けあった（当時、わたしは午前九時のヘブライ語の授業にまにあうように起きることさえできなかった。未来の子供たちにとって、母乳にありつけないことなど小さな問題でしかないはずだ）。それに、授乳？　まぬけに見えないだろうか？　哺乳《ほにゅう》瓶と粉ミルクは理由があって開発されたに違いない。

わたしには両親の許可なく胸の縮小手術を受けられるほどの資金も想像力もなく、計画はほぼその時点で頓挫《とんざ》した（わたしは〝女性のあるべき姿〟という言葉を無視しているふりをしていたけれど――父から唯一かけられた、わたしを安心させる言葉として――いつか、ありのままの自分にふさわしい男性の関心と愛情を得られるはずだとなぐさめられた）。だが、一、二年たち、自分の身体を不快に思わなくなっても、あるいはとりあえずあきらめられるようになっても、父は間違っていると確信していた。子供に授乳したいと思うことは決してない。いまは中世ではなく、ワクチンという魔法を打たずにいられないように、母性を発揮するために乳児用粉ミルクという魔法を使わないわけがない。

それから十年あまりがたち、わたしは三人の子供たちを母乳で育てることになる——わたしの人生でもっとも愛情深い仕事のひとつだ。もちろん、新生児に安らぎを与える方法はほかにもあるが、授乳は何よりも効果がある。想像し得るかぎりもっとも弱い生き物との意思疎通が容易になる。新生児は言葉はわからないが、母親の穏やかさを受けとる術《すべ》はプログラムに組みこまれている。授乳はそれ自体が一種の子守歌であり、母と新生児だけの歌なのだと、わたしは知った。だが、授乳しないことで何かを失うなんて、いまのわたしには明らかでも、思春期のわたしにはまったく思いもしないことだった。

こうして個人的な体験を伝えるのは、自分自身の将来の望みであってもあまり予測がつかないことや、思春期の子供たちがしばしば無頓着で、友人たちに促されているときはなおさら正しく判断できる状況にないことを思いだしてもらうためだ。これはティーンエイジャーのあらゆるアイデンティティの変更や身体改造を禁止する理由にはならない——たんに躊躇《ちゅうちょ》する動機でしかない。ティーンエイジャーの自己診断は自動的に認めるべきだという考えに疑問を抱く理由なのだ。とりわけ新しいアイデンティティの最終目標が危険な手術である場合はなおさらだ。

ジェンダー・セラピストでさえ——注意を払っている人々は——思春期の子供たちの性自認に対する認識は不完全だと認めているに等しい。カウフマン博士は十代のアイデンティティの形成を〝道のり〟だと表現し、多くの思春期の子供たちが流動的な性自認《ジェンダーフルイド》だとわかったと述べた——つまり、自分の本来の性がなんなのか、あるいはどうあるべきかについて心が変わる傾向にあるのだ。カウフマン博士によれば、性別違和を訴え抑うつ状態にあるティーンエイジャーが〝トランスジェンダー〟ではなく〝ジェンダーフルイド〟だと事前に判断する方法はない。

すでに多くのディジスターやディトランジショナーがみずからの体験を書いたり話したりしており、その一部は第10章で紹介するが、じゅうぶんな証拠となっている。確実にトランスジェンダーだと自認していた思春期の子供のなかで、一定の割合が考えを変えているのだ。現時点では誰がこのグループに入るのか予測する方法はない。メンタルヘルス専門家に予測できないのであれば、すぐに気が変わったり冷めたりする感情をもとにして人生を変える重大な変化をティーンエイジャーに勧めるのは明らかに賢明ではないだろう。

セラピストはティーンエイジャーの性自認や性表現に対する考えを探るべきではないとは言わない。それはセラピーの役割だろう。だが、肯定することは感情の承認であり奨励である。肯定は考えを具体化して強固にしやすい。どんなティーンエイジャーが〝ジェンダーフルイド〟になるのか予測できないのであれば、どうして医師はこうした患者（あるいはすべての患者）の自己診断にすぐさま同意できるのか疑問をいだく価値はあるだろう。

2．社会的性別移行とジェンダー肯定《アファーメーション》は〝成功確実〟な提案である

わたしが疑問を呈したジェンダー肯定ケアに対する一般的な反応は、ジェンダー肯定には害がないからセラピストや親はトランスジェンダーを自認する子供や思春期の若者を肯定したほうがいいというものだ。社会による肯定で失うものはないのかというわたしの疑問に対して、カウフマン博士はあっさり言った。「ありません。失うものはまったくありません」

子供に社会的な性別移行を許したら、取りかえしのつかないことが起きるのではないかと心配する親は多い。「たとえば……彼らは名前や人称代名詞を変えて、これまでとは違うトイレを使

い、髪型や服装を変えます」カウフマン博士は説明した。「そして三年もたつと思春期や青年期を終えて決断します。『あのさあ、やっぱり男に戻るよ』それでもまったくかまいません。そのあと、もとの性別に移行すればいいだけで」

思春期における社会的性別移行の影響については「あまりデータがない」と、カウフマン博士は説明した。それでも依然としてこう主張している。「一般的には、性別移行に同意しないことのほうが子供にとってははるかに害が大きいです。たとえ、またもとの性別に戻るとしても。時間をかけて『あなたには決められない。まだ若すぎるから』とか『自分の考えをわかっていない』などと言われるよりも。こうした言葉は子供や若者をとても傷つけます」

こんな恐ろしい予測をされれば、多くの親が折れるのももっともだ。思春期の子供の頼みをはねつけたことがある親なら、そうして抵抗するのにどれほど力がいるかわかるだろう。誰よりもしつこい薬の売人でも、欲しいものを前にした平均的なティーンエイジャーにはかなわない。

手始めは過去の書きかえから。あなたの娘は男の子になっただけでなく、どういうわけか昔からずっと男の子だった。いいでしょう。次はおばあさんに電話をかけて、ジャネットはジョージになったと伝える。娘に紳士用トイレを使わせて、男子チームでスポーツをさせる——そうさせないと危険だとセラピストが言ったから。そのあと、もし娘の気が変わっても——害もないし、問題もない？　ジェンダー・セラピストは言う——社会的性別移行はいつだってたやすく、無害で行なえる。

ほんとうにそうだろうか？　「実際には、わたしたちのアイデンティティは社会によって決まります」ユング派の精神分析家であり、ジェンダー肯定療法をはっきり批判するリサ・マルキアーノは言う。
とても重要な点である。定義によれば、社会的性別移行は社会における活動であり、他者の承認が必要になる。新しいアイデンティティには社会の関与が求められる。本人の考えすべてを受け入れられないとしても、他者がある程度の行動に同意することが必要なのだ。また、社会的性別移行は思春期の少女の身体に対する不満をさらに増加させる場合もある。自分はほんとうに男なのだ――あるいは、男のはずなのだ――という思いが固まれば、生まれつきの身体は永久に失望の原因でしかなくなる。

数年まえ、わたしは歴史小説でホロコースト時代の作品を書いていて、ロサンゼルス・ホロコースト博物館の地下やショアー財団で何時間も過ごして生還者の証言を聞いた。ヨーロッパとアジア全土のあらゆるレベルの信心深さ、社会階級、教育水準にあるユダヤ人の話を耳にした。残酷な精神的拷問、飢え、殴打、目の前で愛する人が飢え、殴られるのを見ている苦しみの話を聞いた。

わたしはいくつか明確なイメージをいだいて、その場をあとにした。そのうちのひとつが、ホロコーストが引き起こしたあらゆる残忍な行ないと精神的な傷のなかで、生還者が置かれたもっとも絶望的な状況は、仮のアイデンティティで数年生きつづけたということだった。とくに記憶に残っているのが、ある女性の証言だ。女性の両親は報酬と引きかえに預かることに同意したカトリックの家庭に娘を隠した。娘はあわただしくロザリオの使い方と主の祈りを教えられ、洗礼名を与えられ――〝メアリー〟だったと思う――ホロコーストのあいだ、他人のふりをしてほんとうの身元を誰にも明かさなかった。この作戦はうまくいき、娘は生き残った。

何年もたってから、女性はイスラエルに招待され、ホロコーストの生き残りのユダヤ人として歓迎された。だが、痛ましい証言のなかで、彼女は不思議なほど受け入れられたことをどう考えればいいのかわからなかったと説明した。ほかのユダヤ人や生還者に距離を感じるいっぽうで、キリスト教徒といてもまったく気が休まらなかったのだ。

説明しづらいことだが、女性はなんとか伝えようとしてくれた。あまりにも長年ユダヤ人と関係ないふりをしなければならず――キリスト教徒の目でユダヤ教徒を見ているふりをしたので――もう自分がユダヤ教徒だという気がしなくなっていた。少なくとも、半分はキリスト教徒だった。ユダヤ教徒とキリスト教徒のどちらでもありながら、どちらでもなく、どちらの社会にもまったくなじめなかった。ホロコーストを生き抜いたユダヤ教徒の少女は生まれながら属している社会も、故郷も、家族もなく――自分が誰かさえもわからない女性になったのだ。

その話で印象的だったのは、メアリーは多くの点で困難を逃れたということだった。メアリーは強制収容所にも入れられていない。飢えも知らない。身体的な虐待や拷問も受けていない。遊び仲間に囲まれて、よい家庭で面倒を見てもらっていた。

それなのに、わたしが知っている多くのホロコースト生還者と異なり、メアリーは結婚せず子供もいなかった。永遠に孤独のまま、彼女しかいない島に置き去りにされていた。メアリーが奪われたものは身体には傷を残さなかったが、心に深い傷を残した。メアリーのアイデンティティはとうとう自分の心さえ欺いたごまかしに侵食されたのだ。

もちろん、トランスジェンダーだとカミングアウトした少女たちと違い、メアリーはみずから新しいアイデンティティを選んだわけではない。強いられたものだ。メアリーは家族と一緒にいたかったただろうし、両親の娘でいたかっただろうし、両親に与えられた名前で呼ばれたかっただろう。だが、誰もがキリスト教徒として自分を見るコミュニティで長年暮らし、メアリーは懸命に過去の自分を消そうとした。その消し方が完璧《かんぺき》すぎ、失ったものを取り戻したいと考えるようになっても、取り戻すことはできなかった。

わたしたちは本来社会的な動物だ――かつてアリストテレスが語ったように。気づいている以上に頻繁に、知っている以上に深く、周囲の人々から自分に対する考えを吸収している。学校や家庭で自分は馬鹿だと思わされたり言われたりしていると、一定数の人々がそのとおりだと信じるようになる。ほかの少年たちにゲイであることをからかわれる学校にいたら、その同性愛差別を内面化してしまうかもしれない。自分の怒りを内側に、自分自身に向けてしまうのだ。

こうした話のすべてが社会的性別移行は決して些細なことではないことを示唆している。それどころか、社会的性別移行は非常に影響が大きい重大な行為なのだ。世界的に著名なジェンダー心理学者ケネス・J・ズッカーに話を聞いた〔第7章で詳述〕ときに――ジェンダー肯定療法信奉者ではない――彼が〝養育の実験〟と呼んでいたものを、社会的性別移行は行なっていることになる。子供のアイデンティティが生来とは異なる性であることを学校じゅうが肯定するよう求められている環境に子供や若者を置くのだ。思春期の少女は実験まえに新しいアイデンティティに完全に確信をいだいていなくても、実験後はその確信が強くなっているかもしれない。

実際、思春期ブロッカーを率先して使用していたオランダの臨床研究チームは、社会的性別移行は大きな影響を及ぼす手段だとした。二〇一一年の記事で、早期の社会的性別移行は簡単ではないと警告したのだ。子供時代に男として数年過ごした少女たちが「女性の役割に戻りたくなったときに、とても大きな困難を経験する」ことを考慮すると、「親や養護者は子供の性心理の行く末の予測不能性について十分に理解すべきだろう」と忠告している。*15

いったん自分はこういう人間だとみんなに力説してしまったら、友人やクラスメート、知人や教師や家族に、間違っていたかもしれないので考えを変えたと言うのは簡単ではない。「あわせる顔がないと不安に思うでしょう」リサ・マルキアーノは説明した。「何より、距離を置いたりしたらトランスジェンダー社会に対する裏切り者として扱われるでしょうし、まぬけに見えるでしょう。みんなに自分の名前と人称代名詞を変えさせたのですから。〝トランスジェンダー可視化の日〟には学校にきていたのに、もうこない？ ティーンエイジャーにそんなことができますか？」

つまり〝社会的性別移行〟も〝ジェンダー肯定〟も危険がないわけではない――親にとっても、医師にとっても。患者の認識を鵜呑《うの》みにするセラピストに客観的な助言ができるかどうかは考えるべきだろう。性別違和をいだくティーンエイジャーの場合、自分は〝間違った身体で生まれた〟という認識こそが、セラピーを受けた理由なのだから。その認識の仕方が苦しみの原因なのだ。患者がセラピストの客観的で公平な見方を求めるのであれば、セラピストは患者がそもそもセラピーを受けることになった病気の本質について客観的であるべきだろう。

3．肯定しなければ、あなたの子供は自殺するかもしれない

長いあいだ、わたしにはフィリップ・ロスの小説集『さようならコロンバス』を年に一度読む習慣があった。親たちから子供の自殺の話を聞くたびにその内のひとつの短編小説『ユダヤ人の

改宗』が頭に浮かんだ。

あらすじはこんな感じだ。オジー・フリードマンはバル・ミツバを控えた十二歳の少年で、ヘブライ学校のラビ〔ユダヤ教の宗教指導者〕を神学について質問攻めにするのがやめられない。イエスが神の子でないことにラビがどれだけ確信があるのか、どうしてユダヤ教に対する信仰にそれほど満足しているのか知りたいのだ。オジーは反抗してラビを追いつめすぎてしまい、ラビは腹を立ててオジーを殴った。小説の最後、オジーはヘブライ学校の屋根に立ち、下に集まったラビと母親とすべてのユダヤ人がひざまずいてイエスに祈らなければ飛びおりると脅す。ラビたちが言われたとおりにすると、オジーは屋根から飛びおりて消防士たちが待ちかまえていたネットに安全に着地する。

ある意味では、これは思春期の子供全員の夢、大人の偽善を暴くことだ――この小説における偽善とは、大人たちが不合理だとするほかの宗教に比べ、自分たちの神学の合理性をしつこく主張するところだ。これは子供にとって、すばらしい戦いで独立を宣言する機会なのだ。オジーが建物から飛びおりたのは何よりも勝る成人の儀式であり、ほんとうのバル・ミツバなのだ。

だが、この話は子供の反抗を前にした大人の弱さも露呈している。思春期のどんな子供であっても親を降伏させる方法がひとつある。自分を傷つけるという決して逆らえない脅しをかけるのだ。本書を書くにあたって話を聞いた多くの親が、そう口にされた恐怖で頭が真っ白になったという。

この力が親の判断力を奪って無力化するとしたら、あまりにも多くのセラピストが気楽な気持ちでその言葉を口にすることに少々不安がある。なんといっても親が肯定しなければ子供が死ぬかもしれないとセラピストが軽率に口にするような、一生を左右する決断やアイデンティティの宣言をティーンエイジャーがするなんて、ほかにないからだ。その言葉は非常に威圧的であり、緊急事態でなければ、メンタルヘルス専門家はそんな言葉を口にしないだろうと思うはずだ。

だが、ほんとうにそうだろうか？　トランスジェンダーを自認するティーンエイジャーは自殺しやすいのだろうか？　親や教師やセラピストがその性を肯定したら、自殺は減るのだろうか？

トランスジェンダーの若者や思春期の子供、さらには大人の不安症、うつ病、自傷、希死念慮〔死にたいと願うこと〕の割合は驚くほど高い。[*16] 大半の調査がこの事実を裏付けている。二〇一四年、広く引用されているウイリアム研究所の調査は、トランスジェンダーとジェンダー・ノンコンフォーミングの大人の自殺未遂者の割合を四一パーセントだと報告した。これがほんとうであれば、とんでもない数字だ。アメリカの全人口の自殺未遂者の割合は四・七パーセント、レズビアンやゲイやバイセクシャルの場合は一〇から二〇パーセントだからだ。

しかしながら、この調査には少し問題がある。ひとつは完全に自己申告に基づいている点だ。若者の医療的性別移行に反対する親の団体4ｔｈＷａｖｅＮｏｗのライターは、すばらしいブログの記事でこう指摘している。「もっと慎重で正確な調査はつねに本人との面談による追跡調査を実施しており、自傷行為（自殺を意図していない）を考慮に入れると、実際の自殺未遂者の割合はたいてい半分になる——つまり、自殺未遂者の割合は二〇パーセントに下がる可能性がある」[*17]

それでも、まだ恐ろしく高い。また、トランスジェンダーを自認する子供たちの希死念慮や自傷が高い割合であることを実証するほかの調査結果もある。深刻な悩みを抱えた集団であり、ひどく苦しんでいると推測すべきだろう。

性別違和を主張する患者に対応したら、すぐさま患者の自己診断を受け入れなければならないというおかしな命令を正当化するには、ふたつの問いに答えなければならない。一、性別違和のせいで希死念慮が起きているか？　二、ジェンダー肯定がメンタルヘルスの問題を改善する証拠があるか？　どちらの答えもノーだろう。

最近の学術調査において、ケネス・J・ズッカーは性別違和をいだいている思春期の子供のメンタルヘルスの結果は、性別違和がない同様のメンタルヘルス問題を抱えた子供たちとてもよく似ていることを発見した。つまり、性別違和が希死念慮や自傷傾向の原因である証拠はまったくない。性別違和の思春期の子供が抱えやすい多くのほかの共存症（ほかのメンタルヘルス問題）が原因かもしれないのだ。

それでも、たとえ性別違和が希死念慮の原因でなくとも、〝肯定〟することがうつ病を癒《いや》し、自殺願望を取り除くのであれば、若者たちの考えを〝肯定〟する価値はあるかもしれない。だが、ジェンダー肯定療法の支持者にはあいにくだが、そんな証拠はない。その件に関する重要な調査はいくつかあるが、現在の流行はまだ新しく、決定的な調査結果ではない。ひとつは性転換者《トランスセクシャル》（用語は当時のまま）の大人に関する長期にわたる調査で、性別適合手術後に自殺傾向が高くなったことがわかる。[*18] もうひとつはジェンダーに夢中になっている今日の少女たちに直接関連する、二〇一九年にイギリスのタヴィストック＆ポートマンNHS財団トラストのジェンダー・クリニックから漏洩したもので、女性として生まれた少女たちに思春期ブロッカーを与えたあとでも、自傷や自殺傾向は減らないことが示されている。[*19] とても不都合な調査結果であり、クリニックの理事だったマーカス・エヴァンズは辞任した。クリニックが好ましい効果がなく、ときには有害でもある性別移行を若者たちに急速に進めるのが不安だったと、エヴァンズはメディアに述べている。[*20]

子供のメンタルヘルスに対する社会的性別移行の利点を主張する、もっとも広く引用されている学術的心理学者クリスティーナ・オルソンによる調査[*21]では、社会的性別移行後の不特定時期の三歳から十二歳までの子供たちのメンタルヘルスのデータが集められている。社会的性別移行まえの子供たちのメンタルヘルスについてはわからないのだ。[*22]

4. 性自認は不変。子供のトランスジェンダー自認は変えられない

カウフマン博士ははっきりこう言った。「わたしたちは同性愛者を異性愛者に変えられないことをわかっています。したがって転向療法は誤りだと暴かれ、一部の州では違法です。社会にあわせて誰かを異性愛者または同性愛者にしたり、やめさせたりすることはできません。いわば〝そのままのあなたが、そのままのあなた〟ということです。それがトランスジェンダーでもシスジェンダーでも」

だが、性別違和あるいは〝トランスジェンダーであること〟が同様に変わらないというのはほんとうではない。わたしたちはわかっているはずだ。〝肯定ケア〟が流行《はや》るまで、ジェンダー・セラピストは〝注意深い経過観察〟、子供が生まれながらの性に苦痛を感じなくなるよう手助けをすることを目標とする治療法を実践していた。次章で述べるが、注意深い経過観察はとても成果を挙げていた。子供の頃に性別違和を感じた――それを肯定されることはなく社会的性別移行

もしていない――子供の七〇パーセント近くが最後にはトランスジェンダーを脱していることを複数の調査結果が示している。[*23]

幼いときに性別違和を覚えたことがなく、思春期になってトランスジェンダーを自認し、社会的にも医療的にも性別移行をしていない人々が脱トランスした割合について長期の調査はない。だが、思春期にトランスジェンダーだと自認した人々のなかで性別移行やトランスジェンダーであることをやめる人々が増えており、その全員がずっとトランスジェンダーというアイデンティティを強く主張していたのに、突然違うと主張したのだ。そうした人々の多くは、自分は仲間に影響されてトランスジェンダーだと自認したと考えている。そして、のちに仲間の影響が弱くなったり、自身に対する意識が成熟したりしたことで、自分はトランスジェンダーではなかったと気づいたのだ。

しかしながら、トランスジェンダーとは異なるものもある。同性愛は社会にあわせて排除することはできない――明確に抑圧しようと試みたあらゆる文化のなかで、何千年ものあいだ消えずにきたからだ。そして歴史のいたるところに、抑圧的な政権のもとで生き、自らの同性愛指向と戦いさえして敗北した同性愛の作家や詩人や指導者や哲学者がいた多くの記録がある。それに対して、性別移行には治療できないと伝えられる同性愛ほどの歴史の重みはない。

最後に、カウフマン博士がわたしに語ったように、多くの肯定ケアのセラピストも有名なデイヴィッド・ライマー[*24]の例を理由にして性自認は変わらないと主張している。

デイヴィッド・ライマー（出生時は〝ブルース・ライマー〟）は一卵性双生児で、生後七カ月で受けた割礼手術のひどい失敗で、正常に機能するペニスを失った。ジョンズ・ホプキンス大学の心理学者ジョン・マネーの強い圧力により、両親はデイヴィッドを〝ブレンダ〟に改名し、不本意ながらデイヴィッドを少女に〝変える〟完全な性別移行手術を受けさせた。そしてジョン・マネーの厳しい忠告にしたがって、ほんとうは男の子として生まれたことをブレンダに伝えなかった。何年ものあいだ、多くの人がこの実験を生まれに対する育ちの勝利だと呼んだ。一卵性双生児の弟と違い、ブレンダ・ライマーはほんとうに女の子になったのだ。

だが、その後の追跡調査と報告のとおり、ジョン・マネーの実験は悲惨な失敗に終わった。デイヴィッドは少女でいることが落ち着かず、生まれてからずっと男の子のようで、攻撃的で不幸せだった。思春期に入る頃にはひどく苦しんで抑うつ状態になり、両親は仕方なく真実を伝えた。すると彼はいきなり〝デイヴィッド〟と改名し、男性化するホルモン治療と手術を受け、ふたたび少年に、そして男性となった。その後、女性と結婚した。しかしながらデイヴィッドは男性としての身体機能を完全には取り戻せず、少女として扱われて苦しんだ年月からも逃げられず、とうとう二〇〇四年に自殺した。

トランスジェンダー活動家やジェンダー肯定ケアを行なうセラピストは、性自認の不変性の証拠として、デイヴィッド・ライマーの件をいくぶん極端にもちだすことが多い。結局のところ、デイヴィッド・ライマーの性自認はずっと〝男性〟だったのだと。デイヴィッドに女性だと信じさせようとした両親や教師や友人や家族の努力がすべて失敗したのは、人の性自認は変えられないからだと。

しかし、この件は簡単に逆の証明にもなる。なんといっても、デイヴィッドは生物学上の性も男性だったのだ。デイヴィッドが逃げられなかったのが形のない概念である〝ジェンダー〟ではなく、少なくない詳細な情報が肉体の全細胞に刻まれている生物学的な性だったのかは科学的な証拠がなく議論の余地がある。

すべてのセラピストが肯定ケアに賛成しているわけではないが、賛成していないセラピストは賢明にも口をつぐんでいる。アメリカではいまや十九州が同性愛への配慮だけでなく、具体的に言えば性自認への配慮から、メンタルヘルス専門家が〝転向療法〟に関わることを禁止している。その十九州ではセラピストが〝性別違和〟という患者の自己診断を批判したり——さらには性別違和がどんなものであれ、それは患者のもっとも深刻な問題ではないなどと示唆したりすれば——そのセラピストは免許を失うことになる。そうしたセラピストは患者のトランスジェンダー・アイデンティティを〝転向〟させようとしたと責められるのだ。昨今では肯定ケアに賛成できないメンタルヘルス専門家でさえ、反対を口にするのをいやがっている。

それはともかく、批判するセラピストはいる。そうしたセラピストはその件で仕事を失ったか、引退したか、〝転向療法〟を違法にした十九州以外で暮らしているかだ。そうしたセラピストは性別違和に関する草分け的な研究を行ない、『精神疾患の診断・統計マニュアル』(DSM－5)で〝性別違和〟について寄稿し、性別違和の患者のために専門家としての人生を捧《ささ》げてきた。精神医学界の大物であり、世界的に高名な性別違和の専門家なのに、いまやとつぜん同業者の不評を買っている。彼らは自分たちの職業が政治問題化していると思っている。そして現在の取り組み方は完全な間違いだと信じている。

7　反対派

二〇一五年の論争で職を失うまで、ケネス・J・ズッカーは児童期及び思春期性別違和の国際的な専門家として広く知られていた。トロントの依存症メンタルヘルスセンター（CAMH）主任心理学者であり、同センターのジェンダーアイデンティティ・サービス長として、数十年間研究と、訓練を受けつづけてきたこと――性別違和を抱える子供や思春期の若者がみずからの身体になじめるよう手助けすることを実践してきた。

二〇〇七年、ズッカー博士は『精神疾患の診断・統計マニュアル』（DSM－5）で〝性別違和〟の定義の執筆を監督した。[*1] また世界トランスジェンダー・ヘルス専門家協会（WPATH）の〝標準治療〟ガイドラインの執筆にも協力している。[*2] トランスジェンダー活動家が攻撃するまで、この分野で開業する医療関係者の大半はズッカー博士を〝性別違和〟とは何かという問題の国際的な権威だとみなしていたのだ。

ズッカー博士の哲学はシンプルだったが、性別違和に対する解釈は決して簡単ではなかった。うつ状態にある子供や思春期の青年の問題はひとつではない。ズッカー博士は、正確な診断をくだすためにはメンタルヘルス専門家は子供のすべてを見るべきだと考えていた。

子供のなかにはトラウマやほかの苦しみに対処する方法として、性別違和にすがる者がいる。患者が問題の原因として性別違和に固執する理由を特定するために、セラピストは患者がジェンダーをどう理解しているのか尋ねる必要がある。患者は男あるいは女についてどう思っているのか？　子供あるいは思春期の青年はどうして性別を変えればもっと幸せになれると思うようになったのか？　質問の目的はたいていが生物学的な性が患者の問題の根源だという考えに異議を唱え、可能であれば性別違和を楽にすることだ。

ズッカー博士は見事に成功していた。同僚だったデヴィータ・シンはズッカー博士が診療所で診察した百人以上の少年の結果を考察した。[*3] すると親が社会的性別移行をさせなかった子供の八八パーセントが性別違和から脱していたのだ。[*4]

ズッカー博士は数十年間〝注意深い経過観察〟と呼ばれる治療を行なった。それはズッカーが自分の治療法に付けた名前だったが、のちに嫌うようになった。あまりにも単純で、受動性ばかりが治療法の特徴のように受け取られてしまうからだ。ズッカーはそれぞれの子供に必要なものに応じて、多少の行動療法を行なうこともあれば、まったく治療を行なわないこともあった。だが、どんな場合でも〝性別違和〟という診断ははじまりに過ぎなかった。性別違和があるからといって、ほかの診断の可能性がなくなるわけでも、勧める治療法が決まるわけでもなかったのだ。

「性別違和に至る道筋はいろいろありますが、性別違和を説明する〝原因〟がひとつだと考えるのは、学識としても臨床としても間違っています」ズッカーはBBCのドキュメンタリーで自分のライフワークについてそう語っている。[*5] ズッカーが治療したある少年の場合、女の子になりたいという願望は一時的に自分を捨てたシングルマザーである母親とつながり、二度と離れたくないという気持ちから派生していた。そこで治療は捨てられたという少年の感情に取り組み、性別違和については補助的に対処しただけだった。

わたしはズッカー博士と数回話したことがあり、たいていはスカイプを使った。ズッカーは六十九歳で、白いあごひげを短く刈り、子供相手の仕事が得意そうな人らしく穏やかな物腰で、タルムード〔ユダヤ教の宗教的典範〕を読んで問答する習慣があるかのように、すべての質問に質問で答えた。彼は何十年も臨床を続けてきたが、仕事について語るときは完全に学者だった──どんな質問にも簡単には答えず、ニュアンスについてすべて考え、あらゆることに微細な区別をつけ、最終的な主張を正確に伝えられるようにすべてに補足説明を付けずにはいられないようだった。

言いかえれば、ジャーナリストにとっての悪夢だ。だが、公明正大で決めつけないアプローチや正真正銘の率直さは学問の探究や治療に役立っている。ズッカー博士が二百五十本以上の学術論文等を書いたことは信じるに難くなく、患者が話しやすいと感じるのも容易に想像できる。

「『わたしは女の身体に男の脳が付いているの』とか、『少女の身体に少年の脳が付いている』とか、『わたしはこんなふうに生まれた』と言ってくる子供がいます」ズッカー博士はそう話した。彼はこの種の話をあっさり片付けたりしない。そして性別違和に苦しむ人々の神経構造は現在の性より望んでいる性に近いことを示す、ＭＲＩの興味深い調査結果があることを認めた。

だが、そのいっぽうで今はやりのジェンダー理論が科学的調査をだしぬくのは許さない。「〝男の脳〟と〝女の脳〟が存在するというのはじつに単純です」だから、ズッカーは若い患者にこう話す。「身体でも行動でも、大半の特徴は少年と少女、あるいは男と女で共通することが多い。だから、わたしはこう言います。『ほんとうは男の脳とか、女の脳とかが存在しないとしたらどうする？』すると、子供はこう答えます。『それなら、わたしはほんとうにトランスジェンダーなのかどうか考えなおさないと。何かほかに悪いところがあるのかもしれない』」

ズッカー博士によれば、患者が問題の原因をジェンダーだと決めつけているという事実だけでは、それが正しいとも、性別移行をすれば苦しさがやわらぐともいえないらしい。「子供にこう言うのです。『きみが男の脳をもっていようが、女の脳をもっていようがかまわない。いまきみがそう感じているなら、どうしてそう感じるのか、きみの性別違和がなくなるには何が最善の方法なのかをわたしたちは探る必要があるのだ』と」

ズッカーの方法は確かに〝肯定ケア〟ではないが、それを否定するものでもない。思春期になっても性別違和が変わらずに続く場合、医療的性別移行を勧めることもある。だが、性別移行は決して目的ではない――児童や思春期の若者が自分の身体に安心できるよう手助けできるのであれば、実行する。また、ズッカー博士は患者の自己診断を額面どおりに受け取ることも信じていない。なんといっても、ズッカー博士は生涯にわたってこの問題を研究してきた専門家なのだ。

しかしながら、二〇一五年には〝肯定ケア〟熱がカナダを席巻《せっけん》し、トランスジェンダーの患者を診ているセラピストや医師にとって優勢的な標準治療となった。その年、オンタリオは性自認に関しても〝転向療法〟を禁じる初めての州となった。トランスジェンダー活動家はオンタリオ州の禁止令を私権剝奪《はくだつ》法だとでもいうように、まっすぐズッカー博士のもとへ向かった。ズッカー博士が〝転向療法〟を行なったという活動家の主張や、彼がトランスジェンダーの患者に対して侮辱したり恥をかかせたりしたというまことしやかな言いがかり（のちに誤りだと証明された）に基づいて、ズッカー博士は解任され、ジェンダー・アイデンティティ診療科は閉鎖された。[*6] 世界中の五百人近いメンタルヘルス専門家がズッカー博士の解雇に抗議するCAMHへの公開書簡に署名した。病院が〝現実あるいは想像上の地元の政治的利益〟のために、世界的な性別違和の専門家と、彼が力を尽くしていた患者の家族を犠牲にしたのは明白だった。[*7]

そして、注意を払っていたメンタルヘルス専門家に伝えられたメッセージははっきりしていた。この分野でもっとも高名な人物であっても、トランスジェンダー活動家の集団からは逃れられないということだ。〝肯定ケア〟に乗れ——さもなくば仕事を失い、免許も剝奪されるかもしれない。

それでも従うのを拒んで、意見をはっきり公言する豪胆な人々もわずかにいた。その多くはトランスジェンダーのセラピーが流行するまえから、そうした患者を診てきた専門家たちだ。精神医学、性科学、心理学の巨匠として世界的な名声をすでに得ている。精神疾患やセクシャリティや性別違和に関する主要な学術調査書を著わしている人もいれば、ユング派の精神分析家で著書がある人もいる。そのすべてが頑として〝肯定ケア〟は本物の治療ではないと主張しているせいで、仕事に支障をきたし名誉を毀損《きそん》された。

そうした専門家は多くの点で意見が異なる。医療的性別移行は一部の子供にも適していると考える人もいれば、大人のみに適しているという人も、誰にも適さないという人もいる。性別違和を発症年齢で特徴づける人もいれば、性的指向や、患者が執着する考えで特徴づける人もいる。それぞれ違う角度から何が最善の対処法なのかという問題と向きあい、違う概念ツールを使い、最善の治療法についても一致しないことが少なくない。

だが、全員が性別違和はそもそも精神疾患だと――治療すべき精神の不調であり、何より浮かれ騒ぐようなアイデンティティではないと考えている。そして現在、思春期の少女たちのあいだで起こっている性別違和の流行は異常だという意見で一致している（〝性別違和〟の要件にまったくあてはまらないと否定する人もいる）。そして〝肯定ケア〟はとんでもない職務怠慢か、救済に見せかけた政治的意図のどちらかだと考えているのだ。

全員が大いなる関心をいだいてリサ・リットマンの論文を読み、彼女が問題をよく理解していると考えている。そして、この流行は友人による影響の結果ではないかと推測している。また全員が性別違和はたんに助長するだけでなく治療すべきだと主張したせいで排斥され、発言の場を奪われ、公然と非難されている。そして患者が性別違和を克服するのを手助けすることを〝転向療法〟だと見なすのは間違いだと考えている。彼らは治療上の義務とヒポクラテスの誓いを守る、現体制への反対者なのだ。

性科学者――レイ・ブランチャード、J・マイケル・ベイリー

性的指向及び性的倒錯研究の世界において、レイ・ブランチャード博士は大家である。兄がいると、あとから生まれた弟たちが同性愛者になる確率が高くなるという説に出会ったことがあるなら、あなたはブランチャード博士の研究を知っていることになる。ブランチャードはその現象

について、いまも優勢な説明を提示した。男児を続けて産むと、男性特有の抗原を攻撃する抗体が母親にでき、次に妊娠した男性の胎児の脳で性分化を妨げるという理論だ。

ブランチャードは小児性愛でも革命的な研究を行なっている。勃起《ぼっき》判定テストを使って、思春期の子供にとても惹《ひ》かれる男は、思春期まえの幼い子供に惹かれる男や、身体的に成熟した人に惹かれる男とは異なることを立証した。つまり、十四歳の少女を追い求める男は犯罪者かもしれないが、小児性愛者ではないということだ。

一九八〇年代から一九九〇年代にかけて、ブランチャードは性転換症（用語は当時のまま）を理解するために、今日でも利用され学者のあいだで議論されている類型論を展開した。ブランチャードの見方によれば、性別違和の〝早期発症〟と〝後期発症〟の区別は微妙だが、プラトンの言葉を借りれば〝自然は節目で切り分けるものではない〟ということだ。ブランチャードは性別違和を二種類に分けることを提案した。〝同性愛的性転換症〟（児童期発症、柔弱な男子または雄々しい女子で同性愛者として成長する、ドラァグクイーン等）と、〝自己女性愛性転換症《オートガイネフィリア》〟（思春期発症、自分が女装することを考えたり、女装した姿を想像したりすると性的に興奮する異性愛の男性。五十代で女性に性転換し、女性と結婚した男性など）だ。〝オートガイネフィリア〟はブランチャードの造語であり、この分類により、怒りの矛先がブランチャードに向かった。

二〇〇三年、もうひとりの学術的心理学者であり性同一性障害の専門家であるＪ・マイケル・ベイリーは、評判のいい著書『The Man Who Would Be Queen〔クイーンになろうとする男〕』でブランチャードの〝オートガイネフィリア〟に対する解釈を紹介した。ベイリーは性転換症についてとても好意的に記述した――非常に好意的だったことで、二〇〇三年にラムダ文学財団のトランスジェンダー賞の最終候補に残ったほどだ。だが、その後、空気が変わった。

トランスジェンダー活動家がこの本は自分たちには好ましくないと判断したのだ。「男性の身体に囚《とら》われた女性は一般の人々に受けるが、もっと陰影がある現実的な事柄は一般の人々には受けにくいと計算したのでしょう。正しい計算かもしれませんが」ブランチャード博士は騒動を思い出して言った。現状から逃れられない男性は同情されるかもしれない。だが、性的に興奮した男性はみっともない——危険でさえあるかもしれないのだ。

トランスジェンダー活動家はラムダ文学財団の候補作選出に抗議する数千人分の署名を集めた。ラムダ文学財団の審査員はすぐに考えを変え、当書はたしかにトランスジェンダー差別をしていると判断し、最終候補からはずした。有名なトランス女性であり、イリノイ大学シカゴ校の経済、歴史、英語、コミュニケーションの高名な教授であるディアドラ・N・マクロスキーはベイリーの本を最終候補に入れるのは「ユダヤ研究の文学賞で『わが闘争』を候補作にするようなものだ」と語った。それから一年以内に、最終候補を承認したラムダ文学財団の事務局長が辞任した。

ベイリーはラムダ文学賞のノミネートを奪われただけではなかった。大学関係者の活動家がベイリーはノースウエスタン大学の倫理規定に反したと非難し、ベイリーの在職権を取り消すよう攻撃的な運動をはじめたのだ——調査対象からインフォームド・コンセントをとりつけず、治験審査委員会の許可もとらなかった（非学術書の場合はどちらも不要）という詭弁《きべん》や、性転換症研究の対象者と性的な関係をもったという、より深刻な告発に基づいて。[*8] 最後の重大な告発は証明されなかったが、証拠がなくてもおおやけで主張されただけでベイリーの評判を傷つけるには十分だった。

オートガイネフィリアの存在が問題になる理由のひとつは、女性にとって安全な場所と関係がある。トランスジェンダーを自認する生物学上の男性が女性に性的関心がまったくないのであれば、たとえ落ち着かなくとも、女性だけの場所に入ってくることを許しても危険はほとんどないと主張できるかもしれない。だが、トランスジェンダーの男性が異性愛者で、女性の恰好《かっこう》をするという想像や、女性の姿形全般に性的興奮を覚えるとしたら、議論の本質は変わり、女性の安全な場所にトランスジェンダーを自認する男性の出入りを認める可能性は支持されなくなる。

それでも、オートガイネフィリアの存在を否定するのは難しい。多くの性転換者が女性とだけ恋愛関係になっているからだ。ベイリー博士によれば、オートガイネフィリアが存在する事実を隠したり否定したりすることは誰のためにもならず、とりわけオートガイネフィリアの人々のためにならない。「おそらくオートガイネフィリアの人々が人生の計画を立てるときに役立つことをわたしたちが学ぶ妨げとなっているのです。つまり」トランスジェンダーの患者が行なうかもしれない外科手術の選択肢について「きちんと追跡調査をしていないということです」

ブランチャードは自らの分類を変えていない。彼によれば、症状がいくつか重なったからといって、必ずしもふたつの異なる状態がひとつの疾患になるわけではない。女の子になりたいと思ってボーイフレンドができた少年と、自分が女性になった姿を想像すると性的に興奮する男性はどちらも性別違和を経験しているが、だからといってそれぞれの原因は同一ではない。

比較するために、ブランチャード博士は指が腫《は》れて痛む患者の例を挙げている。この場合、少なくともふたつの異なる原因が考えられる。関節の軟骨の損傷である変形性関節炎と、自己免疫疾患であるリウマチ性関節炎だ。「あらゆる種類の性別違和も最終的には性別適合か、反対の性で暮らすことを希望します。しかしながら、性転換の衝動にはさまざまな原因がある。そして最初のはじまりが異なるだけでなく、最後でさえ、そのはじまりの型を保っているのです。ジャズ・ジェニングスとケイトリン・ジェンナーを比べれば、まったく同じ症状に苦しんだふたりとは誰も思わないでしょう」

ブランチャードは性別適合手術が適切な性別違和の患者もいると考えている。そして外科的介入によって性別違和が非常に軽減したトランスジェンダー自認の患者もいたと話す。トロント依存症メンタルヘルスセンターの臨床性科学サービス長として、ブランチャード博士は手術が役立つと考えた、トランスジェンダーを自認する大人の患者には手術を勧めた。

しかしながら――ブランチャードの考えでは、ここが重要なのだが――患者が求めるという理由だけでそうした方法を勧めたことはなかった。ブランチャードの仕事には、患者が反対の性別として通用しそうかどうかを判断することもふくまれていた。きちんと通用することを願うからこそ、正確に評価したのだ。

ブランチャード博士は反対の性別で暮らす日常の難しさを強調した。精神的な疲労は、ときとして患者の想像を超える。「反対の性別として通用しない人たちはじろじろ見られたり、見知らぬ人からひどい言葉を投げつけられたりします。きっと店に牛乳を買いに行くだけでも、気を張らなければならないでしょう」

こうした理由で、ブランチャードの診療所は大人の患者だけを診察し、いまとは異なる性で二年間過ごさなければ性別適応手術は受けられないと主張した。あとになって悔いる人々に手術を勧めることだけは避けたかったからだ。

「美容外科以外で、患者が診断をくだして治療法を指示する医療なんて考えられません。そんなものは存在しない。医師が診断をくだし、医師が治療法を指示するのです。言葉の魔術なのか言葉のごまかしなのか、ジェンダー（活動家）はこの件を政治問題にしました」ブランチャードはそう話す。

だが、トランスジェンダーの健康管理は政治問題ではないし、そうあるべきではない。いま多くのジェンダー手術センターで行なわれているインフォームド・コンセントについてブランチャードがいらだっているのは、基本的には「内科医や精神科医や外科医が決断をくだす責任を免除されている点」だ。

ブランチャードによれば、彼の診療所では適切な方法が行なわれていた。「患者は性別違和の症状を見せながら、じつはほかの精神的な問題が関わっている場合があるからです。また、現状とは反対の性別で世の中を生きてきたような経験もないまま、急に激しく性別違和の状態を示す場合もあります」精神科の患者は自らの医師になるべきではない。格言にもあるように、自らの弁護人になる者の依頼人は愚か者である。

これは古くからの考えだが、医師は商人ではない。店の経営者は顧客がつねに正しいと考えることで生計を立てている。いっぽう、医師は患者が求めることを批評しながら理解することを訓練されている。患者の要望に応じるのが適切なのは、専門家としての判断と一致したときだけだ。

おそらく、そうした区別がなくなったせいでオピオイド危機が容易に加速したのだろう。医師が売人のように振る舞い、薬の妥当性を評価し、ときに要求を拒むのではなく、目の前の要求に軽率に応じるようになったのだ。「痛みますか？　パーコセット〔鎮痛剤、オピオイド系薬剤のひとつ」を処方しましょう」「不快な気分？　テストステロンを処方します。外科医に紹介状も書きますよ」

この二例の医師に類似性を見るのは難しくない。身体的苦痛と同様に、性別違和も患者本人の言葉に大きく頼っている。身体でも精神でも詳しく質問しない医師は処方の主導権を患者に握らせているのだ。

ブランチャードによれば、トランスジェンダーの健康問題はあまりにも政治化しているせいで、根底にあるメンタルヘルスの問題がすっかり不明瞭《ふめいりょう》になっているという。「ジェンダークリティカル・フェミニストは〝女性蔑視《べっし》〟〝父権社会〟〝男性支配〟といった言葉を使います。そしてトランスジェンダー活動家は『そういう言葉で議論することは歓迎する。どんな言葉であっても精神病だとか病院での症状の治療などと話されるよりはいい』と言うのです」

ブランチャードの分類で興味深い特徴は、過去に性別違和をいだいていない現在のティーンエイジャーの少女たちを完全に省いている点だ――いまやアメリカ、カナダ、イギリス、スカンジナヴィア半島の大半の診療所で最大の患者グループだというのに。〝オートガイネフィリア〟は男性特有の事象である。研究者は男性の姿をした自分を想像することで性的に興奮するという女性について調査（あるいは発見すら）していない。そして現在トランスジェンダーを自認する思春期の少女の大半は児童期に性別違和をいだいていない。

それどころか、ブランチャードは思春期になって突然トランスジェンダーを自認した少女たちは必ずしも性別違和ではないと考えている。そうした少女たちは少なくとも三つのグループの集まりだというのだ。（一）どんな治療をしてもトランスジェンダーとなる子供たち、（二）自然に自力で性別違和を脱し、同性愛の大人として生きていく子供たち、そして（三）「境界性人格障害で、なんらかの偽りの性別違和をいだき、それを不幸の源だとしている偶発的なティーンエイジャーの少女たちの集まり」だ。

一九一〇年代までさかのぼる性別違和の診断の歴史において、真性の性転換症でもきちんと確立された性別違和症候群でも、ひとからひとへとそれが伝播した記録はまったくないと、ブランチャードは強調する。「人々は手本なしに性別違和をいだきます」性別違和に気づくのに、友人や、学校の集会や、ＹｏｕＴｕｂｅのインフルエンサーに促される必要はない。性別違和は最初からあるものなのだ。

こうしたトランスジェンダーを自認するティーンエイジャーに対する見方はトランスジェンダー活動家を激怒させた――ブランチャードには非常に意外だったが。「活動家は最後にはこんなふうに言うかもしれません。『たしかに、自分は性別違和だとかんちがいしている若者もいるかもしれないけれど、本物の性別違和を抱えているわたしたちとはまったく関係ない』と。それなのにどういうわけか、活動家たちは必死に守りを固めるのです」

ブランチャードはここ数十年でトランスジェンダー活動家がますます力をつけ口がうまくなっているのを見ているが、それをとがめてはいない。「トランスジェンダー活動家はこの種のロビー活動をするものです。つまり、彼らは活動家で、活動家とはそういうことをするものだから。できるだけ多くの要求を通そうとするでしょう」ブランチャードが驚いているのは、自分と同じ専門家に対してだった。「そこを同業の仲間にいつも言っているのです。『ああ、患者はそう言う。

患者はそういうことをする。だからって、わたしたちが道を間違えてどうする？』と」

ブランチャード博士と同じく、医師としての経歴の大半で性転換症と性別違和を研究してきたマイケル・ベイリー博士は現在のトランスジェンダーを自認するティーンエイジャーの少女たちは本物の性別違和ではないという結論に達した。彼女たちの苦しみは、自分は過去のトランスジェンダーの人々に似ているという誤った思いこみに拠《よ》っているのだ。「それは間違ったアイデンティティです」ベイリーはそう話す。

ティーンエイジャーの少女たちの性別違和はヒステリー現象で、不安を抱えた若い女性たちが自分は病気だと思いこみ、症状が出たことが過去にあった多重人格障害の例とよく似ていると、ベイリー博士は考えている。[*9]

ベイリー博士のような学術的心理学者にとって、性別違和は問題全体が証拠に基づくべきものである。厳密な観察による検討が診断や解釈や治療を導きだすべきなのだ。それなのに今日のトランスジェンダーに関する論争で飛び交っている言葉は、そうした科学をほとんど考慮していない。

たとえば性自認は〝変わらない〟という説がある。トランスジェンダー活動家は、性自認は生来のもので〝変わらない〟と言うことが多い。[*10] それゆえ、性別違和の患者がみずからの身体を受け入れられるようにメンタルヘルス専門家が助けようとすることは〝転向療法〟となる。性自認が環境要因に左右されずに決して変わらないものなら、子供や思春期の若者にそうした感情をしずめたり克服したりするよう促すのは無茶であり、残酷で、一種の虐待だろう。

だが、性自認――自分自身の性に対する、言葉にはできない個人の感覚――は変わらないという証拠はほとんどない。それどころか、多くの例においてその逆だという証拠がある。長期にわたる数件の調査が性別違和の子供の大多数がその状況を脱している事実を示している。[*11]

それでは、なぜそれほど多くのトランスジェンダー活動家が性別違和は生来のもので決して変わらないと主張するのだろうか？　おそらく、答えはアメリカの反差別法にある。アメリカ最高裁判所は、憲法修正第十四条の法の下の平等な保護条項は人種や性別といった特徴は保護するが、たとえば髪の色は保護しないことを示している。それには保護される特徴は〝変わらない〟ものだという理由もある。[*12] 髪の色はほんとうに変えたければ変えられるし、それは自分の命に関わることを放棄しなくても可能だからだ。いずれにしても、それが法の下の平等な保護条項の大半の基礎となっている原則らしい。

それは差別を受けている集団に法の下の平等な保護条項という盾を差し出すかどうかを試す馬鹿げたリトマス試験紙になっているのではないかという見事な主張がある。だが、保護を求める人々にとって〝変わらない〟ことが長いあいだリトマス試験紙であるのなら、トランスジェンダーの人々は自分たちも保護される対象だと示すために、自分たちの状況は〝変わらない〟ものだと主張せざるをえないのかもしれない。

しかしながら、性自認とはなんだろうか？　診断の基準も、測定可能な徴候も、確認するための血液検査もない。感覚であり、感じ方なのだ。それは性自認が存在しないという意味ではない。ほかの多くの精神疾患と同様に、診断や治療が難しいという意味だ。取りかえしのつかない手術が治療法として予想されるとき、不安定な状況であれば、慎重に検討して注意深く評価することが必要だろう。

性別違和の患者が自分の身体に違和感を覚えなくなる手助けができると医師が信じているなら、とりあえずその方法を試すことは許されるべきだとベイリー博士は考えている。だが、現在のジェンダー肯定ケアを用いる医師は肯定することに一足飛びに跳びついている。「ましな場合であっても、少女たちが生まれながらの性に適応するのをじゃましています。最悪の場合は、有害で不必要な医療処置を取るよう勧めているのです」

そうした見方のせいでベイリー博士がやっかいな立場に追いやられているのだとすれば、彼はすべて承知のうえだろう。「いまは言葉狩りが広がっていて、そのせいで人々が不意を突かれてあやまってばかりいて物事を尋ねなくなったり、物事についてはっきり話しあえなくなったりしています」ベイリー博士は言う。「一部の人々には〝トランスジェンダー〟という言葉さえ問題があるらしい。正しい言葉がなんなのか知らないし、気にもしませんが」

だが、ほんとうは気にしている。彼の心の声が聞こえるようだ。ベイリー博士は専門家としての判断をくだすときに使う言葉を変えない。証拠があれば、考えを変える。科学者はいつだってそうだ。ベイリーが決してしないことは、屈服することである。

反肯定《アファーメーション》心理療法士、リサ・マルキアーノ

リサ・マルキアーノはユング派精神分析家であり、ソーシャルワーカーであり、多くの本を出している作家でもある。北米とヨーロッパの多くのセラピストと同様に、ここ五年でトランスジェンダーを自認するティーンエイジャーが急増しているらしいことに気づいていた。それでも

多くの同業者と異なり、その現象を懐疑的に受け止めていた。性別違和を訴えるティーンエイジャーの少女たちの苦しみを疑ったわけではない。だが、無意識の力を高く評価している身として、心がみずからを欺けることもわかっていた。

「人間の心はこうした心理的流行にとても影響されやすいと思います」マルキアーノは言った。「前頭葉白質切断術《ロボトミー》でも起きました。多重人格障害でも起きました。一九三〇年代と一九四〇年代のドイツで。人間は心理の伝染に影響を受けやすいのです。そういう存在なのです。誰もが」

精神的につらくなると、わたしたちは他者が真剣に受け止めてくれる方法で説明したくなるとマルキアーノは言う。「誰も聞いたことがないような目新しい方法で（つらさを）表わしたら、きっと軽くあしらわれてしまう。でも、すでに語られていることにうまくはまれば、無意識はそれに飛びつきます。説明に役立って、心配されて注意を引けるから」

これは精神医学史家エドワード・ショーターが展開し、ジャーナリストのイーサン・ウォッターズが広めた考えだ。患者は〝症状プール〟に引きよせられる——すでに認知されている診断につながる、文化的に受け入れられる苦痛の表わし方のリストだ。*[13]「患者は時代に即した診断に該当する症状をつくりあげます」*[14] それを発見したのがショーターだとウォッターズは言う。「患者は無意識のうちに心の苦しさを認められ正当化されることを求めるので、潜在意識はその目的を達する症状に引きつけられるのです」*[15] 社会的な感染はこうして広がる。

たとえば、香港《ホンコン》では西欧人が〝無食欲症〟と呼ぶもの——自分は太っているという思いに囚われた少女たちがみずからを飢えさせるという症状——が流行《はや》ったことはなかった。一九九四年に香港のテレビ局が悲劇的な死を遂げた少女の話を神経性無食欲症というなじみのない西欧の病気の例として説明し、広く伝えるまでは。その後まもなく、同じ症状を訴える少女たちが大発生した。一九九四年までは、香港の誰ひとり自分を飢えさせることなど考えなかったのに。無食欲症が〝文化に認められた心の苦しみの表現となって初めて、無食欲症が広がりはじめた〟のだ。[*16]

同様に、インターネットやヴァニティ・フェア誌や〈アイ・アム・ジャズ〉のような人気テレビ番組の影響で性別違和も〝症状プール〟入りした。性別違和はそれまで聞いたことのないものから、母親のハイヒールをはいてパカパカ歩いている少年を見て真っ先か二番めに頭に浮かぶものに押しあげられた。「二十一世紀初頭の症状プールには、子供たちは誤った身体で生まれた結果として非常に苦しむ場合があるという認識がふくまれた」とマルキアーノは記している。[*17] そして、大きく伝えられた数件の事例経由で性別違和が症状プールに入ると――驚いたことに――親もセラピストも医師もこれまでよりはるかに多くの症状を目にしはじめたのだ。

マルキアーノは突然ティーンエイジャーの子供がトランスジェンダーだと自認するという苦境に直面した親たちの唯一の理解者である。彼女は二〇一六年にカウンセリングを開始した。思春期の子供たちには直接会わないことで、転向療法への批判を避けている。娘の自己診断をすぐに肯定するよう迫ってこなかったセラピストはマルキアーノだけだったと多くの親が語っている。

マルキアーノがみずからの職業に愛憎相半ばの気持ちをいだいていることは伝えておいたほうがいいだろう。彼女はセラピーと精神分析の力を強く信じている。問題はきちんと取り組もうとしている人があまりにも少ないことだ。「セラピーは探求することを完全な前提としています」マルキアーノは言った。「物事を大きく広げて、好奇心をいだいて症状に近づく。ジェンダー肯定《アファーメーション》は好奇心の正反対です。〝もう正体はわかっている〟と言っているようなものですから。

額面どおりに受け取っているのです」

それどころか、本物のセラピーは患者にみずからの自己診断に疑問をいだくよう後押しするとマルキアーノは言う。患者を強くするという明確な目的があってのことだ。「奥さんに出ていかれて本気で自殺したいと思っている人のセラピーをしていても、奥さんを呼びだして『戻ってきて！』とは言いません。それは自殺願望に対処する方法ではないから」マルキアーノはそう語った。「わたしたちは患者が望むものをそのまま与えることで自殺を防ごうとはしない。自殺は何よりまず相手の安全を確保し、もっと打たれ強くなるよう手助けして対応します」性別違和もそうやって対応すべきなのだ。

こうした取り組み方は性別違和という患者の自己診断が正しいかもしれないという可能性を軽視してはいない——セラピストにそこで止まらないよう求めているだけだ。性別違和を訴える患者も、ほかの問題の患者と同様の治療方針であたるべきだと、マルキアーノは言うのだ。「誰かがやってきて『離婚したいんです。だから、ここにきました』と言っても、いったい何が起こっているのかわからない。じっくり話を聴いて何が起きているのかを見きわめる。それがわたしのやり方だし、何カ月も話を聴く場合もあります。子供がやってきて自分はトランスジェンダーだと言い、一度や二度や三度や四度の診察で『ええ、あなたはトランスジェンダーですね。紹介状を書きましょう』などという考え。それはセラピーではありません」

ジェンダー・セラピストは無責任かつ非倫理的である方法で自殺に関する統計を利用しているとマルキアーノは考えている。「つまり、感情に訴える脅迫です。気が進まないことを親に無理強いするために使っているのです」だが、マルキアーノがそれ以上に心配していることがある。

性別移行をしない思春期の子供たちは自殺する可能性が高いと主張することだ——その考えも簡単に症状プールに入る可能性がある。いや、すでに入っているかもしれない。「暗示にかかりやすい思春期の少女たちに、あるものを得られなければ自殺したくなるかもしれないと言えば、それはほのめかしになり、あろうことか自殺願望の伝染を広げるのです」

わたしはフィラデルフィアのリッテンハウス広場から数ブロック、彼女の診療所から近い、流行りの完全菜食主義者〔ヴィーガン〕用レストラン〈ヴェジ〉でリサ・マルキアーノと会った。マルキアーノがなぜ患者に好かれるのかはすぐにわかる。飾り気のないグレーの巻き毛まで、見るからに気取るところがないからだ。肩書きにはアイビーリーグの学位が連なり、高い評価を受けている多数の著作がありながら、専門用語を乱用することもなければ、彼女が属している業界を動かしているらしいジェンダー思想《イデオロギー》信奉者たちに取り入ることもない。現在の文化の標準に合わせるためだけに自分の考えの筋道をはずれることも縛ることもない。

マルキアーノは突然トランスジェンダーだと自認しはじめたティーンエイジャーの親たち数百人と話し、この件について言うべきことがたくさんあった。ひとつはティーンエイジャーであることは——おそらく、とりわけティーンエイジャーの少女であることは——簡単ではないということだ。思春期になると、ひとり立ちし、自らのアイデンティティを築き、親離れするよう求められる。「つまり、トランスジェンダーのアイデンティティを得ることは、親離れでもあり、ふたつの役割を果たすようなものなのです。『女ですらないんだから、ママとはまったく違う』というように」

アメリカの親たちが子供たちに否定的な感情をいだいてほしくないと切に願っているまさにこの時期に、不安定なティーンエイジャーは否定的な感情に襲われる。思春期の試練に――恋愛関係や、学業の重荷や、親の期待に――耐える覚悟ができておらず、逃げるための言い訳を見つけようとする。「親は子供が心配で、学校の成績なんて気にしなくなります。『不安になって落ち込んでいるの？　それじゃあ、家にいなさい』という具合に」

それでは、どうしてそんなにも多くのジェンダー肯定ケアのセラピストが自分たちはよいことをしていると言いはるのだろうか？　多くのセラピストが子供や思春期の若者に性別移行を勧めるとき、自分たちは命を救っているのだと主張している。マルキアーノは肯定ケアのセラピストの心理をこんなふうに説明する。「自分が間違っているかもしれないなんて思えないのでしょう。間違っていたら、とんでもなく恐ろしいことに加担したと認めなければならないのですから」

それでも、彼らは間違っているとマルキアーノは考えている。メンタルヘルスの専門家が流行の炎を煽りながら、独自の判断と、混乱した若者たちが必死に求めている治療に役立つ手助けを怠っている。それどころか〝肯定ケア〟は混乱した子供たちのもっとも危険な衝動を助長しているのだ。

マルキアーノはしばらく言外の意味を考えていた。「この件について最後まで認めようとしないのは、子供を性別移行させた親でしょう。自分たちは間違いを犯したかもしれないと認めることになるのですから」

精神科医ポール・マクヒュー

ここまできて、あなたは疑問に思っているかもしれない。性別違和とはなんなのか？　そう、性別違和とは自分の身体に対して心の底から絶えず苦痛をいだいている感覚だ――だが、それでは質問を言いかえているだけで何も答えていない。おそらく精神科医なら『精神疾患の診断・統計マニュアル』（DSM-5）の症状リストより詳しく教えてくれるだろう。結局、このマニュアルは〝ジェンダーの苦痛とは、ジェンダーについての苦痛〟としかいっていないのだから。[*18]

ジョンズ・ホプキンス大学の著名な精神医学及び行動科学の教授ポール・マクヒューには答えがあった。性別違和は〝過大評価された考え〟または心を支配するほどの情熱なのだ。それは「世の中の多くの人々がいだいている考えではあるが、患者や一部の人々にとっては、それが人生のすべてだと激しく思いこんでいる考え」なのだとマクヒュー博士は語った。たとえば、多くの人がやせていることはよいことだと考えている。多くの思春期の少女が少年のほうがいいと考えている。だが、神経性無食欲症や性別違和の人々は、そうした考えに心を奪われているのだ。

マクヒュー博士は過大評価された考えに影響されている人々がほんとうに苦しんでいることは疑っていない。疑っているのはその原因を正確に突きとめているかどうかだ。たとえば神経性無食欲症の場合、体重を減らしさえすれば、自分の身体に満足できるのではないかという思いに囚われていることが多い。だが、実際には満足できない――とりあえず、食べないだけでは。そんなふうに追い求めても、幸せは潮流に乗ったビーチボールのようなもので、手の届かないところでずっと浮いているのだ。

どれだけ体重を減らしても神経性無食欲症の人々が求めている身体に対する安心感が得られな

いのは、体重がほんとうの問題ではないからだ。マクヒュー博士の見方では、メンタルヘルス専門家は神経性無食欲症患者の身体に対する誤った認識を変えなければならない――身体そのものではなく。「政策担当者もマスメディアも患者たちの混乱を理解や治療や予防が必要な精神疾患ではなく、保護する必要がある権利として扱っていることで一般の人々にもトランスジェンダーにもなんの利益にもなっていない」とマクヒュー博士は二〇一四年に書いている。[*19] この文言だけでポール・マクヒューが誹謗《ひぼう》中傷を受けたのは容易に想像がつくだろう。

数十年間、マクヒュー博士は精神医学においてもっとも高名で厳しい人物だった。一九七九年、マクヒュー博士はジョンズ・ホプキンス病院精神科長として、性転換手術を行なっていたジェンダー・アイデンティティ診療所を閉鎖した。マクヒュー博士の考えでは、同病院は「研究や治療、そして最終的には予防するために励むのではなく、科学的及び技術的資源を無駄にし、狂気に協力したことで精神科医への信頼に傷をつけた」のだ。[*20]

これは議論の余地がある見方だ。たとえばズッカーとブランチャードとベイリーはみな、性別適合手術は、少なくとも大人の患者の一部にはやる価値があり、有益だと考えている。だが、マクヒューによれば、性別適合手術の問題は患者を満足させられず、性別違和を緩和できない点ではなかった。問題は誰が癒《いや》され、誰が害を受けるのか、医師には知る術《すべ》がない点だった。「一部の人々が満足し、その後幸せに暮らしていることは知っています。そして、当然ながら自殺願望をいだいたり、うつになったり、後悔したりしている人がいることも。いずれ後悔する人と後悔しない人の違いは、最初は誰にもわからないのです」

マクヒューを批判する人々でさえ、科学者は性別適合手術によって誰が救われ誰が傷つくのかを予測する、信頼に足る方法をまだ見つけていないと認めている。マクヒューにとっては、それだけでも性別適合手術を打ち切り、倫理委員会が監視する制御下の実験としてのみに限って行なうようにした十分な理由になる。医療の専門家は騒いでいる人々をなだめるためにだけ手術の門を開くべきではないのだ。

わたしは本が積みあげられたボルティモアの家でマクヒュー博士に会った。ジョンズ・ホプキンス大学メディカルスクールに隣接する、緑豊かなギルフォード地区に建つ白いレンガ造りのアメリカモダンの家だ。八十八歳のマクヒューは唖然《あぜん》とするほど鋭く博学で、マシュー・アーノルド〔イギリスの詩人、批評家〕の長い一節をそらで引用し、頭のなかに大量に保存している精神医学の文献のマイクロフィルムを調べ、正確に引用することができた。

一九八〇年代、マクヒュー博士は記憶回復療法の主要な反対者となった。精神分析医が患者の多重人格障害の潜在的な原因が過去の児童虐待にあることを発見したと主張したのだ。マクヒュー博士は多重人格障害は偽りの病気で、記憶回復は医原性《イアトロジエニツク》――治療者によって引き起こされたという意味のギリシア語――で、原因を発見するためと称された治療過程で植えつけられたと考えている。偽りの記憶が子供時代の虐待であることは多く、マクヒュー博士は誤って告発された被告人の容疑を晴らす専門家として証言をするために、メリーランド州ロックヴィル、ニューハンプシャー州マンチェスター、ロードアイランド州プロヴィデンス、ウィスコンシン州アップルトンを飛びまわった。

現在のトランスジェンダーの大流行も同様に熱狂に圧倒された精神医学の専門家によって助長

されて不適切に扱われていると、マクヒュー博士は考えている。ほかのあらゆる医療分野では人間を対象とした実験的手法は倫理委員会の監視のもとに行なわれているのに、性別適合手術は違う。マクヒュー博士は性別適合手術が基にしている研究の証拠の質が低いことを指摘し、性別適合手術は実験的だと主張している。

これまでの精神疾患の流行と今回の重要な違いは、トランスジェンダーの大流行はおもに友人やメディアや学校によって引き起こされているという点だ。昨今のティーンエイジャーは自分のどこが悪いのかを知るためにセラピストに相談したりしない。パソコンの画面の前にすわって「わたしはトランスジェンダー？」とＧｏｏｇｌｅで検索し、症状リストを見て自己診断をくだす。むしろ、セラピストはすでに起こっている問題を悪化させたり助長したりするだけだ。

しかしながら多重人格障害の流行が終わったように、トランスジェンダーの流行も終わるとマクヒューは考えている。法廷では、患者たちが医師を訴えている。そうしたティーンエイジャーの少女のなかには「二十三か二十四歳で目覚めて『ほら、このとおり。夕方になるとひげが伸びてくるし、胸は取ってしまったし、妊娠もできない。わたしはあるべき姿じゃない。いったい、どうしてこんなふうになってしまったの？』と言う子もいるでしょう」

もちろん、トランスジェンダーの大流行が精神疾患の流行のひとつに過ぎないからといって、なぜトランスジェンダーなのかという疑問の答えにはなっていない。非常に多くの熱狂が流行《はや》っては消えていった。連続殺人はほとんどなくなった。銃乱射は増加。過食は減っているかもしれないが、自傷と自殺は急増している。ひとつの熱狂が収まると、またひとつが定着する。いったい、なぜなのか？　アメリカ人が飲む水に、何か混じってでもいるのだろうか？

8　格上げされたもの、格下げされたもの

二〇一九年五月、初めてのブラジャーの試着をさせるために十三歳の娘をノードストローム百貨店へ連れていった友人から電話があった。友人はうまくいかなかったと言い、わたしの頭にはよくある理由が思い浮かんだ——試着室があまりにも人目につきすぎた、ランジェリー専門の店員の手が冷たかった、その見知らぬ店員がサイズを目測し、試着室にいたほかの人々に聞こえる大声で、そのサイズを口にしたなど。

だが、問題は少し違っていた。身長一八〇センチ、あごひげのそり残しを隠す分厚いメイク、たくましい上半身に取って付けたようなふたつの胸。数週間後、わたしはノードストローム百貨店へ行って友人の話を確かめた。店員は優雅で、気遣いにあふれ、専門家らしく、チュールスカートをひらめかせながらフロアを歩き、手を動かすたびにピンクのマニキュアをした爪がリボンのように目に入った。しかしながら、そのランジェリー係は間違いなく男だった。

「わたしがいなかったら、どうなっていたと思う？」友人はそう繰り返した。「娘をひとりで試着室に入れていたら、娘が恥ずかしさのあまり何も言えなかったら？」

標準的なティーンエイジャーの少女にとって変わりつつある身体がどれだけ恥ずかしいものなのか、男性には想像できないかもしれない。女性しかいない人目につかない更衣室だとしても、少女たちはまったく正常な身体さえ、ほんとうはとても醜くて笑われても仕方がないのではないかと恐れて服にしがみついている。尿瓶《しびん》が女性の排尿にあわせてつくられたものだとしても、少女は決して使わないだろう。

異性に見られるとわかっていたら、この不安に満ちた内気さは強まるばかりだ。二〇一九年十月のイギリスのニュースで、学校のトイレが男女共用になり、生理中にトイレを使うのが恥ずかしくて少女たちが学校をさぼったという話が報じられたときも、女性たちはあまり驚かなかったろう。ドアを閉めた個室であっても隣に男子がいたら、生理の手当てをするのはぜったいに無理なのだ。[*1]

時間とともに、その気まずさは消える。お目付け役のように多くの少女に付きまとっている羞恥心は早すぎる性交渉を防ぐが、いずれその警戒はゆるむ。そして少女は次第に身体に慣れていく。あまりにも早く身体を見せることを強制されなければ、いつかは喜んで身体を使いこなすようになる。トイレに行くたびに恥ずかしさを感じることはなくなるだろう。

しかしながら思春期の恥ずかしさが消えても、多くの女性は男性産科医を拒む。それどころか、子宮がん検診も、毎年の健康診断も、レイプ後の検査も女性のほうがいいと思うのがごく普通だ——状況が変われば性的な行為となる〝触れる〟という行為は女性にしかしてほしくないと思っている。ノードストローム百貨店のランジェリー売り場での体験に対する友人の反応は、わたしたちの世代の女性にはまったくあたりまえのことだ。だが、それはあっという間に時代遅れになりつつある。

二〇一五年にCNNが呼んだように、わたしたちは〝トランスジェンダー時代〟に入った――あるいは、トランスジェンダー時代のほうが高速でわたしたちに突っこんできたのかもしれない。二〇一五年、ラヴァーン・コックスがトランスジェンダーとして初めてエミー賞を受賞した。二〇一八年、トランスジェンダーが主演した映画として初めて〈ナチュラルウーマン〉がアカデミー賞を受賞した。二〇一九年のエミー賞授賞式で、パトリシア・アークエットがトランス女性の亡き妹アレクシスに涙ながらに心のこもった言葉を捧《ささ》げ、トランスジェンダー迫害をやめるべきだと訴えた。またホームボックスオフィスが放送している人気ドラマ〈ユーフォリア〉にはトランスジェンダーのスター俳優が出演している。

二〇一六年五月にはコスモポリタン誌までが――あのコズモが!――〝ブレストバインダー初心者のための完全ガイド〟という記事で少女たちに胸を圧迫する道具を使って乳房を平らにする〝安全〟で最善な方法を助言している。*2 記事によれば、生物学的には少女で現在はトランス男性であるジャクソン・ツリーは「(胸を平らにしたことで)悩んでいたことを頭の奥に押しやり、心配しなくてよくなった」と話していた。またティーン・ヴォーグ誌は常套句《じょうとうく》のようにジェンダーは社会によって構築されたものだと少女たちに教えている。〝すべての女性に月経があるわけではなく、月経があるすべての人が女性だというわけでもない〟ある記事はそれが事実であるかのように、無頓着《むとんちゃく》に読者にそう伝えている。*3

それがあるべき姿だと言う人もいるだろう。映画もテレビも雑誌も人間社会全体を反映するものであり、性別違和もそのなかにふくまれている。だが、トランスジェンダー個人が航空用語でいえば〝ステータスのアップグレード〟を受けていないとは――そして、そのことに思春期の少女たちが気づいていないとは――誰も言えないはずだ。

今日のトランスジェンダーの人々は記憶にあるどの時代よりも恥辱や不名誉や暴力に対する恐怖をあまり感じることなく生きている。まともな人間であれば、誰しもその事実を喜ぶ。ケイトリン・ジェンナーはみずから選択した人生を自由に生きていくべきだ――大半のアメリカ人はそう願っている。

それでも、この文化的な変化は思春期の少女たちの心をつかんでいる現在の流行にも影響を及ぼしている。十年まえであれば、こう疑問に思っただろう。「性別違和でよほど苦しんでいる人以外、誰が性転換なんてしたいと思う？」だが、もうこんなふうには問われない。そんな態度をとる人は二〇二〇年に生きていないから。

娘をノードストローム百貨店へ連れていった友人は、かつてなら生物学上は男性の店員が初めてのブラジャーのために娘の胸のサイズを測ろうとすることを怒ったかもしれない。だが、娘やその友人にとっては、いまやあたりまえのことなのだ。

でも、わたしの言葉を鵜呑《うの》みにしないでほしい。トランスジェンダーの身分証明にまつわる恥辱に関して、この十年でどの程度向上したかを調べるために、わたしはトランスジェンダーの大人、レズビアン、急進的《ラディカル》フェミニストと話をした。そして次のことを知った。

歓迎されない注目

クリスタルは五十代後半の男性から女性に転換したトランスジェンダーだ。クリスタルの母は女の子が欲しくて三回流産した。「男の子が生まれて、簡単に言えば、母はわたしと縁を切ったんです」クリスタルはそう語った。「わたしは家族に歓迎されなかった」当時は知らなかった詳しい事情の多くを年上の親戚《しんせき》が教えてくれたが、クリスタルはその話は繰り返したくないと、これだけ言った。自分の子供時代は幸せではなく、虐待でできた傷があると。「六歳まで、自分は女の子だと思っていました。違うなんて知らなかった。いとこの女の子たちと一緒に育てられたので」

クリスタルは大人になってからも機会があればこっそり女装していたが、人前でも女装をはじめたのは二〇一五年からだった。当時クリスタルは独身で、五十代初めで、ブリティッシュコロンビアで不動産の管理人として働いていた。「他人にどんなに奇妙に見えようとかまわないって決めただけ。わたしは独り者で、仕事があって、ほかに心配することがない。ほかの人にどう思われてもいい。だから、そのとおりにしたの。化粧品の使い方や女装用のサイズの測り方を知るために出かけた。そして女性の恰好《かっこう》をして、女性として暮らした。しばらくはそれでじゅうぶんで、ストレスがだいぶ解消できました」

クリスタルは数年間セラピーを受けていたが、その数カ月後にホルモン療法をはじめた。いつかは手術を受けるつもりだが、〝最終的な〟手術を受ける予定はないという。クリスタルは女性として生きることは男性として生きるより多くの点で自分には楽だと話す。「わたしは男でいることにかなり努力をしていたみたいで、男でいるのをすっかりやめて初めて、男でいることにどれだけ力を使っていたかわかりました」

数カ月間クリスタルはとても幸せで、多少なりとも女性として通用し、いやがらせを受けずに過ごすことができた。「わたしの人生はうまくいっていたし、なんの文句もありませんでした。わたしは自分のことだけやっていたんです」クリスタルはそうふり返った。「そのあとケイトリンのことがあって、突然じろじろ見られるようになりました。トランスジェンダーはみんな。道も歩けませんでした」

性別違和に苦しむ多くの一般的な人々は、トランスジェンダーがもてはやされることを忌み嫌う。彼らは〝衣装〟を見せびらかしたいのではなく、本物として受け入れられたいのだ。「わたしが女の服を着た男に見えていたのはわかっていました」クリスタルは言った。「でも、それが見世物になってしまった。レストランで食事をしていると、必ず知らない人に抱きしめられました。ほんとうに異様だった。とても奇妙な体験でした。なんだか妙なことが起きている気がして、どこへ行ってもケイトリン・ジェンナーについてどう思うかと質問されて。とにかく、ほんとうに最悪だった」

クリスタルにとって性別違和は解消することのない不安症の原因でありつづけている。もてはやされたくはないし、ほかの女性たちを不安にさせることも決して望んでいない。それどころか、トランスジェンダーの人々が自分が選択したトイレを使用できるという問題は、トランスジェンダー活動家たちが政治問題化させるまではまったく問題になっていなかった。「個室なんですから、好きに入って、用を足して、出てくればいいんですから」

クリスタルはトランスジェンダー活動家の行動で生物学上の女性たちが不安になることをひど

くいやがり、ジェンダー思想《イデオロギー》信奉者の「えせ科学はくだらない」と思っている。自分が生物学上は男性だとわかっているのだ。ただ女性の恰好をしているといちばん心地いいだけで。「人間の感情だけでDNAの科学を捨てられるとは思っていません」

わたしが話をして記録を残したトランスジェンダーほぼ全員が（オフレコ数人も）二〇一五年六月にケイトリン・ジェンナーがヴァニティ・フェア誌の表紙を飾ったことが転換点であり、西欧じゅうに雷鳴が轟《とどろ》いたと指摘している。その多くがトランスジェンダーであることが恥ではなくなったものの——黙認してもらえることも、物見高い人々を集めずにやり過ごせる機会もなくなったと述べている。ケイトリンの公表後、クリスタルは初めて反トランスジェンダーから攻撃を受けた。生物学上の男性が女性だけの場所に押し入ろうとすることに激怒したカナダ人だった。だが、それと同じくらい、とつぜん力強く抱きしめられることにも悩まされた。「悩まされたのはまさにそういう人たちで——大げさではなく——文字どおり、道をわたっているときに急に抱きしめてきて『応援しているから』と言うんです」

クリスティーン、ケイトリン、そして堕ちたヒーローたち

ケイトリン・ジェンナーはアメリカで最初のトランスジェンダー著名人ではなかった。最初の有名人はクリスティーン・ジョーゲンセンで、ブルックリン生まれで第二次世界大戦で戦った退役兵だ。一九五二年、ジョージ・ウイリアム・ジョーゲンセン・ジュニアはアメリカでホルモン療法を開始し、デンマークで完全性別適合手術を受けた。ハースト社はクリスティーンがまだコ

ペンハーゲンズ・ロイヤル病院に入院中に連絡をとり、彼女の話を買いとって五回の連載として十一紙に載せることを提案した。[*4] ＬＧＢＴＱネイションによると〝一九五二年当時のハースト社からの報酬は二〇一九年現在の貨幣価値で二十四万ドルを超える。アメリカのほぼすべての新聞がクリスティーンの記事を載せた〟。

　記事は大半がクリスティーンの優雅さや美しさをほめたたえるものだった。クリスティーンはまたたく間に有名になった。そして鳴り物入りでアメリカに帰国した――美しく、ブロンドで、〝誰もがいかにもアメリカ人らしいと思う女性〟として。[*5] テレビ番組やラジオ番組に招かれ、数十の刊行物で好意的に紹介された。ニューヨークのデイリー・ニューズ紙は〝退役兵がブロンドの美女に〟と書き、クリスティーンを〝人目を引く女性〟と呼んだ。[*6] またロサンゼルス・タイムズ紙は〝退役軍人が長期の治療で美しい女性に変身〟と報じた。[*7]

　今日のわたしたちは一九五〇年代を性的に極端に潔癖な時代だと思っているが、クリスティーン・ジョーゲンセンは故国に帰り、マスメディアに温かく歓迎されたようだ。〝ジョーゲンセンは性転換の問題について精力的に講演し、性転換者を変態や倒錯者だと思いがちな一般の人々に理解を求めた〟一九九九年に記され、引用されることが多い死亡記事にはそうある。〝ミズ・ジョーゲンセンの身のこなし、魅力、機知は数百万人の心を勝ちとった[*8]〟

　ハースト社のおかげで、クリスティーン・ジョーゲンセンは見慣れた名前となり、〝性転換手術〟はアメリカの辞書に載った。だが、性別違和は症状プールに入らず、クリスティーンを礼儀正しく称賛したにもかかわらず、ほとんどのアメリカ人はまねようとしなかった。つまり、クリスティーン・ジョーゲンセンが〝カミングアウト〟したのは、いまとはまったく違うアメリカだったのだ。

二〇一五年頃には、アメリカは文化に大きな打撃を受け、ヒーローの多くが嘆かわしい堕落者となり、かつて愛されていたのと同じくらい不興を買っていたことも伝えるべきだろう。たとえば、ビル・コスビーだ。

一九八〇年代の大半と〈コスビー・ショー〉が再放送されたその後の数十年間、ビル・コスビーとテレビでの彼の分身ヒースクリフ・ハクスタブル医師はアメリカ男性の理想を体現した輝かしい手本だった――強い女性と結婚し、よい子たちを育て、果てしない辛抱強さで人生の試練に耐え、愛情は着ているケーブルニットのセーターのようにしっかりと揺るがない。子供の頃わたしは、弟とテレビアニメの〈ファット・アルバート〉を毎回ほとんど欠かさずに見ていたし、コスビーが宣伝していたジェロープリンを食べ、毎週木曜日の夜はアメリカじゅうの人々と一緒に〈コスビー・ショー〉の放送を見た。コスビーが自分たちのほんとうの父親でないことはわかっていた――それでも毎週の放送で、コスビーが子供たちを諭したり、子供たちの苦境に耳を傾けたりしているあいだ、ある意味ではコスビーは自分の父親だと思うのは難しくなかった。

二〇一四年、ビル・コスビーが女性たちに薬を飲ませて強姦《ごうかん》したという申し立てが続き、次第にそれを信じざるを得なくなった。二〇一五年、テレビ局はコスビーの有名な番組の再放送を中止した。コスビーは数十年間アメリカの父親をつとめてきたが、わたしたちはもう彼を見ることさえ耐えられなかった。

二〇一〇年には、ドーピングにまつわる出来事でそれまでの成績が剝奪《はくだつ》され、ランス・アームストロングのツール・ド・フランス七度優勝を誇れなくなった。マイケル・ジャクソンの名前もあの少年たちとの件に触れずに語れなくなった。ランスはペテン師で、マイケル・ジャクソンは変質者だった。

この古びた舞台に滑りこんだのがブルース・ジェンナー、アメリカが愛するオリンピアンであり、テレビの人気番組〈カーダシアン家のお騒がせセレブライフ〉のレギュラーゲストだ。視聴者はこの番組でブルースが静かに変わっていくのを見ていた。ホルモン療法で次第に顔つきがやわらかくなり、あごはすべすべになっても、家族から注がれる愛情は変わらないようだった。

二〇一五年四月、わたしたちがブルース・ジェンナーとして知っていた人はニュース番組〈20／20〉でダイアン・ソイヤーのインタビューを受け、アメリカの視聴者に自分はトランスジェンダーだとカミングアウトした。ブルースは誰も傷つけなかった。アスリートとしてももっとも過酷な競技のひとつ――オリンピックの十種競技――に出て金メダルを獲得し、アメリカ人を誇らしい気持ちにさせた。ドーピングもしていないし、成功するために不正も働いていない。苦痛ばかりを訴えることもない。ブルースが望んでいたのは受け入れられることだけだった。それは大きすぎる願いには見えなかった。

実際、二〇一五年にはわたしたちは喜んでブルースを受け入れ、健全そうに見えた有名人を祝福できる機会に安堵《あんど》した。ブルースは女性になりたいのだ。だから？　それのどこが悪い？　アメリカ人には適切な答えが見つからなかった。答えなどないのかもしれない。大きな枠組みで考えれば、トランスジェンダーはいいことかもしれない。

〝性別違和〟はまだ『精神疾患の診断・統計マニュアル』（DSM－5）に載っているが、徐々に消えつつある——精神障害であることを強調する〝性同一性障害〟という言葉はもう使われていない。かつては〝同性愛〟も精神障害に分類されていた。わたしたちの大半はもう同性愛が満ちたりた幸せな人生を送る障害だと思っていない。『精神疾患の診断・統計マニュアル』に載るのはそれほど悪いことではないのかもしれない。そう長くは続かないだろうから。

いずれにしても、二〇一三年にはアメリカ人の六人にひとりが精神科の薬を飲んでいた。何が〝正常〟かなんて誰にわかるだろう。もしかしたら、わたしたちはみんな少しおかしいのかもしれない。[*9]

忘れられたLGBTQのL

トランスジェンダーが受け入れられている現代ではLGBTQのすべてが恩恵を得ていると思うかもしれないが、多くのレズビアンは違うと言う。ここ十年で、レズビアンはレズビアン用のバーや出版物、女子大学、女性専用のトイレや更衣室が消えていくのを目にしてきた。そして、有罪の強姦犯がとつぜん女性だと〝自認〟して女子刑務所に収監されることや、[*10]男性として生まれた人物が被虐待女性のシェルターへの出入りを求めることも。[*11]「スミス大学やウェルズリー大学を見れば、もはや厳密には女子大学ではないとわかります」アフリカン・アメリカンでレズビアンのパフォーマンス・アーティストであるピッパ・フレミングは言った。二〇一五年、スミス大学は女性だと自認する生物学上の男性にも門戸を開くと決めたのだ。[*12]

だが、身分証明書で生物学上の男性に女性の権利や女性にとって安全な場所への立ち入りをすべて認めるべきだという考えに反対するレズビアンや急進的《ラディカル》フェミニストは、SNSすべてで〝TERF《ターフ》〟だと公然と嘲笑《ちょうしょう》されている――トランス排除的ラディカルフェミニスト（Trans-Exclusionary Radical Feminist）の略称だ。*13 〝LGBTQ〟はひとつの目的を持つ共同体だと思いこんでいた人々は混乱するかもしれない。実際には生物学的性別はアイデンティティを定義する要素だと考える急進的《ラディカル》フェミニストと、個々のトランスジェンダーはジェンダー思想《イデオロギー》で真っ向から対立している。いっぽうピッパのような急進的《ラディカル》フェミニストはジェンダーをささいなことだと――社会が無分別に割りあてている固定観念だと――考えている。そうした人々はショートヘアや男のような服装で女性らしさがなくなるとは思っていない。女性はなんでも好きなものを着られるというのだ。服装で女性になるわけではないし、服装で男性になるわけでもないと。

一九九〇年代中頃、アメリカでレズビアンが増加し、レズビアン文化は最盛期を迎えたと、ピッパは説明した。だが、いまやレズビアンは〝地下に隠れてしまった〟という。レズビアンの組織は完全に消滅したか、あるいはトランス女性が自分も〝レズビアン〟だという理由で無理やり入ってこないよう身元や経歴の調査をしているかのどちらかだ。ほかの多くのレズビアンも、こうした〝地下〟での出会いがアメリカじゅうで行なわれていると認めた。レズビアンが生物学上の女性とだけ会うにはこの方法しかないのだと。

わたしが話を聞いた複数の少女が〝トランスジェンダー〟は高校でアイデンティティとしてのステータスが高いが、〝レズビアン〟は違うと話した。それどころか、レズビアンはステータスが低いアイデンティティとして嘲笑されているのだ――じつは男になるはずだったことを認められない男っぽい女だと。

同級生の少女の多くが〝トランスジェンダー〟だと自認しているイギリスの女子高校では、

〝レズビアン〟は汚い言葉だと十六歳のライリーが教えてくれた。「とても表面上のことだけど、あまり恰好よくないの」ライリーは説明した。「ポルノみたいで」

少女の権利より優先されるトランスジェンダーの権利

ここ十年でトランスジェンダーが目立つようになったとすれば、女性と少女が目立たなくなったともいえる。

すでにアメリカじゅうの高校で最高水準にある女子選手が女性を自認する生物学上は男子の選手に圧倒されている。女性の陸上競技選手も[*14]、水泳選手も[*15]、ウエイトリフティングの選手も[*16]トランスジェンダーを自認する生物学上は男子の選手に追いやられた。その多くは男子チームでは月並みの選手だったのに。不公平さに異議を唱えても簡単にかたづけられるか、偏見だと非難されるかのどちらかだ。

こうした件はすべて、少女たちがあらゆる文化で支持を失ったことにおそらく気づいているのだと物語っている。女性専用だった場所は男女共用になり、スポーツの記録は盗まれ、不公平だと抗議をすれば偏見だとどなられる。二〇一九年二月、テニスの偉大な選手であり誇り高いレズビアンであるマルチナ・ナブラチロワはトランスジェンダーの選手に女子スポーツで競技させるのは生物学上の女子に不公平だとサンデー・タイムズ紙に書いた。するとトランス嫌悪《フォビア》だとレッテルを貼られ、スポンサーだったアスリート・アライから放りだされた。[*17]「トランスジェンダーのコミュニティは攻撃されています。わたしたちはトランスジェンダーを攻撃しつづけるどんな人々とも断固として戦います――たとえ相手がどんな人物で、どんな栄誉を称《たた》えられていても[*18]」

　おそらく世界でもっとも有名な同性愛者の女子アスリートであるナブラチロワが少女たちのために立ちあがったことで反ＬＧＢＴの偏狭な人物だというレッテルを貼られたのなら、無名の女子選手はどうやって反対できるだろうか？　真剣に受けとってもらえる見込みはどのくらいあるのだろうか？　長いあいだ、スポーツは女性や少女にほかの人々より優れ、奨学金やプロになるチャンスを得る機会や、自分ができることに対して正当な誇りを抱く機会を与えてきた。それが突然、勝負が決まってしまった。反論があっても、誰も本気で聞いてくれないのだ。

それはともかく、女性とは？

もはや〝女性〟を身体の特徴や生物学で定義できないのであれば、どう定義したらいいのだろうか？　著名なトランスジェンダーの作家であるアンドレア・ロング・チューには答えがあった。「女性とは〝他者の欲望によって定義される普遍的な存在〟」だ。*19

　女性についてこれ以上不快でおもしろみのない定義は想像できない。だが、トランス女性をふくむ女性を再定義するためには、この種の〝解答〟が標準になっている。女性とみなされる人物を説明する生物学的な指標を奪われたことで、トランスジェンダー活動家はステレオタイプな女性像に頼った。その多くが古めかしく侮辱的だ。

　このように女性の生物学的な独自性は完全に否定されている――わたしたちの特別さへの言及はすべて、インターセクショナル的な言葉の皮肉ではがされてしまった。妊婦《プレグナント・ウイメン》は次第に〝妊娠中の人《プレグナント・ピープル》〟と表現されるようになり、〝膣《ちつ》〟という言葉は〝前方の穴《フロント・ホール》〟という忌まわしい言葉で置きかえられた。今後さらに多くの〝両性を包括する《インクルーシヴ》〟言葉が、トランスジェンダーを自認する生物学上の女性たちが忘れたがっている解剖学的女性の本質を必死にごまかそうとするだろう。[20]

主要メディアは幼児のようによだれをたらし、目を見開いて興奮してそのあいまいな言葉を使っている。二〇一九年十月十九日、NPR〔非営利の公共放送制作会社〕はこうツイートした。「月経がある人々はタンポンとナプキンの売上税だけで、年間およそ一億五千万ドルを支払っている」[21] トランスジェンダーを包括する言葉では、〝女性〟は〝月経のある人々〟になる。若い女の子たちがどうしてそんなグループに入りたがるだろうか？

しかしながら、このようなトランスジェンダーを包括する言葉における女性らしさの低下は次第に一般的になっている。女性は〝養育者〟あるいは〝出血がある人〟などと表現される。[22] こうした言葉を使う人々はこのほうが繊細な言葉で生物学的な女性を表現できて、トランス女性が疎外感を味わわないと話す。だが、ほんとうの少女はどう感じるだろうか？　自分がこれから属すグループの人々がとても奇妙に表現されているせいで、その一員になりたいとは思わないのでは？　これほど生物学的な贈り物が軽視されていたら、若い女の子たちは完全に怖がらなくとも、未来を不快に思うしかないのではないだろうか？

それにインターネットポルノの問題もある。

わたしの世代でポルノを見たことがある女性なら、兄弟や恋人がかつて見ていたものを想像するだろう。みずから進んで乗ったジェットコースターで頂上に到達したかのように、女性がエクスタシーを感じて恍惚《こうこつ》とした表情をしている。裸の胸が揺れ、視線を奪う。女性に気高さを感じる情景ではないかもしれない――でも、少なくとも楽しんでいるようには見える。

初めて見る若い女性にとって、ポルノはいつだって衝撃が大きく不快だ。だが、昨今のインターネットポルノはさらに恐ろしさを増している。窒息プレイはＰｏｒｎｈｕｂで見られる全カテゴリーでごく普通にあり、特定の区分はない。[23] ガーディアン紙が一般的な描写の場面をこう記している。〝女性たちはペニスから拳《こぶし》まであらゆるものを口に入れられて咽《む》せ、失神しそうになる場合もある〟そうした場面で女性は〝たいていかすれた声で、その行為がどんなに好きか話すのだ[24]〟

「わたしの経験では、セラピーを行なった子供たちの多くはポルノでひどく動揺しています」セラピストのサーシャ・アヤドは診察したトランスジェンダーを自認する思春期の少女たちについて語った。「新しく選んだアイデンティティにポルノが大きく影響していた場合もあります」

暴力的なポルノは若い女性に男性や男性とのセックスで予想されるものを怖がらせるだけでなく、少年たちの期待や行動も変えつつある。インディアナ大学公衆衛生学部でセックスについて調査しているデビー・ハーベニックによると、成人女性の四分の一近くがセックス中に恐怖を感じたことがあり「十四歳から十七歳までのセックスをしている少女たちの一三パーセントがすでに窒息プレイを経験している[25]」トランスジェンダーの生活に魅力があると思えないのであれば、現在の若い女性にとって典型的な男女交際がかつての半分もすばらしくないことを考えてみるべきだろう。

若い女性たちは生物学上の男性に更衣室に押し入られ[26]、生物学上の少年にスポーツのチームで完敗し、仕事では公平な報酬はもらえないと聞く。性差のない言語では生物学的な特徴を残らず否定される。ハリウッドは――もうラブコメはやらない――少女らしい希望をいだくような夢を見せてくれない。この文化が与える贈り物や予想では、少女でいたいと思う理由が想像しづらいのだ。

インターセクショナルの盾としてのトランスジェンダー

突然トランスジェンダーだと言いだした少女たちの圧倒的多数（母数の九〇パーセント以上）が――リットマンの調査によれば――白人であることを思い出してほしい。*27 つまり、今日の大学でもっとも悪く言われているアイデンティティだ。いったい、どうしたらいい？

少女たちは有色人種にはなれない。大半は同性愛者にもなれない。障がい者にもなれない（どんな困難に耐えようとも何かを得ようとはしているが）。

「あらゆる被害者の立場のなかで、現実で選べる唯一のものが〝トランスジェンダー〟なのです」プリンストン大学客員研究員ヘザー・ヘイングはそう指摘した。「『わたしはトランスジェンダー』と宣言するだけで、ジャーーン、あなたはもうトランスジェンダー。進歩的な山を登っていけば、このインターセクショナルな世界観でさらに信用される」

それでも、学生は友人たちのプレッシャーに負けてほんとうにＬＧＢＴＱの仲間だと自認するのだろうか？　それはどうしたら、知ることができるのだろうか？

そうでなければ、数字がおかしいとヘイングは説明した。二〇一七年、ヘイングがエヴァーグリーン州立大学を卒業する頃には〝あなたはＬＧＢＴＱですか？〟という大学の調査に対して、学生の四〇パーセントが〝はい〟と答えていた。「そんなのは明らかに常軌を逸しています」へイングは言った。「どこの学生でも四〇パーセント（がＬＧＢＴＱ）なんてあり得ない。どんな文化でもＬＧＢＴＱの割合はつねに一〇パーセント前後で、おそらくそれだって高いでしょう。

ぜったいにあり得ないんです」（二〇二〇年にはエヴァーグリーン州立大学の学生の五〇パーセントがＬＧＢＴＱと自認しているか〝わからない〟だった[*28]）あなたが大学の新入生で友人になれる仲間を探していたら、おそらく〝ＬＧＢＴＱ〟になること以上に都合のいいものはないだろう（二〇一九年秋、イェール大学では九月最初の二週間だけで十八回のＬＧＢＴＱ交流イベントが催された）。

　トランスジェンダー活動家が広い文化で成し遂げたいと願っていることは、大学のキャンパスでほとんど達成できている。アメリカの多様な文化はつねに厳しい批判にさらされているが、ＬＧＢＴＱのアイデンティティは止まることなくパレードを楽しんでいる。大学は特権を罵《ののし》り、特権からの解放を促してもいる。求めるものはインターセクショナルの神々への最小限の生贄《いけにえ》だけだ。手始めとして、出生時につけられた名前がいいだろう。

　生まれたときに〝アリソン〟と名付けられたが〝エイデン〟のほうが周囲が真剣に向きあってくれると思ったのなら、昨今の大学はすぐに手助けをしてくれる。カリフォルニア大学ロサンゼルス校などの大学はキャンパス内だけ（両親にはぜったいに知らせない）、あるいは法律上も（さらに真剣度が増す）名前を変更するための簡単な説明と申込用紙を提供している。[*29]ペンシルヴェニア大学のウェブサイトには〝トランスジェンダー、ジェンダー・ノンコンフォーミング、ジェンダー・ヴァリアント、非シスジェンダーの学生をふくめ、希望する名前で表示したい学生は『氏名変更希望届』に記入すること〟とある。同大学は〝性別表示〟を変える簡単な方法も用意している。Ａｍａｚｏｎ《アマゾン》のレビューを書く程度の時間で、大学はアイデンティティを更新する機会を与えるのだ。

大学一年生は高校最終学年よりたった三カ月大人になっただけかもしれないが、十八歳になると――州によってはもっと若いときから――新しい力が目の前に並ぶ。[*30] トランスジェンダー・アイデンティティは名前と人称代名詞だけではないと証明したがっている大学生にとって、大学はまるで在庫が豊富な安売りの薬局だ。現在ではアイビーリーグをふくむ百を超える大学でトランスジェンダーのためのホルモン剤に健康保険が適用されている。[*31] また、少なくとも八十七の大学で性別適合手術に健康保険が適用されている。イェール大学では出生時に女性だった学生がテストステロンを投与する場合、学生用健康保険適用で費用は一カ月十ドル――映画料金より安い。[*32]

ほとんどの若い女性は性別移行のことなどまったく考えずに大学へ行く。クラスメートの特権的なアイデンティティに対するインターセクショナル的な怒りから身を守る盾としてどれほど効果があっても、多くの女子学生にとって、性別移行という考え全体がまだ少し極端に思えるのだ。いま十八歳で、高校時代にはボーイフレンドがいた。自分自身についてすべてはわからないかもしれないけれど、女性であることはわかっている。

でも、そんなときにメンタルヘルスの危機が訪れる。神経性無食欲症やリストカットなど以前の習慣――高校時代に苦しんでいた癖がまた出てきたのかもしれない。あるいはいくつもの試験をまえにして不安が抑えられなくなったのかもしれない。ルームメートとけんかして友人を失ったのかもしれない。ほかのみんながストレスを抱えた変わり者に見えたのかもしれない。いつも母親にメールを送っているけれど、ぜんぜん頼りにならないし、こんな調子でこれからの四年間をどうやって切りぬけていけばいいのかまったくわからない。

ここでストーリーがおかしな方向に変わる。あなたは母親が初めて連れていってくれた中学生のときから、何年もセラピーに通ってきた。したがって抗不安薬は本物の友人であることも、自分の問題についてメンタルヘルス専門家と話しあうことが前進のための最善策だともわかっている。

今日の女子学生が――控えめに言っても――精神的に弱いことに気づき、大学はいつでも支援できるように大勢のメンタルヘルスのカウンセラーを雇った（コロンビア大学は五十六人）。〝摂食障害〟〝トラウマ支援〟、そして〝性と性自認の問題〟などが専門だ。じつをいえば、たとえば抑うつについて話したくて大学のカウンセラーと面会したら、そのカウンセラーの別の専門が〝LGBTQ〟だったという可能性もある。なるほど、悲しい気分なのね。原因は何かしら？ネタバレ注意。あなたはトランスジェンダーなのかもしれない。

これまで見てきたように、ある親は娘の大学のメンタルヘルス・カウンセラーを〝家族を破壊する鉄球〟のようだと評した（カウンセラーは名門大学で働き、専門は不安症とうつ病だが、大学の〝ジェンダーチーム〟にも属している）。こうしたセラピストはほんの少し促すだけで、あなたの娘の関心をテストステロン投与に向けさせるが、学生はキャンパスを出る必要さえない。いまはライガース大学など多くの大学がテストステロンに直接費用を支払っている――〝インフォームド・コンセント〟に基づいて、初めて訪れた日に、セラピストの紹介状さえもなく、テストステロンが手に入るのだ。

メレディス

メレディスは子供の頃は決しておてんばではなく、高校時代は決まったボーイフレンドがいて、体操チームのキャプテンをつとめ、学業面では早熟でアイビーリーグの大学の入学許可もおりた。大学一年のときは人付きあいがうまくいかず、クリスマスのときは目に見えて落ちこんで帰ってきて、友達も少なかった。両親は二年生になる頃には元気になって物事が好転することを願っていたが、高校ではうまくいっていた人付きあいはもとに戻らず、自分でかけた学業でのプレッシャーも重すぎた。

話を聞いた数人の学生や親によると、最近のアイビーリーグの大学はひと世代まえよりはるかにガリ勉タイプが多いらしい——学生たちは図書館から離れず、試験期間中だけでなく学期じゅうずっと徹夜をしている。いまの学生たちは人文科学専攻で山のような借金を抱えて職探しに苦労した非常に多くのミレニアル世代〔米国で、二〇〇〇年代に成人あるいは社会人になった世代〕の教訓を忘れていないらしい。

メレディスは数日続けてベッドから出られなくなり、ルームメートに診療所に連れていかれて神経衰弱の治療を受けた。心配した両親は車で大学に駆けつけて娘を連れて帰り、その学期は休ませた。夏になると、メレディスは取りそこなった単位の埋めあわせをするために大学で講座を受けたがり、気楽にやると約束した。次に家に帰ったときは頭を剃《そ》り、秘密主義になっていた。両親は何が起きているのかわからなかったが、無理強いしないように気をつけた。休養させる以外に何かすべきなのかさえわからなかった。そして、この反抗がなんであれ、いずれ終わることを期待した。なんといっても、髪はまた伸びるのだから。

秋に大学に戻って学究クラブに参加すると、ほかの参加者からメレディスはトランスジェンダーなのではないかとほのめかされた。そのとき、その学生の言うとおりだと思ったと、メレディスはのちに両親に語っている。それから一年以内にメレディスは名前を〝マイカ〟に変え、テストステロンの投与を開始した（〝インフォームド・コンセント〟に基づいて学校が学生に提供するので、それほど難しくはない）。

突然の変化に両親は狼狽《ろうばい》し、メレディスにもそう告げたが、娘の不安定な精神状態も心配だった。そしてメレディスがもう両親とは話さないと伝えると、ふたりは動揺した。大学まで車で行って無理やり連れて帰るか、少なくとも娘と直接会うことを考えたが、その頃には似たような状況にあるほかの親たちと会っており、正解がわかっていた。娘の意思に反して大学に行っても、警備員に追いだされる。またメレディスが家に帰らざるを得なくなるように学費を支払わないことも考えたが、大学を中退したあともその町にとどまって、永遠に会えなくなることを恐れた。

両親は大学に連絡し、わずか一年まえにはメレディスは深刻なうつ病で入院を認められていたと話した。ぜったいにテストステロン投与を決められる状態ではない。まだ落ちついていないのだと。

大学の健康管理部長は上機嫌で返事を送ってきた。わたしたちは〝ジェンダー肯定ケア〟を採用している。〝トランスジェンダーの学生をケアするために、可能なかぎりの障害を取り除いている〟と。

〝マイカ〟のような学生は十八歳以上で〝インフォームド・コンセント〟が可能な能力があると証明できればホルモンのみ投与されると、健康管理部長はメレディスの母に請けあった。〝重大な医療あるいはメンタルヘルスの問題が出たら、継続中の医療及びメンタルヘルス専門家との関係の検証もふくめて、適切な対応をする必要がある〟、〝マイカ〟はすべての基準にあてはまっており、やるべきことはなく、あまり心配することはないと。

しかしながら、メレディスはアイビーリーグの大学の支援と承認で、みずからの身体を永遠に変えつつあった。両親はメレディスが精神的に不安定なのを知っていた。母は学生部長に証拠を提出した。「メールには何ページにもわたって両親が嫌いだ、息ができない、ベッドから出られない、不安のあまり逆上したというようなことが書いてあり、そのあとにごめんなさい、愛しているというメッセージや、わたしたちとは完全に縁を切るという脅しが書いてありました」

母はメレディスが建前では大人であり、法律上はそうした決定をくだせるとわかっていた。ただ、メレディスはあまりよい精神状態ではなかった。「わたしたちは性別移行に反対しているわけではありません」母親は学生部長に懇願した。「いま行なうことに反対しているのです」

「この状況があなたとご家族にとってたいへん難しいことも、あなたが（マイカの）健康や幸せを心から心配していることも理解しています」学生部長はそう返信した。「それでも性別移行も実施する時期も大学に決定権はありません。学生にそうした決定を許すのは現行の医療標準に沿った本学の方針です」もちろん、ためらわずにホルモンを投与することも。幸運を祈る！

両親には娘の教育のために学費を支払ったアイビーリーグの大学を法的に訴える権利はなく、娘が選んだ道に落胆し、裏切られた気持ちを引きずるだけだった。身体を傷つける取りかえしのつかない方法ではなく、たんに電話の契約プランを変えるかのように、あまりにも多くの大人がメレディスの性別移行を支援した。

「娘の人生を台なしにするために大学にお金を支払っている気分です」メレディスの母はそう

語った。問題の大学は親が車のうしろの窓にロゴを貼ることを夢見るような学校だ。いまメレディスの母は大学が燃えてしまえばいいと思っている。

その反面、燃えたところで娘は救われない。メレディスの変身はすでに進行中だ。大学入学時にメレディスを知っていた人々は、一年生を終える頃には誰も彼女だとわからなくなるだろう。

9 身体の改造

二〇〇五年、FOX《フォックス》は最長期間放送されることになるテレビドラマ〈BONES〉の放送を開始した。知的だが怒りっぽい法人類学者テンペランス・ブレナン（エミリー・デシャネル）とたくましくて情け深いFBI捜査官シーリー・ブース（デイヴィッド・ボレアナズ）の頭脳型と筋肉型のチームが殺人事件を解決する日々を描いている（言うまでもなく）。どうやらアナコスティア川の陰気な岸にはスミソニアン博物館がいっぱいになるほどの骸骨《がいこつ》が散らばっているらしい。

放送された約十年間、ドラマの構造に限界はあったものの——脇役は全員が精力的なコンビを支えるために存在している——一千百万人のファンは気にならないようだった。〈BONES〉は完璧《かんぺき》なる恋愛犯罪ドラマなのだから。

各回のエピソードは似たりよったりだ。身元不明の骸骨がポトマック川からほじくりだされたり、フェアファックスで水没していた冷蔵庫から腐乱した遺体が見つかったり、キャピトルヒルで爆破された車から黒焦げの遺体が発見されたりする。シーリー捜査官は周囲で典型的な殺人事件の手がかりを探す。ブレナン博士は骨を〝読む〟。
骨は腐食していたり、折れていたり、裂けていたり、虫にきれいにやられていたりして、死亡する前の主《あるじ》の面影はない。それなのに、ブレナン博士は化学テストを行なうために研究室に持って帰って裸眼で見るだけで——成人の被害者の年齢、ときには趣味、ときには人種までわかる。しかしながら、ブレナン博士がこれまでもっとも簡単にわかったのは骸骨が女か男かということだ。

数百万の視聴者もそれはうなずけるようだった。そして、それは正しい。わたしは三人の法人類学者にインタビューして、全員から大人の骸骨なら性別はたしかに判別しやすいと聞いた。男性の骨は女性よりずっと大きいだけでなく——男性の骨量は女性の五〇パーセント増しだ——骨盤、大腿骨《だいたいこつ》、頭蓋骨《ずがいこつ》など多くの骨に性別を特定できる特徴がある。つまり、形が異なるのだ。[*1]

〝母親そっくり〟と言われる男性を思い浮かべてほしい。似ているのは明らかだ。そのいっぽうで限界がある。息子は母と同じ肌の色、顔型、体型（背が高い、がっしり、やせ型など）かもしれない。それでも彼はどこから見ても男で、母親は女だ。それは生殖器が違うだけでもなければ、テストステロンの影響で体毛が濃く、平均して三六パーセント筋肉量が多いだけでもない。[*2]

骨格の段階でまったく違うのだ。息子のほうが額が厚く、傾きが大きくて隆起がある。耳のうしろの乳様突起の辺りもはっきり盛りあがっている。あごは四角い。骨盤は狭く、脚が女性より角度が小さく腰に平行に付いている——つまり、立ち方が違う。

意識していないかもしれないが、わたしたち人間はこうした違いに気づくのが得意で、いつも互いを細かく観察して男女を区別している。それで誰かの性別を最初に読みとったときに感覚が違うと、もう一度見直す。反射的に自分の誤りを修正するのだ。

人間の性別はわずかな付属品だけのものではないと、生物学者であれば言うだろう。組織が溶けて長い時間が経ち、皮膚がなくなり、細胞が窒素に変わって靭帯《じんたい》から歯がこぼれ落ちても――見分けがつく部分がすべてなくなっても――男らしさや女らしさは残る。

性別移行はどんな方法であれ、とても難しい。それでも、まさしくそこがトランスジェンダーの身分証明が行き着く先なのだ。なんといっても、仲間からあまりにも多く疑いの目を向けられ、無言で「証明して」と促されるまえに自分は〝トランスジェンダー〟だと主張できるのだから。

たとえ人工的にトランスジェンダー・アイデンティティを得たとしても、異なる性別の身体をしているという根本的な苦痛はなくならない。性別違和に苦しむ人々は永遠にみずからの身体に違和感を覚えつづける。あらゆる身体的な執着を満たす治療や手術がある。原因となっている不調は身体的なものでも目に見えるものでもなく、精神的なあいまいなものであり、治療という名の医療的手段に自然な終わりはない。苦しみと同じく、治療も続くのだ。

リュープリン：思春期の〝一時停止ボタン〟になった化学的去勢

〝キャサリン・ケイヴ〟を憶《おぼ》えているだろうか？　十二歳のとき、学校のプレゼンテーションのあと〝トランスジェンダー〟だとカミングアウトした少女の母親で――ほかにどうすればいいかわからず――娘をジェンダー・クリニックに連れていった。カウンセラーが重要な第一のステップとして最初に勧めてきたのが、〝思春期ブロッカー〟を投与することだった。

思春期は急激な変化が起こる。あなたの子供がほんとうにトランス男性になりたいなら、胸やお尻《しり》の発達や月経を経験する必要があるだろうか？　ジェンダー問題の医師は思春期を開始時（通常は八歳から十三歳）に止めるのは中立的な介入、すなわち〝一時停止ボタン〟[*3]だと主張したがる。思春期ブロッカーの投与をやめれば、正常な思春期がはじまるのだからと。卵子の凍結のように、思春期の遮断はまだ少女の意思が決まらないあいだ、たんに自然な成長を止めておくだけだと言われている。

リュープリンはかつて性犯罪者の化学的去勢に使用されていた[*4]お決まりの思春期ブロッカーで、思春期早発症を止める薬としてアメリカ食品医薬品局〔FDA〕に承認されている。もし四歳の娘の胸が自然にふくらんできたら、リュープリンは下垂体の一部の働きを抑え、娘の頭と友人たちの成長が追いつくまで第二次性徴の進行を遅くする。

アメリカ食品医薬品局が承認していないのは、誰に対しても――トランスジェンダーを自認していても、していなくても――正常な思春期を止めるために使用することだ。一般的に、医師は未成年者の主張だけで健康な内分泌の徴候を止めたがらず、性別違和には目に見える診断基準がない。またリュープリンがそうした子供たちに安全であることを示す信頼に足る調査結果もない。入手できる調査結果には〝低い信頼性〟の証拠や、それに類似した警告が記されたものしかない。それにもかかわらず、内分泌科医はこの十年で急増している性別違和の未成年者に〝適用外〟でリュープリンを投与しつづけている。

だが、リュープリンはほんとうに中立的で危険性が低い医療介入なのだろうか？　あなたは十五歳の少女だ。それなのに、ほかの友人たちと違って、陰毛が生えていない。月経もない。胸もふくらんでいない。オーガズムを経験したことがない。サイズと機能について言えば、陰部は思春期まえの少女と同じ。これが中立的な医療介入だろうか？

身長や体重の成長を阻害する薬を心理学的に中立な医療介入とは呼ばない――実際に違うからだ。高校のあいだずっと成長不良で、はるかに年下の少女のサイズのままで過ごすのは、控えめにいっても精神的な負担になる。しかも成長ホルモンによる身長の変化より思春期の数年間で受けるホルモンの影響のほうが間違いなくはるかに大きく、それでわたしたちの身体は性的に成熟した大人になる。

テストステロンのような性ホルモンの標的は生殖器官だけではない。脳にも降り注ぐ。思春期の神経の発達に性ホルモンが関係していると考えられるのももっともな理由があるのだ。[*5] それなのに、そのホルモンを遮断する薬をどうして医師が気前よく処方するのだろうか？

「この分野全体が政治問題化しているからでしょう」心理療法士マーカス・エヴァンズは言った。エヴァンズはトランスジェンダーを自認する子供たちの治療において慎重な計画がなされていないとして、イギリスのタヴィストック＆ポートマンNHS財団トラストのジェンダー・クリニックを辞めた。「第一に、薬、思春期ブロッカーについて、彼らは中立的な行動だと言っています。いったい、なんの話をしているのか。ひとりの人間の生物学的な成長を思いきり妨げようとしているのに」エヴァンズはスカイプでそう話した。「やるなとは言いません……でも、中立的な行ないだと言うのは違う……少女はもう同級生と一緒ではありません」

たとえ同級生がこのうえなく思いやりがあり支えになってくれても、思春期ブロッカーを投与された少女は自分が普通でないことに鋭く気づくだろう。自分と同じ年齢の少女たちには胸や腋《わき》毛《げ》があり、月経の処置に苦労し、性の目覚めを匂わせることを口にしている――自分がほとんど知らないことばかりを。少女はそれまで以上に――それまで以下ではなく――女性というものに疎外感を覚えるに違いない。内分泌的に、同級生のチームからはずれたあとは。

その後、臨床試験で思春期ブロッカーを投与した子供の一〇〇パーセントがクロスホルモン投与に進んだのはまったく意外ではない。[*6] 医療介入が行なわれなかった場合、約七〇パーセントの子供が自力で性別違和から脱することを考えると、驚異的な数字だ。[*7] 〝中立〟どころか、精神的な影響はとても大きい。

正常な骨密度の成長抑制と骨粗鬆症《そしょう》のリスク増大、性機能不全、脳の発達阻害、そしておそらくは知能指数の抑制、どれも思春期ブロッカーにともなうリスクだ。[*8] 性別違和で思春期ブロッカーを投与された子供たちに関する長期にわたる信頼できる調査がないため、各リスクの程度や確率は推測でしかない。わかっているのは、子供たちが思春期ブロッカーからクロスホルモン投与にそのまま移行すれば、そうしたリスクが劇的に増大することだ。その場合、不妊になるのはほぼ間違いない――性的な発達とオーガズムの可能性も永遠に失われるかもしれない。[*9]

思春期の子供たちと大人の内分泌科医であるウィリアム・マローンは、アメリカでもっとも率直に未成年者への思春期ブロッカーとクロスホルモンの投与を批判している人物のひとりだ。観察に基づいた医療の正当性なしに下垂体の機能を抑制するリスクはとても恐ろしいと、マローン医師は語った。「一定の期間を過ぎると、基本的には機能が〝眠りにつき〟、ある時点でもう目覚めなくなるでしょう」

これが通常の治療プログラムからどれほど逸脱しているかを記すのは意味があるだろう。十代の子供に対する医療措置では、通常は医師が目に見える医療的な問題を救ったり治したり軽減したりするときに親の同意を得る。[*10] だが、トランスジェンダーの治療においてのみ、正常で健康な生物学的機能を阻害する医療介入に――本来は下垂体腫瘍《しゅよう》で引き起こされる〝病気の状態〟にすることに――子供が自己申告した精神的苦痛だけをもとにして、親が同意することを認めている。

性別違和について真剣に考える：クロスホルモン

アーサー王伝説であれば、こう言うだろう。自己決定はすべての若い女性が何よりも好み求めるものであり、テストステロンはそれを得るのに悪い方法ではない。テストステロンは不安を抑え、抑うつした気持ちを引きあげさえする。[*11] 若い女性は大胆になり、心配がなくなる。人付きあいが苦手な人にとって、テストステロンが与える自由は奇跡に等しい。

もちろん短期の記憶力が減退し、むら気やいらだちが増すかもしれないが、それは自分ではない誰かの問題だ。わたしは無礼でけんか腰だったろうか？　申し訳ない。でも、わたし自身はとても気分がいい。

そして全少女の敵、あのいやな鏡の問題がある。テストステロンは少女に戸惑いを与えていた場所――腿《もも》、腰、尻――すべてから、若い女性らしい脂肪をとる。ネット上で身体について嘲笑《ちょうしょう》される残酷な見世物はもう関係ない。少年の写真をじろじろ見て、腿のすき間や小さな胸やカッテージチーズのような肌を探す人は誰もいない。注射を打って最初の数週間で身体や顔に毛が生えはじめると、これまで自分は笑われるために身体を差し出してきたのだと明らかになる。いま、彼女は少年側に立ったのだ。

テストステロンにはジェルやパッチなどさまざまな種類がある。だが、斬新なものにしたいなら、自分で打つ筋肉注射もある。これで大声の伝令ステントール〔古代ギリシャの叙事詩『イリアス』の登場人物〕のように、母親とはまったく違うと世界中に宣言できる。あなたはもう少女でさえない。ぐずぐずもしていない。

ＹｏｕＴｕｂｅには〝テストステロンの打ち方〟についての動画が六千本以上あり、たやすく証言が見つかる。トランスジェンダーを自認する少女にとって、Ｔ（テストステロン）は麻薬のようなものなのだ。Ｔの投与を開始してまもなく、幸福感に襲われて友人すべてに――いや、世界中に――どんなにすばらしいものか話したくて仕方なくなる。

二〇〇七年、アメリカのジェンダー・クリニックは一カ所だった。現在はゆうに五十カ所を超えている。全米家族計画連盟《プランド・ペアレントフッド》、カイザー、メイヨーもすべてテストステロンを投与している。その多くが最初の診察で〝インフォームド・コンセント〟に基づいて。紹介状もセラピーも必要ない。医療で同意できる年齢は州によって違う。オレゴン州では十五歳から同意できる。

ヘレナという若い女性は高校の最終学年のときに母親に〝トランスジェンダー〟だとカミングアウトしたあと、Ｔをはじめるのが待ち遠しかったと語った。「だから両親に外泊するといって車でシカゴまでいったんです」〝インフォームド・コンセント〟だけでテストステロンを投与するクリニックでいちばん近かったからだ。その日、ヘレナはセラピストの診療記録もなく、テストステロンを投与されてクリニックをあとにした。

たしかに、クリニックは危険について情報を与えた（ヘレナが苦しむことになる痛みをともなう膣《ちつ》の萎縮《いしゅく》は教えられなかったが）。だが、患者に危険の度合いが判断できるだろうか？　誰かがその用紙を読みあげただろうか？　どちらにしても、大半の思春期のトランスジェンダーは喜んで承諾しただろうが。

YouTubeのインフルエンサー、チェイス・ロスはこう話した。「危険だと考える人もいます。心臓と血管によくないし、心臓発作とかさまざまなリスクがある。でも、頭に入れておくべきなのは、いまわたしが心血管疾患などに対して抱えているリスクは男性のそれと同程度だということです」テストステロンは心血管疾患に対して生まれながらに負うはずだった——正しい身体だったら負うはずだった——レベルまで危険度を引きあげただけだと、チェイスは考えているのだ。

言い方を変えれば、健康リスクも特典のひとつであり、ギャングの一員であることを印象づけるタトゥーのようなものだ。男になりたいのなら、男のように強くたくましくなければいけないし、心臓発作*12も起こしやすくなければいけない。

喜びについて言えば、長く待つ必要はない。数カ月もすれば、身体や顔に毛が生えてくる。下腹部からその下まで体毛がつながって道ができる。腿と腰と尻から肉が落ちる。テストステロンのせいで頭が〝ぼうっと〟して——テストステロンを投与した女性がひとりならず、そう話していた——そもそもテストステロンを使うことにした決断を評価できなくなる。だが、頭の鋭さがなくなった代わりに気分が高揚し、納得できる無頓着《むとんちゃく》さが出てきた。初めて感じた強がりや、力強さが湧いてくる。心が揺れた不安やあなたを縛っていた憂うつはやわらぎ、寛大になって消えていく。

この流行に夢中になった少女たちの多くは無意識のうちに自分で治療を行なっているのかもしれない。彼女たちはこの苦しみを〝性別違和〟と呼んでいる。だが、彼女たちが治療しているのは不安症とうつ病なのだ。大半がどちらか、あるいは両方と戦っている。

Tを投与しつづけて数カ月たつと、少女の声はかすれはじめる。ニキビができる。男性型脱毛症になる場合もある。鼻は丸く、あごは四角く、筋肉はたくましくなる。神経性無食欲症の人がやせていく姿を見つめていたように、彼女はこの変化を鏡で観察する。だが、無食欲症と違い、彼女は次第に強くなっていく。それを実感する。とても小柄な男のように見えはじめ、あごひげが生えて大人の男のようになる。性衝動が強くなる。クリトリスまで大きくなりはじめる。ベビーキャロットくらいまで育つかもしれない。

だが、新しい性的興奮は自慰だけに限られるかもしれない。テストステロンの大きな副作用のひとつは膣萎縮——乾燥、裂け、縮みだ。性交は痛みをともなうようになる。性別移行中の若い女性は身体の劇的な変化に意識が過剰になり、性的なパートナーのまえで服を脱ぐのはもちろん、自分からアプローチするのも怖くなることが多い。*13 少女たちがどんな幸福を追いかけているにせよ、身体の触れあいができなくては難しい。

何よりもわくわくするのは偽装できることかもしれない。自分をふったあの男の子を憶えてる？　無分別に裸の自撮り写真を撮って、彼の数百人の親友にばらまかれたことを。中学校で馬鹿なことをして、すべてを画像に撮られて仲間に拡散されたことを。仲間はずれにされて、自分以外の全員で楽しんだのをネットで延々と見せつけられて苦しんだことを。いたずらで写真を修整されて、みんなに見られたことを。自分をからかった手と、食い物にされた心。

でも、これからは笑いものになるのは向こうだ。いやな気分になるのは終わった。みんなが見ても——それはもう自分ではない。

テストステロン：危険性

チェイス・ロスが語ったことは正しくない。テストステロンを投与しつづけた九年間はロスに生物学上の男性の心血管の弱さ以上の影響を与えたかもしれない。じつは、ロスの心血管疾患のリスクは男性よりはるかに大きくなった可能性がある。*14

テストステロンは血液を濃くする。トランスジェンダーを自認する女性は希望する身体の変化を起こすために、通常の十倍から四十倍のテストステロンを投与される。*15 この量のテストステロンを投与された生物学上の女性が心臓発作を起こす危険性は通常の女性の五倍近く、男性の二・五倍だという指摘がある。*16

テストステロンが投与される量は患者が希望する外観に左右されるので——身体の病気を緩和するためではなく——医療の方針ではなく美的価値観によって導かれる。テストステロンは一般的には〝性別違和〟の治療法として正当化されているが、投与する内分泌科医は患者の性別違和の状態さえほとんど評価しない。内分泌科医が検査するのは血液で、テストステロンの値が男性の正常な範囲に収まるようにしているのだ。

そうなると内分泌科医は（しばしばナース・プラクティショナー〔一定の医療行為を行なえる資格を持った看護師〕も）治療を目指す医療従事者ではなく、患者の満足を目指す美容師のような立場になる。トランスジェンダー医療の指針はその点についてかなり率直に記している。サンフランシスコにあるカリフォルニア大学トランスジェンダー・ヘルス中核研究センターが発表した『トランスジェンダー及びジェンダー・ノンバイナリーの人々に対する基本的ジェンダー肯定ケアの指針』は明白にこう述べている。〝男性ホルモン療法の目標は男性第二次性徴の発達と、女性第二次性徴の抑止または最小限化である〟[17]

性別違和の軽減はテストステロン投与が正当化される理由とされているものの、Tを投与する医師はトランスジェンダーを自認する患者が求める外見を与えることほど、〝性別違和〟の治療に関心がない。毛が生え、血液検査でテストステロンの値が男性と同程度であるかぎり、テストステロンの投与量は問題にならず、変更もありそうにない。

男性ホルモン投与後まもなく、永久的な変化が起こる。生物学上の少女が決断を後悔してテストステロン投与を中止しても、大きくなった身体や顔に生えた毛は残り、肥大したクリトリスと低くなった声、おそらく男っぽくなった顔の造作さえ変わらないだろう。性別移行の効果を完全に残すためには大量のテストステロン投与を継続する必要があるが、そのいっぽうでテストステロンを除去しても思春期はもとには戻らない。

また、テストステロンは苦痛や不都合もともなう。膣萎縮が問題なのはこれまで述べてきた。そのほかに筋肉痛、子宮内膜症による痛みをともなう痙攣《けいれん》、発汗の増加、むら気、攻撃性などがある。長期間の影響としては糖尿病、脳卒中、血栓、がん、そして前述どおり心臓疾患の危険性が高くなる。全般的に死亡リスクが高くなるのだ。

最後に、この世の中の患者が誰ひとりとして薬を正確な量で時間どおりに服用していないという事実から引き起こされる避けがたい危険がある。ある時期になるとTを処方されている少女は予定より一日あるいは二日遅れて注射をすることがある。

子宮内膜の成長は早く、下垂体により管理されているが、テストステロンが投与されていない女性の場合、その子宮内膜は胎盤のために成長を止めるか、月経時に排出されるように指示されるか、いずれかになる。テストステロンはこの指示を遮断し、女性の月経を止める働きがあるのだ。そのため彼女が時間どおりにテストステロンを服用するのを忘れると、卵巣はとつぜん子宮内膜を増殖させるよう刺激する。これで細胞が変質し、子宮内膜がんになる危険性が高くなる。

このように子宮がんの危険性が疑われるため、女性は五年間テストステロン投与を続けると、しばしば医師の勧めもあって、その多くが予防措置として子宮と卵巣の摘出手術を考える。[*18] リュープリンを経由しても、すぐにTを投与しても、この話の結末は不妊になる。こうした若い女性たちは新たに出発できることを見込んでアイデンティティと名前と身体を賭《か》けるが、テストステロンがルンペルシュティルツヒェン〔グリム童話に出てくる小人。王妃が小人の名前を言いあてられなければ最初に生まれた子供を奪うという取り決めをした〕のようにやってきて生殖能力を奪おうとするのだ。

こうしたリスクと口にはできない犠牲を払った結果、せめて性別違和はなくなっただろうか？ じつは医療的性別移行後に性別違和や自殺願望が減少したことを示す、信頼性の高い長期の調査結果はない。[*19] また、テストステロン投与により、若い女性の性別違和が増すことも少なくない。たとえ男らしい声、体毛、四角いあご、丸い鼻、あごひげを手に入れても、男性そのものには見えないからだ。なんといっても、まだ乳房があるのだから。

彼女はおそらく何カ月あるいは何年もコンプレッション・スリーブ〔タイトで伸縮性のある素材の身体に装着するバンド。圧力がかかるよう設計されている〕のようなブレストバインダーで胸を締めつけて平らにしてきたのだろう。ブレストバインダーは着け心地が悪く、それ自体の危険性も長期の解決策ではない。いずれ、男性用の海水パンツをはいて海に行きたくなるかもしれない。ブレストバインダーは永遠に損ない[21]、胸はしぼんだ風船のようにぺったんこでしわくちゃになる。締めつけることで皮膚組織をある。背中や肩や胸の痛み、息切れ、あざ、肋骨《ろっこつ》の骨折などだ。[20]

“トップ手術”

アメリカでもっとも有名なジェンダー専門小児科医ジョアンナ・オルソン＝ケネディ博士を取りあげた、トランスジェンダー自認の思春期の子供をもつ親には悪名高い動画がある。ロサンゼルス小児病院トランスユース健康発育センターは同種の病院ではアメリカ最大の施設であり、同センター医療ディレクターであるオルソン＝ケネディ博士は子供と思春期の若者に対する早期の医療的性別移行を支持していることで、アメリカでもっとも知られている。

カメラは母親のハンドバッグに半分隠れているような妙な角度で撮っているが、それでもオルソン＝ケネディ博士だとわかる。ブロンドの髪を雑に束ねてゆるく結いあげている。伸縮性のある服――迷彩グリーンのシャツに黒いパンツ――はパジャマだと言ってもとおりそうだ。トランスジェンダーの若者に対する治療結果を研究するためにアメリカ国立衛生研究所から五百七十万ドルの助成金を受けた医師というより、期末試験のための勉強をしている女子学生に見える。[22]威勢がいいアルトでラップのように話す様子はかっこよくて、おもしろくて、安心感がある。話す内容は火災報知器のようにぞっとするけれど。「わたしたちにわかっていることは、思春期の子供たちには理にかなった論理的な決定をくだす能力があるということです」オルソン＝ケネディ博士はそう話す。「それに、胸の手術の件もありますね。またあとで乳房が欲しくなったら、手に入れればいいの[*23]」

驚くべき発言であり、このような少女をもつ親たちはぞっとするようなイデオロギーに直面していることを確認するために、この動画をお互いに送りあった。少女に両乳房の切除手術を勧めるなんて、医師がそんな軽率であっていいものだろうか？　まだ十三歳の少女にトップ手術を勧めるつもりの人は――オルソン＝ケネディ博士のように[*24]――責任についてもっと真剣に考えるべきだ（そう、カリフォルニアでは十三歳の少女が〝トップ手術〟を受けられる[*25]）。たとえ最終的には手術を勧めるのだとしても、患者がどれだけ多くを失うのか医師はわかっているのだろうか？

この問いかけに対するオルソン＝ケネディ博士の返事は本章の最後に記す。いまは本書のために調査するまで、オルソン＝ケネディ博士の言葉は多かれ少なかれ正しいのだと思っていたとだけ記せばじゅうぶんだろう。乳房は付けられるし、取れるし、また付けられる。ほんとうに可能なのだろうか？

形成外科医パトリック・ラパート博士によれば、答えは断固としてノーだ。「男らしくした鼻はもとに戻せます。男らしくしたあごも戻せます。男らしくした髪の生え際も戻せます。でも、乳房はもとには戻せない。できるのは新しいふくらみをつくることですが、それは乳房ではない。乳房のように見える、胸にのった塊です」

乳房は脂肪組織の塊ではなく、一連の繊維腺《せん》構造がおおよその四分円に分かれている。四分円のなかには多くの小葉があり、管でつながっている。乳房全体の構造は貯水タンクのようで、乳汁が管をとおって乳頭から出る。乳頭は性感帯の役割も果たし、脳を興奮させる。

生物学的な能力――この場合は性感帯と乳汁の分泌――のある健康な器官とよく似た肉の塊の違いはヒポクラテスの誓いに縛られている医師にはとても重要だった。このふたつは素人《しろうと》には取りかえが利くように見えるかもしれない。だが、ラパート博士によれば、たんなる美意識のために生物学的な能力を除去するのは間違っており――ほぼすべての医学の分野で――厳しく禁じられているという。

「生来の能力を完全に捨てさるのは、青い目になりたい人がいたら、最善の方法は目をえぐりとってガラスの青い目をはめればいいと決めることです。青い目は入っても、見えていない。能力を奪われてしまったのですから」ラパート博士は言った。「これは極端な例かもしれませんが、美容に関する変化について話しているのですから、教育的な例だと思います」この手の破壊に関わった医師がいたら、ラパート博士は決して言いわけを許さないだろう。

だが、形成外科はいつもその手のことをやっていると言いかえす人がいるかもしれない。美学や美容目的で手術を行なって危険を冒していると。しかしながら、ラパート博士によれば、美容整形でさえも専門家としての倫理的限界はあるらしい。

「人間の機能を台なしにしても倫理的に受け入れられると思われる美容整形手術はありません。ぜったいに。同僚がたくさんいる部屋のまえで『なあ、聞いてくれ。この患者の鼻をよくするつもりだが、嗅覚《きゆうかく》がなくなるんだ』とか、『この少年の見た目をよくするんだが、聞こえなくなるんだ』などと公表できる美容整形手術はありません。きっと『医師免許を見せてくれ』と言われるでしょう。でも思春期の少女は男の子の外見になるために、母乳をあげられる機能をあきらめて、それが倫理的に正しいとされている。とても信じられない」

しかしながら、多くの形成外科医はラパート博士に賛成ではないらしい。トップ手術は男性だと自認する生まれながらの女性に、とても人気のある方法なのだ。わたしは〝トップ手術〟で有名なトロントのヒュー・マクリーン医師と話した。マクリーン医師は一九九九年に患者から初めて依頼があって以来、生物学上の女性に男性になるための乳房切除をつづけている。

「いちばんうれしいのは、みんなの笑顔を見たときでしょうね」マクリーン医師は言った。「どうしても手術を受けたいという患者たちがいるのはご存じでしょう。患者さんたちの望ましい結果や、幸せや、安寧がうれしいのだと思います」マクリーン医師は個人として合計「千件以上」のトップ手術を行ない、十六歳の患者にも行なったと話した。

マクリーン医師は本気で患者にすばらしいことをしていると思っていた。あまりにもすばらしくて、開業している病院のＩｎｓｔａｇｒａｍのアカウントにトップ手術をした医師仲間がサンタクロースの帽子をかぶり、〝乳房組織〟というラベルを貼ってあるふたつの白いバットを持った写真を載せていた――見るからに、患者から切除したばかりの組織だ。クリスマスのお祝いとして、一度にふたつの乳房切除を行なったらしい。

支持者によると、こうした手術だけが患者を性別違和から救える有効な方法らしい。若い女性たちに〝男になる〟機会を――少なくとも、男に見えると確信をいだける機会を――与えなければ、患者たちは悲しみに負けてしまう。

興味深いことに、マクリーン医師もほかのトップ手術を行なう外科医たちも、男だと自認すらしていない生まれながらの女性にも男になるための両乳房切除手術をしていた。〝ノンバイナリー〟を自称する人々にも手術をしたのだ。

ちょっと待って。わたしは話を戻した。手術の目的は女性を男性だと思わせることじゃないの？　女性の乳房を切除して、男でも女でもない人に変えるのにどんな正当性があるのだろう？

「わたしはずいぶんまえにこの件を完全に理解しようとするのをやめました」マクリーン医師は認めた。「理解するより、これが患者なのだ、この人は自分についてこんなふうに感じているのだと受け入れることが大切だし、患者さんたちはこんなふうに感じていると理解される必要があるのです」

いったい、どんなふうに感じているのだろう？　でも、こんな強烈な医療介入を行なうのだから、少女はほんとうに正真正銘の性別違和をかかえているとセラピストの裏付けがあるのではないのか？　たんに神経衰弱の少女にトップ手術は行なわないだろう。

マクリーン医師のようなトップ手術を行なう外科医たちはセラピストの紹介を必要としない。患者はもっと少年らしく（あるいは〝ノンバイナリーらしく〟）見えるようになりたいという気持ちに基づいて手術を許可される。マクリーン医師のウェブサイトにはこうある。〝わたしたちにとって、診断は医師ではなく患者さんが行なうものです。胸を大きくしたいと思う患者さんが自分の胸は小さすぎると診断をくだすように〟

それでも、自分の性別違和を誤診する少女だっているに違いない。なんといっても、医師ではないのだから。前述したように、マクリーン医師の患者にはまだ十六歳の少女もいる。「患者の依頼を断ったことはありますか？」わたしは尋ねた。「はい。でも珍しすぎて具体的な例を思い出せません」

〝トップ手術〟には大きく分けてふたつの方法がある。ひとつは乳頭の感覚は犠牲になるが好きな場所に人工乳頭を置ける（完全に本物に見えるわけではないが）。もうひとつは乳頭の外観と感覚は温存できるが、場所は必ずしも希望どおりにはならない。どちらの方法も乳房があった場所のすぐ下に、胸を横切る傷が残る。多くの少女たちにとって、その傷自体が一種の聖痕《せいこん》であり、事情を知っている人々に自分は男に見えるが、生まれたときは違ったという合図を送っているのだ。男性として通用するより〝トランスジェンダー〟チームの一員になることのほうが重要に見えることが少なくない。

手術の結果はさまざまだ。大半の男性より小さな身体ではあるが、かなり見事に男らしい胸ができあがる場合もある。患者が上半身の筋肉を鍛えて大きくすれば、期待した効果はさらに得やすい。だが、あまり魅力的な結果にならない場合も多く、たいていは少年のたるんだ胸になる。また手術には感染、漿液腫《しょうえきしゅ》（皮膚の下に体液がたまったもの）、痛み、出血、毛細管出血、皮膚移植、そして調理済みのハンバーガー用の肉みたいな乳頭になるといったリスクがある。

思春期の少女の場合、トップ手術が性別違和を軽減することもある――とりあえず、短期的には。わたしは子供時代に母親から性的虐待を受けていたエリンという女性と話した。エリンは性別移行は後悔しているものの、両乳房切除はまったく悔いていないと言う。胸のせいであまりにもつらい思いをしたので、ないほうがずっと気が楽なのだ。

それでも、のちにトランスジェンダーだと自認したのは間違いだったと結論づけると、両乳房切除への対処は簡単ではなくなったという。「わたしには乳首がないんです」エリンは言った。「見た目だけ乳首に似ている大きな瘢痕《はんこん》はあるけど。テストステロンを投与していないから、まだ胸から分泌液が出るんですけど、ときどき出きらないときがあって、それが不快です」

エリンは失ってしまった性的機能についても残念に思っていた。「なんだか感覚が鈍くて、とにかく違うんです。性的な意味で。身体の関係を持つとき、その部分が好きだったのに、いまはもうそうじゃない」

本書を執筆する際、男のような胸にした思春期の少女たちの画像を数十枚見た。インターネットのそこらじゅうに貼りつけられているものだ。なかには結果が思わしくないものもあった。わたしはそこで気づいたことについて、ラパート博士に書き送った。お尻だ。若い女性の乳房を切除したら、お尻はなおさら目立つ。これをトランスジェンダー用語に翻訳すれば、トップ手術後、女性は〝ますます違和感が大きくならないか?〟ということだ。ラパート博士から返事があった。「お尻が大きい少女が大きな胸をとったら、バランスが悪く見えるでしょう。小さなお尻で、小さな胸の細身な人だと、印象はあまり大きく変わらないでしょうが」

心配無用。わたしは形成外科に問いあわせをした。お尻に違和感をいだいても、対処できる手術がある。

〝ボトム手術〟:陰茎形成術《ファロプラスティ》と陰核陰茎形成術《メトイディオプラスティ》

FtM〔女性から男性への意。男性として生きたいと考える生物学上の女性〕トランスジェンダーで〝ボトム手術〟を望む人は比較的少ない──おそらく、いいことだろう。わたしは陰茎形成術《ファロプラスティ》の失敗に苦しみ、悪夢のような生涯を送らざるを得なくなったトランスジェンダー自認の人々(あるいは、そういう友人がいるという人)から、いやというほど話を聞いた。二〇一五年のアメリカのトランスジェンダー調査によると、〝トランス男性〟を自認する生物学上の女性の三六パーセントがトップ手術を受け、六一パーセントが希望しているのに対し、陰茎形成術《ファロプラスティ》を受けた人はわずか三パーセント、希望している人でさえ一三パーセントしかいなかった[*26]。陰核陰茎形成術《メトイディオプラスティ》——もうひとつの〝ボトム手術〟——はもう少し簡単な方法だ。クリトリスを小さなペニスに似たぶらさがるものに形成する。硬くなったり挿入したりすることは考えられていないものの、クリトリスに尿道を通せるので、小さなペニスのように排尿できる（すべてがうまくいったと想定して）。

陰茎形成《ファロプラスティ》、すなわちペニスの形成は気弱な人には向かない。陰茎幹と尿管をつくるために、外科医は身体から皮弁をとらなければならず、たいていは上腕からとる（皮膚、脂肪、神経、血管をはがす）。それから移植先で感覚を戻すために神経をつながなければならない。

世界一の外科医が手術をすれば、見事な結果になると聞く。だが、大半の外科医は世界一とかけ離れている。とても頻繁に、まさにきょうも、この手術で合併症が起こっているのだ。

ペニスのような皮弁をうまく移植するのは決して簡単ではない。排尿の機能、ましてや陰茎が硬くなる機能をつくるのはとても難題だ。挿入できるほど硬くするのは、さらに難しい。勃起《ぼっき》に似た効果をつくりだすために移植した陰茎にインプラントを挿入するために次の手術が必要になる。

新しい付属物に血が流れるようにすべての血管と大動脈をつなぐだけでも、時計職人の親方が真っ青になるほどの顕微鏡手術の技が必要になる。ミニチュアの部品を巧みにつなぎあわせるようなものだ。新しい陰茎《ネオファルス》に血液を届ける橈骨《とうこつ》動脈は顕微鏡下で頭髪の四分の一の太さの縫合糸を使って股間《こかん》の動脈につなぐ。そして股間に直接血液を流すために、橈骨動脈に沿っている血管にも同様につながなければならない。

血管の内側がわずかに傷ついていても血小板は粘着するので、血栓ができるのは珍しくない。血栓ができると移植がうまくいかず、開いた傷口が炎症のせいで縫合できない。*27 新しく形成された尿道にもリスクがある。尿が内側で漏れ、それが外の世界へと出るのだ。内部で尿が漏れると瘢痕《はんこん》組織ができて狭窄《きょうさく》となり、結果として尿が流れずにしぶきになって広がる。また、上腕の皮膚をとった部分にもリスクがある——皮膚をはいだせいで、ひどく醜い跡が残ることがある。

ある大人のFtMトランスジェンダーは、十九歳の友人が陰茎形成術《ファロプラスティ》を受けたが壊疽《えそ》になり、陰茎を失ったと語った。その友人は男性としても女性としても正常な性器を奪われ——カテーテルをつながれ、脚にくくりつけたバッグに導尿している。

ブレイクはティーンエイジャーのときは性別移行していなかった——だが、ボトム手術の失敗について、ひとつやふたつは話を耳にしていた。ブレイクは四十代の成功したセールスウーマンであり得意先担当《アカウント・エグゼクティブ》で、レズビアンとして生きてきて、五年まえに女性と離婚したばかりだった。そして、性別移行を決断した。

ブレイクはテストステロンの投与をはじめ、とても気に入った。「わたしはずっとうつ病と不安症に苦しんできました。テストステロンはそれをふりはらってくれた。理由はわかりません。でも、わたしにとってテストステロンは最高でした」うつ状態を急に抑制できるようになり、ブレイクは乳房と子宮を切除した（子宮切除は最初のときに外科医が膀胱《ぼうこう》を傷つけてしまったので、手術を二度受けた）。ブレイクは陰核陰茎形成術《メトイディオプラスティ》のひとつであるセンチュリオンを受け、結果に満足した。だが、男性として膣性交するには挿入が必要になる。つまり、陰茎形成術《ファロプラスティ》だ。

現在のトランスジェンダー医療の不安点のひとつは、医師が患者やトランスジェンダー活動家の要求に軽率に応《こた》えようとするあまり、治療の標準が低下していることだ。二〇一二年、世界トランスジェンダー・ヘルス専門家協会（WPATH）は未成年でも〝インフォームド・コンセント〟に基づいてホルモン治療を受けられるように標準を変更した。つまり、性別違和という診断もセラピストの診断記録も必要ないという意味だ。[*28] 形成外科医はジェンダー手術を引き受けているが、技術はない。アメリカのある主要病院の著名な外科医はジェンダー手術はとても儲《もう》かり、自分が勤める病院もジェンダー手術をする医師を雇っているが、見たところその手術ができる腕はないと語った。顕微鏡手術の学会の特別研究員ではなく、末梢神経を移植する技術はない。つまり、非常に複雑な手術を高度な段階で成功させるのに必要な技術レベルに達していないということだ。

ブレイクが受けた陰茎形成術《ファロプラスティ》は大失敗だった。埋めこんだウレタンが狭窄を起こし、傷を治すために尿を排出する恥骨上カテーテルを入れる追加の手術が必要になった。そして、その恥骨上カテーテルが敗血症を起こした。また、血栓――陰茎形成術《ファロプラスティ》の一般的なリスク――が肺塞栓《そくせん》症を引き起こし、ブレイクは死にかけた。医師団によって命は救われたが、ひどい痛みが残った。

皮膚を切りとった上腕はひどい状態になり、物を持ちあげられず、風が吹いても激しい痛みが走った。「腕には一生治らない障害が残りました」ブレイクは言った。「物が持てないんです。フォークさえ」

敗血症は尿道で起こった。腕から移植した皮弁に体内で毛が生えたのだ。「あごひげや脚に生えた毛が千倍に増えたところを想像してください」尿道は機能しなかった。ブレイクはすわって排尿しなければならなかった。「何もできない大きな土手があるだけです」

ブレイクは怒りを抱えて生きている。その怒りの大半は外科医に対するものだが、性別移行という考えについて嘘にも等しいごまかしをしてきた社会にも憤っていた。セラピストでさえ性別移行を促したと、ブレイクは話す。陰茎形成術《ファロプラスティ》に失敗したあと、ブレイクはセラピストに問題を突きつけた。だが、セラピストはブレイクはあるべき姿であるトランスジェンダーになったのだから、後悔する理由はないと考えているようだった。

「若い人たちについて恐れているのはそこなんです。最近のニュースで（性別移行が）美化されているのが怖い。とても簡単で、たいしたことじゃないかのように言われているでしょう」ブレイクは言った。「でも、とても大きなことなんです。四十二歳のわたしが簡単に考えていたのなら、若者たちがどうやってそんな誘惑に勝てますか？ それがとても怖い。わたしにとって性別移行は簡単だったか？ いや、簡単ではなかった」

もちろん、陰茎形成術《ファロプラスティ》が成功する場合もある。しかしながら手術はとても難しく、うまくいかないことが多々ある。緊急性のない選択的手術に関しては、決して軽々しく決めてはいけない。わたしは医師ではない。けれども形成外科医や陰茎形成術《ファロプラスティ》を受けた患者からぞっとする話をいくつも聞いて確信した。陰茎形成術《ファロプラスティ》をしなくても性別違和を軽減できる方法がこの世にあるなら、その方法を選ぶほうがいいだろう。

どうして、こんなことになったのか

テストステロンはアメリカでスケジュールⅢに分類される規制薬物で、長期にわたる健康被害のリスクが大きい。またトップ手術は緊急性のない選択的手術で生物学的能力を損ない、陰茎形成術《ファロプラスティ》は重大なリスクが多い。それにもかかわらず、この十年、医師とクリニックはセラピストの診療記録なしに、こうしたジェンダー治療を施しはじめている。なぜなのか？

答えのひとつは二〇一〇年制定のアフォーダブル・ケア法〔オバマケアとも呼ばれる、オバマ大統領（当時）が推進した医療保険制度改革法〕にある。健康保険会社に性的指向と性自認による差別を禁止したことで、間接的にホルモン療法と手術に健康保険を適用することを義務づけたのだ。つまり、保険会社が非トランスジェンダーのホルモン療法（避妊など）を保険適用するなら、トランスジェンダーの高価なクロスホルモンにも適用しなければならない。また、保険会社が誰に対しても乳房切除手術に保険を適用するなら、性別違和の治療のための両乳房切除にも適用されなければならない。差別禁止法がそれを求めているのだ。[29]

突然、高価なホルモン療法や手術が患者にとって無料あるいは最低限の費用になった。医療的性別移行で女性になり、いまはもとに戻った男性〝ジェイド〟はこう指摘した。「（ホルモン療法や手術の）費用を隠せば、そうした治療が実際より簡単で安全に見えます」ジェイドは自分はトランスジェンダーだと信じ、大学を卒業して数年以内にクロスホルモンを投与し、睾丸《こうがん》摘出手術を受けたことをいま心から後悔している。「とても高価だったら、いったん立ち止まって、どれだけ重要なことなのか理解するでしょう。でも無料だと、『ええ、やりますよ』みたいな感じです」

現在、オレゴン州などの一部の州では低収入の患者のホルモン治療や手術がメディケイドの対象となっている。[30] ホームレスや問題を抱えて家庭から逃げた思春期の子供たちも資格があり、高価な手術や治療を受けられる。そうなれば、治療や手術を希望するのは自然ななりゆきだ。驚くべきことはヒポクラテスの後継者たる多くの医師がその要望に軽率に応えることだろう。

いっぽう、ここ二十年で医師の社会的地位は落ちた。昨今いたるところで語られている〝メディケア〔高齢者と障害者のためのアメリカの公的医療保険制度〕を受ける人権〟という言葉には、医師の労働を要求する患者の権利という意味がふくまれる。医師はもはや科学者とみなされず、一般的には〝ヘルスケア提供者〟と呼ばれている——そして威信は低下し、ベビーシッターや幼稚園教諭とほとんど変わらない——〝児童ケア提供者〟だ。守られるべき科学的立場がほとんどなくなり、ヒポクラテスの誓いは目の前の患者の権利より説得力がなくなった。

わたしは数人の医師から、トランスジェンダー医療はほかの医療分野と異なるものになったと聞いた。たとえば、トランスジェンダーに対する治療の標準を決める医療機関、世界トランスジェンダー・ヘルス専門家協会だ。かつてはトランスジェンダーの患者の治療とケアについて、もっとも真剣で科学的な質疑をしていた。それが今日では、世界トランスジェンダー・ヘルス専門家協会の会議はトランスジェンダー活動家の温床となり、科学的な証拠を提示する内科医や外科医でさえ抑えこまれている。

リサ・リットマン博士は二〇一七年に初めて世界トランスジェンダー・ヘルス専門家協会の会議に参加した。「まるで早期の性別移行を宣伝するインフォマーシャルのようでした」医療分野の多くの会議ではあらゆる治療の利点と危険性についてありのままの講義が行なわれるが、リットマンが出席した会議は利点ばかりが語られた。もし治療法に考えられるリスクを話しだしたら、主催者はその議論に耐えられる準備をしていないようだった。

本書でジョアンナ・オルソン＝ケネディ博士の動画を引用しようと決めたとき、わたしは彼女に連絡をとった。・オルソン＝ケネディ博士に前後関係を提示して発言のニュアンスを説明する（あるいは発言を撤回する）機会を与えるのが公平だと考えたのだ。わたしは性別違和の歴史で例を見ないほど思春期の少女たちのあいだでトランスジェンダー自認が急増している件について本を書いていると電子メールで説明した。

オルソン＝ケネディ博士はすぐに返信してきた。

〝こんにちは、アビゲイル。〈ザ・フェデラリスト〉で書いているというのはほんとう？〟

〈ザ・フェデラリスト〉は保守系の政治ウェブマガジンで、わたしは二年まえに三本の記事を寄稿していた。わたしはいまは書いていないと答えた。フリーランスで、ウォール・ストリート・ジャーナル紙に書くことが多いと伝えた。わたしはオルソン＝ケネディ博士のオフィスを訪ねて意見を聞きたいと――どうして講義の動画はオルソン＝ケネディ博士の実際の考えを反映していないのか、どうしてわたしが物事を間違えてとらえてしまったのか――と繰り返した。返事はなかった。

しかしながら、オルソン＝ケネディ博士の一行だけの返信よりはるかに興味深かったのは、専門家らしい署名だった。ふたつの旗の画像が付いていて、どちらも切手ほどの大きさだった。ひとつはLGBTQプライドの旗で、もうひとつはトランスジェンダー・プライドの旗だ。

活動家になったのは教師だけではなかった。いまや性転換手術は一般的に、医師や医療センターからも〝ジェンダー肯定手術〟と呼ばれている――あたかも医師が治療することをすっかり放棄し、患者に支援と励ましだけを与えているかのように。

苦しんでいる患者に対して、大半の医師はブレーキをかけず、現実とも向きあわない。医師自身が非現実にどっぷり浸《つ》かっている。〝門番《ゲートキーパー》〟などほとんどいない。医師が〝門番〟をつとめるべきだという考えは広く嘲笑《あざわら》われていて、活動家たちは薬品棚をいつも開け、いっぱいにしておいてほしいのだ。しかし、そうした薬の管理がじゅうぶんにできていないことが、薬の乱用の前提となっている。混乱して苦しんでいる思春期の子供たちは叫んでいる――みんな、次のホルモン治療や手術で安心できると確信しているのだ。そして、医師はそんな彼女たちをあわてでなだめる。

若い患者の要求を満たした結果、生涯続く医療依存が起こり、多くの健康リスクを招き、予想外の長期にわたる影響がある手術を続けることになる。こうしたことから医療的処置は最初の提案ではなく、最後の砦《とりで》とわかる。それなのに性別移行に関して注意と抑制を促した人は悪者扱いされている。

危険は軍隊のようなものだ。ただし護衛兵はいない。おそらく自分を救ってくれるゴムボートであるかのように突然このアイデンティティにしがみついてしまった思春期の少女にとってもっとも大きなリスクは、呆然とするほどの衝撃を受けることだろう。ある朝、乳房も子宮もない状態で目覚めて、こう思うのだ。〝あのとき、わたしはまだ十六歳だった。ほんの子供よ。どうして誰も止めてくれなかったの?〟

10　後悔

　ベンジーはベリーショートの髪に眉《まゆ》ピアス、だぶだぶのTシャツが好きで、ガールフレンドがいる。高校生のときはビオラの腕前で、カナダの高校生の音楽演奏で最高のレベル一〇になった。そして二十三歳で生物学上の性別とレズビアンというアイデンティティをふたたび受け入れた。十三から十九までの年齢をトランス男性としてのアイデンティティで過ごしてきたベンジーもまた炭鉱のカナリアだったのかもしれない。

　ベンジーはジェンダー熱に夢中になっている少女たちに引きかえしたほうがいいかもしれないと独自に警告している、いま増えつつある若い女性たちのひとりだ。だが、ベンジーはたんに個人的な災難から逃れたとは思っていない。ベンジーが逃げてきたのはカルトだ――ベンジーはそう強く言う。

　突然トランスジェンダーだと自認した多くの若い女性たちと同じく、ベンジーも知的に早熟で、とても心配症だった。五歳でバイオリンを始めてすぐに好きになり、まもなくハープとピアノとビオラもやりはじめた。とても好奇心旺盛《おうせい》な読書家だったが、胸がふくらみはじめると、ひどく落ち着かなくなって人の目が気になった。神経性無食欲症になり、時々教室で気を失った。親は総合栄養剤エンシュアを持ってきて口にしてほしいと懇願した。ベンジーはうつ病だと診断された。だが、才能と賢さで立ち直った。妹と同じく、カナダの公立で指折りの名門芸術学校の入学許可がおりたのだ。

父と母の仲は冷ややかだった。ベンジーも妹もときおり身体虐待の的になった。妹はマリファナを吸い、リストカットをし、断続的にうつ病の発作を起こすことで子供時代を乗りきった。

ベンジーはＹｏｕＴｕｂｅとＴｕｍｂｌｒを見はじめた。そして十三歳のとき、女性たちが男性になった経験について熱心に語りあっている動画を見つけた。女性らしさがなく、身体が気づまりで、家庭が不幸なベンジーはそこから逃げられる可能性に大喜びした。医療的性別移行についてひたすら前向きな話ばかりで、その正確性はまったく疑っていなかった。

自分たちの世代の若者はテクノロジーの利用については慣れているかもしれないが、コンテンツの正確さや完璧《かんぺき》さについては驚くほど世間知らずだとベンジーは語った。「主流のニュースは嘘やくだらない話がいっぱいだけど、個人の情報は現実的で、ある意味では信頼できそうだと思っているんです」最先端のクィア理論は事実より経験のほうが確実だと考えており、ベンジーの世代はこのイデオロギーをインターネットで延々と吸収しているらしい。「だから、誰かが経験や意見について語っているのを（Ｔｕｍｂｌｒで）見たら、経験はデータなんかより本物だから、その意見がデータや事実に勝ってしまうんです」

ベンジーは自分の話はネットのトランス男性の動画と同じだと心ひそかに判断した。自分もトランスジェンダーなのだ。ベンジーは初めてＴｕｍｂｌｒのアカウントをつくり、見ている人々に向かって自分はトランスジェンダーなのだと静かに宣言した。見ている人がいるかどうかはわからなかった。すると驚いたことに、知らない人たちからとんでもない数の〝愛の爆弾《ラブ・ボミング》〟が届いた。

「話したこともない人たちから〝とても大変だったでしょう、何か手伝えることはない？〟とか〝あなたはとても勇敢ね〟といったダイレクトメッセージが届くの」ベンジーは語った。「あまりにも前向きな応援が多くて、批判だとか何かよくないことが起きるかもしれないという考えは浮かばなかった」

当初ベンジーはネットでだけ新しいアイデンティティを使ってトランスジェンダーの大人たちと交流していた――〝ほんとうの友達〟だと、自分をほんとうに知ってくれていると思っていた人たちだ。ネットでは現実の人々と一緒にいるより自由になれただけでなく、ネット上の〝友人〟は自分の秘密を知っていた。無条件で支えてくれ、称賛を浴びせてくれた。「もし携帯電話をなくすか、両親に取りあげられたりしていたら、わたしはまいってしまったでしょう。すっかり（ネットの友人に）依存していましたから」

いろいろな大人が――たいていはトランス女性を自認する男性だった――〝エッチなメール〟のやりとりをしようと度々誘ってきた。十四歳まではとても好奇心があり、つきあいもよかったので応じていた。ときおり異議を唱えると、相手の性的偏愛についていやな気分にさせる〝変態を侮辱する《キンク・シェイミング》やつ〟だと責められた――ネットの世界では大罪なのだ。そしてベンジーが性的な境界線を主張すると、大人である相手はトランスジェンダーを差別して抑圧しているとベンジーを非難した。ベンジーにとって何よりも避けたいのが彼らを怒らせることだった。

高校ではゲイ・ストレート・アライアンス（ＧＳＡ）に参加した。二〇一二年、ベンジーは十五歳のときにそれまでの名前〝エヴァ〟を捨てて〝ベンジー〟に変え、学校で公表した――両親には告げずに。「学校ではベンジーで人称代名詞はｈｅ／ｈｉｍ、家に帰ると〝エヴァ〟でｓｈｅ／ｈｅｒでした。とんでもなく複雑だった」

ベンジーはＧＳＡの会長になり、式典が行なわれると、〝キャプテン・ダイアローグ〟と名付けられて虹の旗のケープを着て現れた。少年としての秘密の生活――両親が知らない生活――は順調のように思われた。成績が下がりはじめ抑うつがひどくなったが、少なくともＧＳＡとネット上のトランスジェンダーの世界は評価してくれているようだった。

その年、家庭内でけんかが起こり、警察がベンジーの家に呼ばれた。トロントのソーシャルワーカーはベンジーと妹について調べ、セラピストとの面会を組んだ。ベンジーはセラピストに秘密を打ち明けた。「わたしがトランスジェンダーだと言った瞬間に、質問がまったくなくなりました。『なるほど、あなたはトランスジェンダーなのね』という感じで。たぶん、そういう方針なんでしょう。ただし、セラピストには偏見があったと思うけど」

喘息《ぜんそく》は悪化したものの、ベンジーはブレストバインダーを着けはじめた。髪はますます短く切り、男物の服しか着なくなった。そして週に一度、ひとりで地下鉄に乗ってセラピストの診療所に通いはじめた。セラピストがベンジーのためにセルトラリン（商品名ゾロフト）〔抗うつ剤〕が処方されるように手配してくれたいっぽうで、成績は下がりつづけた。ベンジーとＧＳＡの友人は放課後にトロントにあるＬＧＢＴＱ若者グループに通いはじめ、そこで何時間も過ごした。そして両親がいないときは自宅で同性愛映画鑑賞会を開いた。〝トランス男性〟だった〝ベンジー〟

はついに〝男〟になったのだ。

ベンジーがいたジェンダー思想《イデオロギー》の世界は〝カルト〟だったと、彼女は強く言う。なぜなら「なかにいるときは非現実を信じて、現実を信じないから。文字どおり、クィアの世界にいるとしたら、こんな場所だろうと思うところでした」ベンジーは言った。「誰かを目にしたとしても、相手が明かすまで男か女かわからない。なぜなら、そういうふうに考えるように自分を訓練したから。誰かに会ったとしても『まだ人称代名詞を尋ねていないから、生物学的性別もジェンダーもわからない』という感じで。わたしはひどく洗脳されていたから」

ベンジーの両親は成績が下がったことにとても落胆し、男のように振る舞いつづけたことに腹を立てた。そして、あるときシャワーを浴びているベンジーに母親がかみそりを放って「脚の毛を剃《そ》りなさい」と言った。ベンジーは家庭で感じていたストレスと勉強に対するプレッシャーがトランスジェンダー自認に逃げる大きなきっかけだったと、いまではわかる。

「両親がわたしだと思っていた姿や、わたしはこうあってほしいと家庭で期待されていた姿から離れたのはよかったと思います」ベンジーはそう話した。

ベンジーがネットで両親について文句を言うと、クィアの大人たちは家族から逃げるよう促してきた。当時はこういう大人たち——両親以外——は自分のためを思って、荒れた家庭から精神的にも身体的にも逃げるのを手助けしてくれるのだと思っていた。でも、いまはもう思わない。大人たちは「わたしをもっとコミュニティに引きこむためにそれを武器にして、人生について理性的な考え方を教えてくれる人をわたしから引き離そうとしていたんです」

実際、ベンジーは信用できるのはトランスジェンダーを自認する人々しかいないと信じるようになっていた。ジェンダー思想《イデオロギー》の世界では、これが頻繁に聞くマントラだという。〝シス〟の人たちは信用できない――信用できるのはトランスジェンダーだけ。「感情的にも心理的にも、家族もシスヘテロ（シスジェンダーの異性愛者）も非クィアも頼れない。きっとあなたを理解することも感情移入することもできないし、ほんとうのあなたをそのまま愛することもできないだろうからと、みんなが言うんです」

だが、トランスジェンダーを自認してジェンダー思想《イデオロギー》を受け入れても、ベンジーは幸福感をいだけず、性別違和と抑うつは増した。「シャワーを浴びるために、両親にベッドから引っぱりだされていました。シャワーを浴びたら、学校にも行かざるを得なくなるからって」

ベンジーは両親がクロスホルモンの投与をぜったいに許さないとわかっており、両親の家に住んでいるあいだにホルモン剤を服用しはじめたら、どんなことになるか恐ろしかった。そこでセラピストに次善の代替策として〝コーピングメカニズム〈ストレスや苦痛から心を守るための仕組み〉〟を勧めてくれるよう頼んだ。「セラピストは戸惑っていました。『わたしたちはとにかくTを勧めるだけだから』みたいな感じで」

ベンジーはクロスホルモンとジェンダー手術を救済であり、幸せな人生に必要な前提条件だと考えるようになっていた。膨大な時間とエネルギーを費やして、ついにホルモン投与と手術がかなう日を夢見た。そして、そのふたつはぜったいに必要だと思うようになった。「大勢の人があまりにも長い時間、たとえば実際にできるまで何年も、心のなかで思い描くんです。それで実際に手に入ったら、ああ最高って思うに違いないって。だから実際に注射したとき、とんでもない幸福感を覚える。それで依存してしまうんです」

わたしが話を聞いたもうひとりのディトランジショナー、エリンもテストステロン体験を〝依存〟と表現した。二十代でテストステロン補充療法を開始した頃には、エリンはもう性別違和に苦しんでいなかった。それでもまだトランスジェンダーを自認していたので、テストステロン補充療法をしなければいけないという大きなプレッシャーを感じていた。「ほんとうに、いろんな人がテストステロンを持ってきたんです」エリンはテストステロン補充療法を受けないとトランスジェンダーのコミュニティに完全に受け入れられないと気づいたのだ。

二十七歳のとき、エリンはテストステロンを処方された。大嫌いだった。「吐き気がするし、頭がぼんやりして、怒りっぽくなりました。それでトランスジェンダーの友人たちにそう言うと、『もっと量を増やしたらいいかも』って」

当時でさえ、エリンは自分で選択できるのに、こんなに具合が悪くなる治療法を続けるのは馬鹿げているとわかっていた。それでもやめられるとは思わなかった。「具合が悪くなるのに、治療をはじめて二カ月後には一日じゅうテストステロンのことばかり考えるようになっていました。『家に帰ったら、ジェルを塗るのが待ち遠しい』って。すっかり取り憑かれていたんです。支援グループでも、みんながテストステロンの話をしていることに気がつきました。それで思ったんです。〝これは性別違和なの？　それとも依存症なの？〟と」

ベンジーとエリンがよく参加していたトランスジェンダーの交流の場では、テストステロンは王国の通貨で、トップ手術は紋章だった。ベンジーの話によると、トロントのＬＧＢＴＱセンターの年上のトランスジェンダーたちは自分のテストステロンをティーンエイジャーに渡して試させ、どの医師がトランスジェンダーに親切で、どの医師が本人もトランスジェンダーかという助言をし、数時間後のティーンエイジャーの様子を見ていた。ある大人のトランスジェンダーはLGBTQセンターでセラピストにトップ手術を許可する署名をさせる方法を伝授していた。
「基本的にはどうしてトップ手術が必要なのか、話をでっちあげるんです。手術が必要なのだから、手術さえできれば、どんな嘘をついてもかまわないという雰囲気でした。そんな心理状態だったんです。ホルモン療法についても同じでした」

ベンジーは両親の家を出たら、すぐにホルモン補充療法とトップ手術を受けようと心に決めた。だが、健康面での問題を考えると、不安でもあった。長年、腕の筋肉が痙攣《けいれん》して痛む慢性疼痛《とうつう》と戦っており、テストステロンで悪化するのがわかっていたからだ。

それどころか、テストステロンの影響で変わっていく友人たちを見ていると、ますます不安になった。「Tを投与された人たちはとてもいらいらしているし、ひどく落ちこむ人も多くて、体重も増えています。投与まえから摂食障害の人が多いのに。食欲を抑えられなくなるんです。汗をかいて、男みたいなにおいがして、不意打ちを食らうとむかむかするくらい」それに加えてベンジーは慢性疼痛や喘息や重度の消化器の問題があり、テストステロン補充療法を受けるのをためらっていた。

医療的性別移行の特効薬への疑問は厳禁だった。あるとき、ベンジーはSNSで同性愛者の男性を〝フォロー〟しようとした。プロフィールで〝ホモセクシャル――ただし、ホモジェンダラルではない〟ことを示唆している。つまりジェンダー思想《イデオロギー》は受け入れないという意味だ。ベンジーは彼に質問をして考えを聞きたかった。するとクィアの友人たちがベンジーがその男性をフォローし、男性にもフォローバックさせているスクリーンショットを撮った。その画像がネットに投稿されると、ベンジーの友人は共通の友人たちにベンジーを〝キャンセル〟（ここではSNSなどで特定の人物を集団で叩き排斥すること）してブロックするよう頼んだ。ベンジーはこう説明した。「その男性をすぐにブロックしないでフォローさせただけで、追放すべきだという証拠になりました」

ベンジーは友人に腹を立て、その男性に知らせた。男性は引きさがらなかった。「彼は『そういう人たちと話していると、その人たちの言葉で死にたくなるよ。きみはアイデンティティを失って、トランスジェンダーでいることをやめることになる。そういう人たちと話していたら、いつかほんとうに死んでしまうだろう』というようなことを言いました」

ベンジーによれば――ネットでの辱め《オンライン・シェイミング》はジェンダー思想《イデオロギー》の世界で広がっており、突然トランスジェンダーを自認した人々の言動を統制する重要な仕組みになっている。あなたが用語の使い方を間違えているのを知ったら、友人たちは教育しなおそうとする。自分たちは手を貸しているつもりなのだ。あなたが非難されてほしくないから。友人たちもあなたをキャンセルしたくないから。

高校卒業後、ベンジーは両親の家を出て祖母と暮らしはじめた。コーヒーショップで仕事をして、よい大学に入れる可能性を広げるために特別講座を受けた。そして合格したが、困惑する大学生活になった。自分が女性に惹《ひ》かれることに気づいて驚いたのだ。ベンジーはほかの健康問題が改善されたら、すぐにトップ手術を受けることにした。

だがその後、ベンジーは白血病で化学療法を受けている同性愛者の男性の友人を訪ねることになった。「彼はずっと化学療法を受けて肝臓が弱っていました」ベンジーはそう説明した。友人には肝臓移植が必要だった。「彼は骨髄を抜き、放射線治療を受け、そのあと再移植しました。選択の余地がない治療をこんなに受けていたんです」

ベンジーは彼の言葉に衝撃を受けた。「彼はこんなことを言いました。『この治療を受けなかったら、ぼくはほんとうに死んでしまう。きみは胸があってもほんとうに死ぬわけじゃないのに、どうして麻酔をされてメスで切られて、いろんな合併症が起こるかもしれない状態になりたいんだい?』と」

ベンジーにとって、それが転機となった。ベンジーは友人が何年も身体醜形障害に苦しんでいたことを知っていた。彼はベンジーの性別違和に共感できたのだ。ベンジーは友人の問いかけに納得できる答えを返せなかった。自分は何をしているのだろう?

ベンジーはいきなりトランスジェンダーのコミュニティから離れるのは不安だった。代わりになるものがないまま、支えを失うことができるとは思えなかったからだ。そこで、別のオンライン・コミュニティを見つけた――〝ジェンダー・クリティカル〟、急進的《ラディカル》フェミニストやベンジーのようなレズビアンの集まりだ。いったん自分がレズビアンであることを受け入れると、ベンジーは女性に惹かれても、女性らしさのテストで不合格になっても、自分はまぎれもない女性なのだと気がついた。

まもなく、ベンジーは若いレズビアンの多くがみずからの女性的な部分に違和感をいだいていることを知った。そして内面化された同性愛嫌悪と戦い、その後現れた性的関心を受け入れた。性別違和を覚えたからといって、必ずしも〝トランスジェンダー〟だとはかぎらなかったのだ。

十九歳のとき、ベンジーはジェンダー過激派全員を友人リストからはずして、新たな宣言をした。〝ベンジー〟という名前は使い続けるが、自分は女性だと。そうして距離をとることをジェンダー過激派がベンジーは〝ほんとうのトランスジェンダーではなかった〟という言葉で片付けることはわかっていた。これはトランスジェンダー思想《イデオロギー》で広がっている循環論法だった。トランスジェンダーをやめるというなら、そもそもトランスジェンダーではなかったということだ。したがって、ほんもののトランスジェンダーはやめない。間違いを立証できない主張なのだ。

「そういう人たちに、どんな状況だったら、レズビアンがジェンダー・セラピストに会って『いいえ、あなたはトランスジェンダーではありません。レズビアンです』と言われると思うのか尋ねてみたい。そんなことがあったなんて話は一度も聞いたことがないから。でも、ほかの病気で、診療所を訪ねた人全員がその病気だなんてことがあり得ますか？」

ベンジーは大学を中退し、両親の家へ戻り、人生をやりなおすことに決めた。いまベンジーは二十三歳で、母と別居した父と暮らしている。ビオラを再開し、イギリスとケベックの音楽学校に入学願書を出したところだ。

ベンジーはいろいろなものを読んだり自分の体験をふりかえったりするにつれて、トランスジェンダーを自認するティーンエイジャーは、本人のほんとうの幸せを考えずに患者の要求を最優先にする医療システムに傷つけられているという確信が強くなった。「それも、すごく考えたことです。性別違和の程度はさまざまなのに、治療法にはさまざまな段階がない。誰かが神経性無食欲症になっても、最初にやることは喉《のど》に栄養チューブを突っこむことではないでしょう。それなのになぜ性別違和をいだいていると言ったら、最初に『ホルモン療法が必要です』と言われるのでしょうか」

メンタルヘルス専門家は性別違和の深刻度にあわせて治療の選択肢を数多く提示すべきだとベンジーは考えている。軽度の場合はセラピーのみで治療すべきかもしれないし、もっと深刻な場合は性別移行を行なうべきかもしれない。セラピストは〝男に見えるようになる〟ことを安易に患者に勧めるべきではない。

こうした考え方をしたことで、ベンジーは〝ほんとうの友人〟だと思っていた人々の多くから追放された。Ｔｗｉｔｔｅｒで百二十五のブロックリストに載り、そこに登録している人からプロフィールが見えなくなった。「基本的には二度とわたしと関わりたくない人たち全員にブロックされています」

ＴｗｉｔｔｅｒとＭｅｄｉｕｍ《メディウム》は喜んで彼女たちに手を貸した。ベンジーは真偽の疑わしい〝ヘイト行為〟で、ＴｗｉｔｔｅｒとＭｅｄｉｕｍに追いだされた。具体的な罪は〝ミスジェンダリング〟だろう。生物学上の男性でトランスジェンダー活動家のケイティ・モンゴメリを男性と呼んでしまったのだ。[*1]

トランスジェンダー自認の転向において、ベンジーは決してひとりではなかった。二〇一七年、わたしが話をしたもうひとりのディトランジショナーであるジェイドは質問をしたり体験を話しあったりしたいディトランジショナーのためにＲｅｄｄｉｔでフォーラムをつくった。今日では七千人以上のメンバーがいる。[*2]

性別移行を後悔して撤回した人数を把握するのは難しい。トランスジェンダー活動家はたいていその存在を否定する。[*3] そしてメンタルヘルスの病院は、その数を知りたくないらしい。「類似する疾病とは対照的に、『精神疾患の診断・統計マニュアル』（ＤＳＭ－５）の性別違和の診断基準に〝寛解〟、〝完全寛解〟、〝部分寛解〟は明記されていない」ブランチャード博士はＴｗｉｔｔｅｒで指摘した。「したがって臨床または研究目的で、脱トランスした患者を記録する明らかな方法はない」*4

それでも、ディトランジショナーは存在する。ディトランジショナー数人に会えば、引きかえすまでに医療的性別移行の道をどれほど遠くまで歩いたかわかるだろう。ベンジーは簡単に引きかえせたほうだった。

二十一歳のヘレナは怒りっぽい子供だった。シンシナティのポーランド移民の娘で――母は内分泌科医で減量ビジネスを経営、父はエンジニアだ――忙しいふたりの心はすでに離れていた記憶がある。ヘレナは両親と頻繁にけんかし、ふたりの落胆を明敏に感じとっていた。

それでも中学校は比較的幸せな場所だった。すぐに友人ができ、フィギュアスケートがうまく、仲間との外出を企画するのが好きだった――夜スケートをして、チャリティでクリスマス・キャロルを歌いながら歩いた。その後、中学二年生の終わり頃「すべてが変わりはじめた」とヘレナは言う。

「まわりの女の子たちが男子とキスすることを話しはじめたの。Ｉｎｓｔａｇｒａｍをやりだして、最新のメイクやファッションの流行について話しはじめた」ヘレナはあとになってこう書いた。「みんながフォロワーや有名人について話しだしました――わたしが聞いたことのない人たちのことを」

ヘレナは化粧にも服装にも興味がなかった。男の子のためにきれいに見せるより、友達を笑わせるほうが好きだった。「同じことをしても、以前はクラスのおどけ者になれたのに――同じことをしても、男子の友達ならおもしろいやつだとみんなに好かれるのに――わたしがやると、のけ者にされてしまうんです」[*5]

ヘレナは友人を失い、体重が増えはじめた。母親にダイエットを強いられ、そのせいで結局は貪食《どんしょく》するようになった。ヘレナは夜のスケートを企画するのをやめた。お昼はひとりで食べるようになった。「ニキビがたくさんできました。ほかのみんなと同じちょっと変な子から〝すごく変な子〟に変わったんです」[*6]

それからカトリック系の私立高校の一年生まで、ヘレナには友人がいなかった。ほかの少女たちはヘレナのようにクラシックロックにも古いテレビにも興味がないようだった。ずっと孤立していた。「〝わたしはほかの女の子たちとちがう、少女時代が嫌い〟という思いを貫いた気がします」

ヘレナは食べるのをやめ、リストカットや自分を焼く行為《バーニング》など、ほかの自傷行為を試しはじめた。そしてTumblrで摂食障害を正当化して精神的支援をする方法を提供する、〝プロアナ〟(神経性無食欲症を精神疾患ではなく個人のライフスタイルだと主張する社会運動)サイトを見つけた。ヘレナはサイトに釘《くぎ》付けになった。

「そうした自傷ブログはたんなる落ちこんだティーンエイジャーのオンライン日記ではなく、心の病がアイデンティティになった、とても盛んなコミュニティでした」[*7]ヘレナはのちにそう書いている。アイデンティティはまさにヘレナが探し求めていたものであり、犠牲者のアイデンティティという点がヘレナの精神状態にあったのだ。

ヘレナはカトリックの学校をやめて、地元の評判のいい公立高校に入った。そのときにはTu

ｍｂｌｒでクラシックロックとハリー・ポッターのファングループが加わった。「もっと大きなファン層だと社会正義の問題が出てくるから」

最初、ヘレナはネットで見つけた社会正義に関する投稿を馬鹿にしていた。あまりにも偽善的で、熱心すぎるように思えたからだ。「でも、読みつづけていくうちに、なんだか目を離せなくなって」ヘレナはそう言った。彼女が興味をそそられたのは社会正義だけでなく、トランスジェンダーの証言だった。「どうして自分はトランスジェンダーだと自認したのかとか、いろいろな葛藤《かっとう》とか、個人の話です。たとえば〝ああ、自分のおっぱいが大嫌い。身体も、すべてが大嫌い〟とか、こんな感じ」

ヘレナはむさぼるようにトランスジェンダーの証言動画を見つづけ、次第に動画の人たちに強く共感するようになった。そして、まもなく自分の考え方がそうした人々と一致していることに気がついた。「動画にのめりこむほど、自分は女性じゃないという感覚が大きくなっていきました」最初、ヘレナは自分が男だとは思っていなかった。そうではなく、こう考えたのだ。「わたしは女性ではない」[*8]

わたしは最近の若い女性はどうして女であることを失敗だと感じるのかと、ヘレナに問いかけた。華々しい勝者に見えない少女はすべて敗者だなんて妙な考えを若い女性たちはどこで身につけたのか？　バスの運転手からアスリートや医師まで、女性は社会のほぼすべての職業に就いている。それなのに、どこでバービー人形みたいに見えなければいけないという考えを吹きこまれたのか？――親はもう娘にバービー人形を買わなくなったのかもしれないけれど。

ネットだと、ヘレナは答えた。ポルノだとも言った。メディアだとも。

ちょっと待って。わたしは話を戻した。わたしは映画〈アリー／スター誕生〉を見たばかりだった。そこで大成功した才能ある女優であり歌手でもあるレディー・ガガは子ネコのような鼻じゃなくても二千七百万枚ものアルバムを売ったとヘレナに指摘した。ヘレナも同意してくれると思っていた。でも、そうではなく、ヘレナはわたしがどうかしていると思ったらしい。「レディー・ガガみたいな女性はからかわれるのよ」そう教えられた。

ヘレナはわたしのために謎を解いてくれた。わたしの世代の女性はレディー・ガガを映画のスクリーンで見る――あるいは、車のなかで彼女の音楽を聴く。だが、ヘレナや仲間たちはSNSでレディー・ガガの人物像を分析する。容姿を嘲笑《あざわら》い、体重をからかい、外見をこきおろす。わたしにとってレディー・ガガは才能ある若い女性が肩を並べたいと願うスターだ。しかし、少女たちがSNSで話題になっているレディー・ガガを見ると、ただのこきおろされた女性にしか見えないらしい。

そのあと、わたしはダグニーに――ディトランジショナーのひとりだ――同様の質問をした。ダグニーは強烈な手本となる女性が見つからないせいで、男性になるのを望んでいた。「女性全員が〝女らしく〟ならなければいけないというのは、どういう意味？」わたしはそう尋ねた。「あなたのお母さんは〝ほんとうの女性〟じゃないの？」ダグニーは笑いをこらえた。「女性です。でも、母親でもある」

母親は数に入らないという意味だ。それなら映画〈スノー・ベイビー〉のイエティのほうがいい。よくわかる。ティーンエイジャーの少女は母親には似たくないものだ。

ヘレナは突然高校でジェンダー用語を使いはじめた。彼女は当時保存していたブログ記事を考察した。すると二週間で、自分の人生に関する〝陰うつな記事〟から「クィア、トランスジェンダー、ジェンダーフルイド、ノンバイナリー、デミボーイ、正当《ヴァリッド》だ、問題《プロブレマティック》がある、シスヘテロ、ジェンダーといった言葉が出てくるように変わっていたの。こうしたあらゆる言葉が。ウイルスのように[*9]」。

　ヘレナは友人をつくりはじめた。クラスでいちばん仲のいい少女はヘレナと同様に女性としての欠陥を感じていた――まったく女性らしくないし、華やかでもない。そして、別の友人である少年の家で三人で一緒に自分たちがトランスジェンダー――少なくともノンバイナリー――である可能性を探りはじめた。「その家ですわって話しはじめて、たとえば、わたしがこんなふうに言うんです。『自分が女だと思えない。女じゃない気がするの』と」少年は同性愛者で女っぽく振る舞うことで、両親にきつくあたられていた。彼は自分もトランスジェンダーなのだと決めた。そして、もうひとりの友人に三人の決断について話すと、四人めの友人も同じ結論に達した――自分もトランスジェンダーだと。

　すると、魔法のようなことが起こった。ヘレナがＴｕｍｂｌｒで〝カミングアウト〟すると、フォロワー数が急増したのだ。ネット上の〝友人〟たちはヘレナのカミングアウトの決断と〝すてき〟な新しい名前について熱く語った[*10]。ヘレナはこれまでの現実の生活よりずっとネット上で自由になった。ＳＮＳは編集した人物像と最高の自分だけを――見せたいときだけ見せられるのだ。

　ヘレナはただの白人の少女だった。それが突然、抑圧されているマイノリティの一員になった。ヘレナはフィギュアスケートをやめ、髪を切り、ブレストバインダーで胸を押さえはじめた。公立校でGSAをつくり、両親には言わずに、学校で名前と人称代名詞を変えた。親友も変えた。ヘレナは自分の居場所をつくったのだ。ヘレナの世界は狭くなったかもしれないが、もう居場所を心配することはない。自分にあう場所は、とても居心地がよかった。

ヘレナはあっという間に、プロアナのオンライン・コミュニティの一員になることに注いできた全エネルギーをトランスジェンダーであることに注ぎだした。「わたしの目標はダイエットピルからテストステロンに変わりました……腿《もも》の脂肪を切り落とす夢が乳房を切り落とす夢に変わったんです。わたしは胸をダクトテープで締めつけました。息ができなかった。パニックになったけれど、勇敢になれた気がした[*11]」

学校の成績はひどい有様だった。ヘレナは学校の心理学者と面談した。すると、心理学者はヘレナのトランスジェンダー自認を肯定し、医療的性別移行の選択肢について相談をはじめた。

高校最終学年、ヘレナは母親と車に乗っているときに自分はトランスジェンダーだと打ちあけた。しばらくまえから学校のみんなが呼んでくれているように、母親も新しい名前と人称代名詞で呼んでくれたら感謝すると言ったらしい。母親はとても驚き、いったいどうしてそんなことになったのかと尋ねた。「それで、いつもの話をしました。『小さい頃から、わたしは女の子じゃないと知っていたの』――ほんとうは違うけど」ヘレナはそう言葉をはさんだ。だが、その頃にはもうヘレナの台本は何度もリハーサルを重ねていた。「ホルモン剤を処方してもらえる可能性が増えるように、ストーリーを変えるコツをみんなが教えてくれるから」

ヘレナは絵を描くことなど、すべての趣味をやめた。高校を卒業する頃には、趣味は〝トランスジェンダーであること〟だけになっていた。人生に対する情熱はすべて無用になり、いつか性別移行してふたたび生きることだけに焦点をあてていた。

ヘレナは十八歳になって親の承諾なしに処方箋《せん》を書いてもらえるようになるとすぐに、テストステロン補充療法を始める計画を立てた。「大学で新しい人生をはじめたかったし、大学に入学するまえの少女としての自分の存在を消したかったんです」しかしながら、ヘレナの親友は間違いだったと判断し、ヘレナに以前の名前と人称代名詞に戻すと告げた。ヘレナは激怒した。そして、テキスト・メッセージで親友に怒りをぶつけた。何度か言い争ったあと、ふたりの友情は終わった。

二〇一六年四月、十八歳の誕生日の数週間後、ヘレナは早起きをして友人の家へ行くと両親に告げ、車で六時間かけて、午後の予約をとってあるインフォームド・コンセントでテストステロンを処方してくれるシカゴのクリニックを訪れた。「わたしが入っていくと、ソーシャルワーカーがいました。そして、こんな感じのことを訊《き》かれました。『性別違和はいつ頃から?』その質問には『ずっとまえから!』と答えました。すると、次はこう訊きます。『子供の頃から性別違和を感じていましたか?』わたしは『ええ、もちろん。よくワンピースをはぎとっていたし、女の子と言われるたびに泣いていました』と答えました。――嘘ですけど」ヘレナは言った。それにもかかわらず、ヘレナの答えにソーシャルワーカーは満足した。注射の仕方を少し教わったあと、ヘレナはテストステロンの処方箋を得てクリニックをあとにした。

ヘレナは勝ち誇りたい気分だった――やっと、自分の手で運命をつかんだのだ。「親友のひとりに電話して、あまりにもうれしくて泣きました。ほんとうに、すっかり高揚してしまって。最初の注射のあとほど、多幸感を覚えたことはありませんでした。だから、一度め、二度め、三度めくらいまではほんとうにうれしかった」

希望どおり、ヘレナはつくり変えられたような気分だった。新しい名前と人称代名詞を武器に持ち、大学生活をはじめてすぐにトランスジェンダーを自認する学生たちを見つけた。しかしながら、注射を続けていくのが困難になった。注射の針は長く、脚の筋肉に深く刺さなければならなかった。最初こそ興奮で恐怖を乗りこえたが、それだけではたりなかった。「わたしは一時間もすわったまま、なんとか自分を説き伏せて」注射をした。「針が九センチもあって、それを全部刺さないといけなくて」

ヘレナはトランスジェンダーを自認する友人たちに注射を打ってくれるよう頼むようになった。友人たちは打ってくれ、ヘレナはテストステロンを続けた。体毛はあまり生えなかったが、脂肪の付き方が変わり、低くて恰好《かっこう》いい声になったのは気に入った。

ヘレナは家に戻り――いまや、男性の見かけで――まだ新しい名前で呼ぶのを拒んでいる母親とけんかした。母親は正気に戻るまで家に帰ってくるなと、ヘレナに告げた。「わたしは母はひどいトランス差別主義者だと思いましたが、同時にトランスジェンダーのコミュニティには〝トランスジェンダーは虐《しいた》げられている〟という話がよくあるので、そのとおりだとも思いました」ついに、ヘレナは差別にも直面したのだ。ヘレナは両親の電話番号を着信拒否した。父親は大学に電話をかけてきてメッセージを残したが、ヘレナは聞きたくなかった。父親をストーカーと呼び、二度と電話しないように伝えた。

〝トランスジェンダーであること〟はヘレナのメンタルヘルスを改善して苦しみを緩和するどころか、悪化させているようだった。気づくとアメリカ社会で生きるトランス男性として差別されるらしいという真偽のわからないことばかりが気になって、悲しみで身動きできなくなった。「ほぼ毎日二十四時間、そのことばかり頭でループしていました。とてもみじめで自己嫌悪に陥りました」

ヘレナは自分が歩んでいる道を疑いはじめた。だが、それをネットで発信すると、ほかのトランスジェンダーを自認する若者たちがあわててやってきて、そのまま歩きつづけるべきだと請けあう。彼らはヘレナを勇敢だと言う。ヘレナならきっとできるけれど、続けなければならない。性別移行が完全にすんだら、幸せになれる――そう言うのだ。ベンジーと同じく、ヘレナも――促されたわけではなく――ジェンダー思想《イデオロギー》の世界はカルトのようだと語った。それはディトランジショナーからよく聞く評価だ。逃げることなど選択肢にないようだった。

その後のある日、ヘレナと同じ大学で学んでいる高校の同級生が前年のふたりの写真をモンタージュにした動画を送ってきた。ヘレナは衝撃を受けた。「動画を見て、こう思いました。『これはわたしじゃない……わたしはいったい何をしたの？』」体毛はあまり生えていなかったが、ほかの点でヘレナの身体はもう――そして、これからも――以前と同じではなかった。

ヘレナはパニック発作を起こした。そして大学を中退した。家族にとって、自分がひどく不快な存在なのはわかっていた。性別移行を中断した友人ふたりとは疎遠になっていた。ヘレナは自殺を考えた。

ヘレナは自分が身を置いている世界は不幸なだけでなく不健康だと思いはじめた。

「トランスジェンダーのコミュニティにはあまりにも多くの抑うつ、自傷、薬物依存が存在しています。どれもひどくみじめなことばかり。このみじめな集いで……明らかにしっかり顔をあげて『わたしはスーパートランスだけど、とても幸せ』みたいな感じで行動している人がいる。でも、そういう人たちだって、話しかけてみれば、人生が悲劇的な結末を迎えているのがわかる」

ヘレナはなんとか引きかえした。家族とはふたたびつながりをもった。ネットで自分の体験談を語った。そしてソーシャルニュースサイトＲｅｄｄｉｔで共同でサブレディット〔Ｒｅｄｄｉｔのカテゴリ。掲示板のようなもの〕の作成をはじめ、性別移行の中断を考えている人々を支援し、トランスヘイトだと非難するイデオロギーに凝り固まった多くの人々を撃退している。

ヘレナはまだ神経性無食欲症とうつ病と戦っている。男性として生きたことは、なんの解決にもならなかった。そして生まれながらの性をふたたび受け入れても、ほかの問題は消えなかった。ヘレナは自分にいまあるのは明快さだと思っている。

二〇一九年、ヘレナはほかの三人の女性とともに〈ピーク・レジリエンス〉を立ちあげた。体験談を聞きたがっている思春期の若者たちに話をするディトランジショナーとディジスターのグループだ。トランスジェンダーになる必要はない。それは公共サービスでわざわざ言うほどのメッセージではないだろう。それでも、あまりにも多くの人々がそのメッセージに動揺し、抵抗している。自分にあっていると思うのなら、トランスジェンダーとして生きていくことは可能だ。だが、自分は間違っていたと決断することも可能なのだ。

わたしが話を聞いたディトランジショナーは驚くほど全員が同じ話を語っていた——ネットでトランスジェンダー・アイデンティティについて知った思春期まで、性別違和をいだいたことはなかったと。チアラのようにテストステロンをはじめないうちに思いとどまった人々もいた（チアラの母は娘をインターネットのない馬牧場に送り、一年間暮らさせた。肉体労働で身体とのつながりを取りもどし、インターネットがないことでトランスジェンダー・アイデンティティから抜けだせたのだ)。

デズモンドのように、蓄積したテストステロンによる子宮萎縮《いしゅく》で、かがみこむほどの痛みに耐えかねて初めて引きかえした人もいる。痛みを緩和するには子宮を摘出するしかないと医師は言った。それで一年まえ、デズモンドは子宮を摘出した。子宮のない身体で目覚めたとき、デズモンドはジェンダーの道は大間違いだったと気がついた。「どういうわけか、もうリスクほどの価値はないと判断したんです」新しいアイデンティティを得るために法外なお金を支払ってきたいま、デズモンドが感じているのは買い手の後悔だけだった。

話をしたディトランジショナーのほとんどが後悔に苦しんでいる。テストステロンは数カ月摂取しただけでも、男性のように驚くほど声が低くなって戻らない。もっと長く摂取した場合は、通常とは異なる秘部を――肥大して小さなペニスに見えるクリトリスを――恥ずかしく思うだろう。夕方になると目立つひげや体毛もいやかもしれない。また、胸に走る傷跡や、男のような乳首(横向きの楕円《だえん》形で小さい)や乳首には見えない皮弁とも、ともに生きていかなければならない。卵巣が残っている場合は、テストステロンの影響がなくなって月経が戻ってくれば、乳首がどんな状況であれ、分泌液がたまって正しく排出されない場合も少なくない。

エリンはトランスジェンダーだと自認したことで性別違和がさらにかきたてられたようだった。男性の姿をすることで苦しみはいくらか落ち着いたかもしれないが、それは同時に精神的に消耗したと、エリンは言った。「男になろうとしている自分と、男だと思っている自分で、また別の違和感を覚えました。わたしの身体は男性用の服にあわない。ズボンを探しているとき、いつもいらいらしました。とにかく、男性用があう身体じゃないんです。男性用の上着やスウェットシャツを着ているときは、いつもお父さんの服を着ている子供みたいで。わたしは丸みを帯びた体形なので、体操をしたり姿勢を変えたりしたら、自分がずっと憧れているような姿になれるかもしれないと思っては、とても悲しくなりました」

わたしが話をしたディジスターやディトランジショナーはみな、自分はぜったいにトランスジェンダーだと百パーセントの確信があったのに——突然そう思わなくなったと語った。そして全員が自分の人生に関わった大人、とりわけ医療専門家が性別移行を促して助長したことを非難した。

「性別移行で間違いを犯したとしても、ある日わけもわからず、これが自分のやりたかったことだと決断したわけではないでしょう」ベンジーは性別移行をやめようとしている人々に、そのことを知ってもらいたいと考えている。「おそらく生活指導カウンセラー、ソーシャルワーカー、医師、セラピスト、精神科医、親、教師といった人々がそれはいい考えだと言ったり支持したり、どうしてそれがよいことなのか検討するのを促したりしたはずです。それは、あなたひとりで決断するようなことではないのだから——とりわけ、あなたが十八歳未満であれば、あなたは子供のようなもの。ほかの人々があなたの幸せのためにきちんと用心しておくべきだったのです」

そして、それが問題点のひとつでもある。十八歳は成年かもしれないが、今日ではとりわけまだ若い。トランスジェンダーの世界に引きつけられた少女たちの多くはすでに神経性無食欲症や不安症やうつと戦っている。孤独で、弱い。何より、どこかに属したがっている。彼女たちの人生に関わっている大人たちはそのことを理解すべきなのに、少女たちが〝わたしはトランスジェンダー〟という決まり文句を口にした瞬間に、ほとんどの大人は医療専門家でさえ、苦しんでいるティーンエイジャーにいつも向ける懐疑的な目ではなく、預言者に対するような畏《おそ》れをいだいた目で見つめてしまう。

ベンジーはこんな思考実験を行なっている。あるカルトが存在し、教義のためにやせる必要があり、信者全員が胃バイパスをやりたいと思っている。宗教のためにすべての女性に胃バイパスの手術を行なうのは医師の倫理に反している。おそらく何年もＴｕｍｂｌｒで教義を叩きこまれた人たちが医師のもとを訪れたら――責任ある医師なら「この人は何が真実かわかっているのだろうか？」、「この人は自分のためになる決定ができるのだろうか？」と言うことだろう。

性別移行をやめた多くの若い女性たちは、自分はただのレズビアンであり、同性愛嫌悪を内面化し、いかにも女性らしい姿でないと女性ではないと信じこんでいただけだったと思うようになった。彼女たちのほとんどがメンタルヘルスに苦しみ、自傷していた。ひとりずつ話をすると――スマートフォンに向かわずに――友人どうしでショッピングモールに行ったり、耳にピアスの穴を開けたり、煙草を吸ったりしていたら、どんなに事は簡単だったろうと思う。

性別移行をする人々は一度決めた性自認が戻ることはないと思っている。これはジェンダー思想《イデオロギー》信奉者が好きな定説で、性自認に対する認識の道筋を完璧だと思っているのだ。〝子供は自分が何者かを知っている〟誰も自分の性自認を間違えることはないから、気持ちが変わる理由はないと。

娘の性別移行に反対している親は、かつて娘だった人間は永遠にいなくなってしまったというフィクションに仕方なく参加している。わたしが話をした親の多くは性別移行を娘の死であるかのように嘆いている。だが、ディトランジショナーはいる。つぎつぎと増えはじめている。

そこにポイントが、しかも重要なポイントがある。性別移行をやめたあとも人生は続く。若い女性を性別移行に走らせた精神的な苦しみは深刻なことが多い。たいていは性別移行を中断したあとも残る。わたしたちはみな、どこかの時点で苦しみや悲しみに向きあわなければならない。

人生では性別移行より大きな過ちを犯すこともある。変わってしまったあなたの身体は自然に戻らないかもしれない。でも、レーザー脱毛や形成外科がある。

また、〝ソーシャルメディア〟と名乗り、非常に多くの狭量な宣言と気まずい画像でわたしたちを嘲笑っている醜悪な公開日記――あんなものはたいしたことじゃない。それほどは。自分で思っているより早く、SNSなどは人間の巨大な気晴らしであり、延々と続く無駄な時間の台帳に過ぎないと思うようになるだろう。

わたしたちは誰しも愛する人を傷つける運命にある。わたしたちの大半は何らかの点で親を落胆させている。親がほんの少し正直に言うことを許されたとしたら、少なくとも、わたしたちは親が意図した姿とは違う。さらに悪いことには、わたしたちは自分自身を落胆させている。

それでも、わたしたちは毎日奇跡のもとで目覚めている。また、やり直せるのだ。許しを求め。母親を呼び。少しだけ自分にやさしくして。

性別移行をして道を間違えたと思うなら、戻るべき最善のタイミングはいまだ。あり得ないほど遠い地平線まで行ってしまったなら、道を引きかえして、もう一度なりたいと思う自分を見つけるのはさらに難しい。それでも生まれかわるとしたら、いましかない。

あなたの死——みずから選んだ性を捨てて女性に戻るという物語はとても大きく受けとめられる。決してささいなことではない。それは、あなたという人間を表わす唯一のものになるかもしれない。

11　あと戻り

バック・エンジェルがこの地球上でもっとも有名なトランス男性のひとりなのは間違いない。わたしは世界的に知られるそのポルノスターと、彼の自宅にほど近いウェストハリウッドのコーヒーショップで落ちあった。実年齢の五十七歳よりゆうに十歳は若く見えるバックは、赤ひげをたくわえ、経営する大麻販売会社のロゴ入りの黒いキャップをかぶり、ぴっちりとしたTシャツの袖《そで》からでた筋肉のきわだつ腕はタトゥーに覆われていた。生まれてから女性として過ごした数十年を読みとれるものがあるとすれば、低めの身長と、かすれがかった太い声にはそぐわない柔らかな口調だけだ。

これまでのいきさつをわたしがすでに知っていたからかもしれないけれど、鮮やかな青色の穏やかなまなざしには引きこまれるようなやさしさが見てとれた。わたしはたちまち友達のような気分になった。何十年もテストステロンの補充療法を受けつづけ、そばかすだらけの禿《は》げ頭となったその姿を前にしても、やはり女性と話しているという感覚をわたしはどうしても振り払えなかった。

そんな思いをわたしが伝えても、バックはまったく気にするそぶりがなかった。生物学的に女性であることはすなおに認め、むしろそれが自分の強みだと言う。女性に好意をいだいたときには、男性ではわかりづらい彼女の心情も汲《く》みとりやすいからだと。彼は自分を〝トランスジェンダー〟ではなく、医療処置で性別を移行した人々を指す〝トランスセクシャル〟と呼んでいる。もともと〝本物の〟男性だったふりをするつもりはない。

わたしはすぐに彼に好感をいだいた。バックは見事なまでに自然体だった。わたしへのメールも期待と親しみを感じさせる〝愛を込めて、バッキー〟で締めくくられていた。波乱に富む過去について話すこともためらわない。十代のときには女性のモデルとして何年か仕事をしていて、その後コカイン中毒になり、両親に追いだされ、通りに立って客をとっていたこともあった。バック・エンジェルは嘘をつかない。それは自分自身に対しても同じだ。

わたしたちは互いに懸念している疑問について話しあうために会った。トランスジェンダーだと自認する十代は、適切な助言、心のケア、医療を受けられているのか。バックは「そうではない」と即答した。

「彼らはキャンディを眺めているようなものなんだ。そんなふうにトランスだと言いだす子供たちはみんな、ＹｏｕＴｕｂｅチャンネル、ＳＮＳで自分をもっと気持ちよくさせてくれるものを見つけられるから、そこから影響を受けているんじゃないかな。その事実を否定するなんてばかげてる。影響があるのは百パーセント間違いない」バックはそう言った。

それはバック・エンジェルだからこそ、わかることだ。メディアの有名な出演者で、成人向け映画のプロデューサーをつとめ、女性に生まれながらテストステロンの補充療法を受けている人々の特性に合った人気の性具の提供業者として、トランスジェンダーを自認する十代から助言を求められる機会も多い。それだけに、十代で突然トランスジェンダーだと自認する少女たちが、健全な心持ちで、または深刻な必要性に迫られてそのように言いだしたとはかぎらないことも、バックはよくわかっている。「だから、どの子もみんな同じような言葉を話し、同じことをして、すぐに性別移行《トランジション》をすれば、それで解決すると思ってる。子供たちはそんなふうに考えているんだ。自分のことをどんなふうに感じているにしても、それですべて解決するんだと。でもそれは危険な考え方だ。頭の整理がつかないかぎり、何もかも解決するなんてことはない」

バックは、ロサンゼルスで最初に女性から男性へ医療処置で性別移行したトランスセクシャルのひとりだ。一九九一年にテストステロンの投与を受けはじめた。最終的に、トップ手術と陰核陰茎形成術《メトイディオプラスティ》*1を受け、すべての処置に心から満足している。それでも、医療処置を受けて性別を移行する場合にはじゅうぶんなセラピーが欠かせないと言いきる。

十代の自己診断には疑問を投げかけ、トランスジェンダーであるかどうかを本人に見きわめさせる手助けをするのも、セラピストの役割だとバックは言う。ほんとうはそうではないかもしれない人々も多いからだ。「十六歳の子が自分はそうだと思ったとしても、ほんとうにわかるものなんだろうか？　これも五十七歳だからこそ、言えることなんだ。誰もが経験をとおして成長し学ぶ。十六歳で、はたしてどれだけの経験があるんだろう？」

トランス男性にとってこのようなことを口にするのに、どれほどの勇気、それに誠意が必要なのかをあらためて考えてみなくてはいけない。少女時代から自分の性別に苦しんできたからこそ、性別違和に悩まされるいらだちも、異性として新たな人生を築く難しさもバックにはよくわかっている。性別移行《トランジション》――バックはこの言葉を何度も繰り返した――はたいへんなことだ。かたや、ほんとうにそうなのか問いかけもせず、疑念にはいっさいそしらぬふりで、トランスジェンダーだと言いはじめた若者たちをどんどん受け入れるほうがどれほどたやすいことか。

そうだとしても、そんなことは自分にはとてもできないとバックは言う。「十六歳で乳房を取り去って、ホルモン投与を受けて、十年後に『やっぱりやらないほうがよかったんじゃないか』と悔やむなんて想像できるか？　考えるだけでもいたたまれない」

バックは、思春期の少女たちが急にトランスジェンダー・コミュニティに疑問をいだいている。「どうしておかしいと思わないんだ？　当事者のコミュニティが不思議に思わないなんてありえない。そこにちょっと腹が立つ。当事者のコミュニティが、おい、自分たちがそうした子供たちに責任を持つべきなんじゃないかって、どうして言わないんだ」

以前なら議論の余地のないことだったのだろうとバックは考えている。しょせん十代だ。当然ながら、まだ自分が何者なのかを探している最中で、より分別のある大人はそれをふまえて接しなくてはいけない。そうした少女たちの多く――たぶん大半は――本心から自分が〝トランスジェンダー〟だとは思っていない。「同性愛者というだけかもしれない。それなのにいまは男物の服を着たがる少女たちを大人がトランスジェンダーになるよう後押ししている。男の子のような恰好《かっこう》をしているからといって、男の子とはかぎらないのに」

バック・エンジェルは医療処置による性別移行《トランジション》で得られる利点を否定しているのではない。むしろ、医療処置による性別移行《トランジション》で自分は救われたと考えている。けれどいっぽうで、社会的伝染におかされた悩める少女たちにすぐにそのような処置を認めれば、ほんとうにそれを必要としている人々を助けられなくなるとも語る。「いまここに至るまでには自分も多くの試練を乗り越えてきた。心のケアも受けざるをえなかった。新たな自分らしさも身につけた。ひとつずつ段階をふんで、性別移行《トランジション》をやり遂げることができたんだ」その行程がめんどうだったと言っているのではない。いまの人生を手に入れる心の準備をするには必要な行程だったとバックは信じている。

わたしはバックに、トランスジェンダーを自認する少女たちが急増している昨今の現象においてなにより危惧《きぐ》されるのは、人々の怒りだと伝えた。仲間以外への過剰反応、対立者を名指しして攻撃する執着心。そしてもうひとつの気がかりが、この集団には明らかに性行為への関心が見られないことだ。そうしたティーンエイジャーがいつかセックスに興味を持ったとしたら？　トランスジェンダーを自認する十代が肉体を急激に変えるほどに、性別違和はさらに強まり、性行為を考えることすら嫌悪するようになる可能性はきわめて高い。

十代のセックスを推奨するつもりは毛頭ない。けれど本書を執筆するうちに、またべつの見方をすれば、彼らがすっかり牙《きば》を抜かれた怪物たちのようにも思えてきた。人生においてもっとも性的好奇心をもてあましているはずの年代なのに、彼らのなかにそわそわした浮かれ顔や、期待に満ちた肉欲の発露を探しても、見つけられないとは。

性行為に関心すら示さないティーンエイジャーにはなんとも言えない寂しさを感じる。ほかのティーンエイジャーとキスをしたり触れあったりする夢想をふくらませているのではなく、家でじっとホルモン投与を待ちこがれ、ネットを眺めてTERF《ターフ》〔221ページの説明を参照〕を罵《のの》しっている思春期の少女たち。

トランスジェンダーだと自認すれば、あなたも解放されたと称《たた》えられるのかもしれない。でも、突然そう言いだした多くの十代は、まるでもう無性行為主義のわびしいカルト教団に入信したのも同然で、骨董品店《こっとうひんてん》でよく見かける〝さわらないで〟という手書きの紙を掲げているかのようだ。そうした少女たちは、ネットで容赦なく見せつけられる暴力的なポルノや、自分たちには叶《かな》いようのない、とびきり魅力的な人々の姿から自分自身を守ろうとしているのかもしれない。

ブレストバインダーとトップ手術は自分に誰も寄せつけないための現代版の貞操帯といったところだろうか。そうした十代の少女たちのどうにもしがたい違和感は、たとえ性別移行《トランジション》をしたあとでも、他者と交わって安らぎたい欲求を満たすことで解消されるものとはとても思えない。

バックが知っている範囲で、そうした子供たちのなかにセックスをしている子はいるのだろうか？ いないとバックは答えた。彼らはしないと。性行為はいっさい避けられ、差し控えられているということ？ わたしはそう尋ねた。そうなのかもしれないとバックは考えている。とても危惧していると。

男性は有利なのか？

とても多くの少女たちにとって、思春期は前ぶれもなく凄《すさ》まじい竜巻のように訪れる。社会科のテストの最中に、ジーンズからもれてしまわないかと心配でびくびくし、化学の実験室で身体を二つ折りにするほどの生理痛におそわれて、よろよろと保健室へ行くはめとなる。

凛《りん》として気品あふれる女性はとても多いけれど、大人の女性への道のりは優雅にとはいかないし、簡単なものでもない。おそらくはこれまでずっと、少なくともシェイクスピアの喜劇〈十二夜〉でヴァイオラが難破してイリリアの海岸に打ちあげられ、男のふりをしようと決心したときから、若い女性たちはこう思ってきた。男の子になるほうがはるかに得《とく》かも。現代でも、ビヨンセが二〇〇八年のヒット曲『If I Were a Boy』〔わたしが男の子だったなら〕でそんな気持ちを高らかに歌いあげていた。男性のほうが得だという考えは、知恵の木からりんごを食べて出産の苦しみという罰を与えられ、夫の支配下におかれたイヴにもあったのかもしれない。一緒に食べたアダムへの罰は、生活のために働くことだけだったのだから（それだけだなんて）。

男性のほうが得だというのは、女性たちの気まぐれな思いつきでも冗談話でもなく、固定観念として定着している考えだ。家族のために休みをとる女性は〝あてにならない〟といった愚痴にも見え隠れする。さらには、女性が大きな割合を占める職業――教師、文学の教授、心理学者、婦人科医――が、男性の占める割合が大きい職業――最高経営責任者（CEO）、ソフトウェア・エンジニア、数学の教授、精神科医、整形外科医よりも、低く見られがちだという主張もうんざりするほど耳にする。いっぽうで、建設作業員、伐採作業者、用地管理人、屋根職人、タクシー運転手、清掃員など、多くの地位の低い危険な仕事を担っているのは圧倒的に男性のほうが多いことについてはほとんど言及されない。

言うまでもないことだと思われがちだが、女性には特有の趣向がある。それを女性は〝仕事そのものより人に重きをおく〟と表現する人もいる。*2 そうした女性特有の趣向が男女同権論者《フェミニスト》を発奮させる要因にもなっている。この人々は男女の本質的な違いによる不均衡に対し、社会を非難し、女性ならではの特質が肯定されなければならないと主張している。ただしその主張の裏には、女性の趣向のほうが劣っているという概念がひそんでいる。だから若い女性たちは、どうにかして男性のようになったほうがいいという結論に行き着いた。これまで楽しんでいた小説を閉じて、プログラミングを学ばなければいけない。男性が望むものを自分たちも望まなければと。

女性のＣＥＯが少ないことが典型例としてよく引き合いにだして語られる。そのような格差の提示は、最高経営責任者の人々はきわめてバランスの悪い暮らしを送っているといった思いこみもまねきやすい。多額の収入を得ていても、ほとんど自由な時間はない、家族関係は円満ではない、離婚率が高い、というように。それを男女の違いと認識し、男性を気の毒に思う女性もいるかもしれない。

もしくは、女性はきわめて順応性が高く、賢いので、お金よりも家族を選ぶのだと結論づける人々もいるだろう。女性はソフトウェアの開発より文学のほうが好きにきまっているでしょう！そう言う女性もいるだろう。文学のほうがはるかに面白い。時空を超えられるし、魂を揺さぶる力がある。文学は代々受け継がれてきた物語だ。とても多くの女性たちが学び、教え、偉大な文学を生みだしている。そうだとすれば、男と女、ほんとうに賢いのはどちらと言えるのか？

それでも、女性たちは、科学、技術、工学、数学の教授に男性が就けば、その大学の研究者は男性に独占されてしまうと思いこむ。ＣＥＯがもし男性ばかりになってしまったら、女性たちを巧みにだしぬく男性たちや、女性社員をそれとなく減らす制度や、道を惑わせる好条件の提示によって、不当に女性たちが閉めだされてしまうのではないかと。どのような道でも選べるはずの女性たちに世間のこんなささやき声が聞こえてくる。女性でもチャンスがあれば、ＣＥＯになれるし、なるべきだと言うけれど、かのサムナー・レッドストーン〔ＣＢＳやバイアコムなどを傘下に置くメディア帝国を築いた大富豪〕も、ルパート・マードック〔21世紀フォックスの元最高経営責任者でメディア王〕も、ジェフ・ベゾス〔Ａｍａｚｏｎ創業者〕ですら、人もうらやむような私生活は送れていないのだと。

言うまでもなく、ＣＥＯや数学の教授を目指す若い女性たちの意欲をそぎたいわけではない。でも、女性たちは厳しい現実を知る必要がある。わたしたちはついすぐに、男性たちのほうが有利で、彼らの求めるもののほうがなんでもいいにきまっていると考えがちだ。

女性たちは母親がけなされていてもあたりまえのように見過ごして、自分たちで母性を傷つけている。家で子育てをする母親を人生の負け犬のように見くだしている（わたし自身が何年もそのような立場にあり、〝本物の仕事〟を持つ女性たちからの冷ややかな視線や非難の言葉の前には、大学院の学位がいかにもろい盾なのかを思い知らされたのでよくわかる）。

そうした行為はやめなければいけない。そんなものはばかげた習慣で、思慮に欠け、卑劣だ。望ましくない不安のあらわれでもある。その根底にある妬《ねた》みは、わたしたち女性がほんとうは有能ではないと思っているしるしで、自分たちは〝社会構造〟の犠牲者で、何世代にもわたってガラスの天井と壁に囲いこまれ、はじかれて、いわばだまされてきたという意識から生じている。事実ではないこともうんざりするほど語られている。最悪なのは、そのような大人の女性たちの言葉に少女たちが耳を澄ましていることだ。

少女たちは、皮肉で語られているだけだとは知る由もない。大人の女性たちがただ自分たちの主張を認めてもらうために努力し、よりよい仕事と収入を得ようと社会と駆引きをしていることに気づいてはいない。わたしたちが政治家たちを焚《た》きつけているだけに過ぎないことにも。少女たちはともかくわたしたちを信じている。

わたしたちは少女たちのために何ができるのか？

本書の執筆を始めてから、急にトランスジェンダーだと主張しはじめた娘をもつ親たちから、わたしは続々と連絡を受けた。そのほとんどの人たちが、自分の経験談をわたしに語りたがった。でも、助言を求めて連絡してきた人たちもいた。

そのように娘との関係に悩まされている親たちにはすぐに支援団体に助けを求めるようにと勧めている。健全な支援団体なら、娘本人を教育プログラムに参加させなくても、親子のつながりを保てるよう助言を受けられる。「親御さんたちにそもそも何よりご理解いただきたいのは、必ずしも完全にジェンダーの問題とはかぎらないということです」トランスジェンダーを自認する大勢の思春期の少女たちに関わってきたセラピスト、サーシャ・アヤドは言う。「そうした子供たちは、ネットを見ているうちにプロパガンダのようなものにのめりこみやすいのです」

サーシャ・アヤドは思春期の少女たちの性自認を肯定しないし、親たちにも肯定することを推奨していない。「親御さんたちには、必ずしも本人が主張する性別を受け入れなくても、お子さんのアイデンティティの探索のようなものを尊重しながら、支えていく方法はあるとお話ししています」

娘が突然トランスジェンダーを自認してからすぐれたウェブサイト4ｔｈＷａｖｅＮｏｗを立ち上げた母親デニースは、子供が主張する名前と人称代名詞を使うことは勧めていない。子供たちには「親が真偽の確認を行なうことが必要で、だからこそ、わたしはなんでも子供が望むとおりにすればいいというものではないと思うのです。たとえば『あら、そう、それもいいわね。その人称代名詞も、男性の名前も』と答えたとしても、限度をきめておくべきではないでしょうか」

今後、自分の娘を急速に広がっている新たな性自認の社会的伝染にかからせたくないという親たちには、もう少し有益な情報がある。学区、教師、ほかの親たちまでもが、いまや子供たちの性自認に混乱を引き起こしている。その問題に立ち向かうために必要なのは、心理学の専門家ではなく、知識の装備だ。全生徒を思春期のトランスジェンダー集団に取りこもうとする生徒集会に対抗するには、わたしの職業、ジャーナリストにまさに欠かせないものが必要となる。つまり、まずは事実を知ることだ。

1．子供にスマホを持たせない

そう言われたら、親たちはたじろぐだろうし、うなり声をもらすだろう。ほとんどの人々が子供からスマホを取りあげるのはとうてい無理だと考えている。十代の少女にｉＰｈｏｎｅを手放させることなど、どうすればできるのか？　でも端的に言えば、さほど難しいことではない。文字どおりの意味で。

ティーンエイジャーが直面している目新しい問題は、そのほとんどが二〇〇七年、スティーヴ・ジョブズがｉＰｈｏｎｅを発表したことに端を発している。現に、自傷行為が急増しはじめたのは、このデバイスが発売された時点とちょうど合致し、要因であるのはほぼ間違いないとの研究結果が示されている。ひとつのデバイスが十歳前後から十代の子供たちの自傷行為を急激に増加させたと聞かされれば、「うちの子供には持たせない」とすぐに決断できるのではないだろうか。さらにまた、このようにも言えるだろう。いじめ、自傷行為、拒食症、抑うつ症の統計値の増大と、突如トランスジェンダーと自認しはじめた少女たちの増加は、彼女たちが一台のスマホをとおして指示され、誘導され、傷つけられ、執拗《しつよう》に苦しめられたせいでもあると。

2. 親の権限を放棄してはいけない

あなたが親であるのには理由がある。押し返すのをためらってはいけない。思春期のお子さんたちはちゃんと受けとめられる。娘がどのような性的指向や性自認を主張しはじめても、そのすべてに寄り添う必要はない。

わたしが話した親たちの多くは、たとえば、十三歳の娘がレズビアンだと言いだすと即座に支持していた。大半の親たちは家にレインボー・フラッグを掲げたようなものだった。だが、じつのところレズビアンでもストレートでも、その娘がまだ十三歳であることに変わりはない。人のほんとうの性的指向はネットで選ぶアイデンティティではなく、成長するうちに発現し、発達していく、恋愛感情だ。それを理解するには、世の中に出て、実際にほかの人々と触れあうことが欠かせない。

サーシャ・アヤドによれば、現代の親たちは子供に〝常に幸せでいられる完璧《かんぺき》に安定した環境を整える〟ことが自分たちの務めだと思っているので、子供をいらだたせるのを恐れる傾向が見られるという。それは見当違いの目標であるだけでなく、思春期とはそもそも不安定な時期だという認識が欠如している。ティーンエイジャーは怒りっぽいし、感情的になりやすい。その歯止めとなるのが親だ。

十代の娘と揉《も》めれば、娘はあなたに腹を立てるかもしれないが、ガードレールがあることを感じとってくれるだろう。そう感じられるだけでもじゅうぶんに役立つ場合もある。十代の娘に嫌いだと言われたら、彼女はほんとうにそう思いこんでいるのかもしれない。それでも心の奥底では、自立したいという欲求と反抗心が、ある程度は満たされているに違いない。もし子が何をしても親が認めて支持して、対立を避けたとしたら、事をよけい荒立てるよう、けしかけているようなものだ。

3．子供の教育の場でジェンダー思想《イデオロギー》を支持してはいけない

わたしの親友が首都ワシントンにあるお嬢様学校の出身で、その学校では毎年、摂食障害についての集会が行なわれていた。すでに拒食症の兆しがある少女たちにとってはなぐさめになっていたのかもしれない。けれどそのほかの生徒たちにとっては、講習会みたいになっていたと親友は言う。「親に気づかれずに食事を抜くにはこうすればいいんだ」というように。

それは何年もまえから心理学者が指摘してきたことだ。拒食症患者を同じ病棟に入院させると、症状を長引かせやすい。[*3] 作家のリー・ダニエル・クラヴェッツはこう話す。「過食症の場合にはなおさら伝染しやすく、患者を助けるはずの相互支援《サポート》グループや治療施設が同じ症状を蔓延《まんえん》させる最大の要因にもなりうるのです[*4]」つまり摂食障害の人々を快復させるための治療施設が、反対に好ましくないお手本をまねる場所となり、無意識に症状を競いあうことにより、全員が悪化してしまいかねない。

十代の自殺者が出た際の全校集会も、生徒たちの関心を高め、さらに犠牲者を出すことにつな

がりかねない。[*5] 抑うつ症と自傷行為にも同じことが言える。[*6] そしていまはトランスジェンダーの自己判断にも。

どの学校でも、ごく一部の生徒が性別に迷いや不快感を覚えるのは自然なことだろう。それを全校集会で取りあげれば、混乱を広げることになる。ジェンダー思想《イデオロギー》を大々的に持ちださなくても、いじめを阻止する方法はいくらでもある。難しいことではない。どんな理由であれ、いじめは罰すればいい。ほかのすべての生徒たちにまで、ほかの誰にでも礼儀をもって接する大切さをわからせたいがために、性別への不安を煽る必要はない。

4．家庭のプライバシーを取り戻す

わたしが話をした親たちのほとんどは、娘がＳＮＳでトランスジェンダーだと告白したのが転機となっていた。そのときから娘の主張は誰もが知るところとなった。それを機に——本人がまだ悩みつづけていた場合でも——囲いこまれてしまったような状態におちいった。もう簡単には撤回できない選択をしたのだと。

ネットで生活や自分自身のすべてをさらけだす習慣は断ちきろう。偽善者ぶった提案に聞こえてしまうのは承知している。本書を執筆するまでは、わたしも間違ったことをしているとは思っていなかった。でも、たとえばある子供がピアノを弾くのをやめたくなったのなら、もう練習したくない理由を世の中に発表しなくてもピアノをやめる権利がある。通りすがりの相手に見込みのない恋心をいだくのもそれぞれの自由だし、そんな想いを取りやめるのに儀式や判決はいらない。

それはゲイでも、ストレートでも、トランスでも、どのような新たな性自認を告白したとしても、まったく同じことが言える。ティーンエイジャーは自分が大人だと告白しただけのつもりかもしれないが、じつは、いざというときにはすぐに〝支援〟を申し出てくれる本物の大人に発炎筒を振っているようなものだ。どうしても必要なら卒業パーティの画像を電子メールで送ってもかまわないが、それをネットで見知らぬ人々の飢えた目にさらしてはいけない。大切な人々とつながりを保つ方法はそれ以外にもある。

5．あなたの娘を危険から遠ざける大きな一歩とは

トランスジェンダーだといきなり主張しはじめた娘を引き返させることに成功したと言える親たちの話には共通項がある。学校、同年代の仲間たち、本人を追いつめる選択を執拗に勧めるオンラインのコミュニティから、あらゆる手で娘を引きはなしたことだ。前章でも登場したチアラの人生の軌跡は、母親がインターネットに接続できない馬牧場で暮らす環境を整えたのが転換点となった。第5章で紹介したブリーは仕事を辞めて娘と国じゅうを旅した。ほかにも、住まいを引きはらって進歩的な都市から価値観を共有できる移民のコミュニティへと引っ越した一家もあり、彼らについてはまた次章で紹介する。

そうした手法はうまくいく。もし自分の娘が同年代の仲間たちとジェンダー思想《イデオロギー》の高まる波に沈みかけているのに気づいたら、引っぱりあげて連れ去ることが必要だ。まだ同居していて、しかもトランスジェンダーを自認しはじめたばかりなら、引っ越しで驚くほどの成果を得られるかもしれない。すでに大学の寮で暮らしているのなら、家に連れ戻そう。一年の長期休暇を旅行

にあてて、めざましい成果を得られた例もある。たいへんな不便と引き換えに一家で引っ越しをした人々は少数だが、もっとも成功している。そのほとんどの一家で、少女が主張を撤回した。後悔している一家はひとつもない。

6. 少女たちを病人扱いするのはやめよう

二〇一三年にわたしは女児を出産した。すぐに、上の男の子たちとは少し違うことに気づいた――わたしはそれがまさに女の子の特徴だとわかってきた。娘は常に愛情を得ようとしているように見えた。あやしてもらおうとすぐにすり寄ってきた。四歳でよくしゃべるのには驚かされたし、そのうちすぐに、祖父母が電話をしてくると、娘は受話器に向かって、わたしのしゃべり方をそっくり真似て話せるようにもなった。

人を思いやることもできた。きょうはどうだったかとよく訊《き》かれた。わたしがソファで寝入ってしまえば、額にキスをしてくれる。大人の女性のなかにもまだ少女がひそんでいるのを知っているかのように。

女の子は男の子とは違う。友人たちから何か頼まれたり悩みを打ち明けられたりしたときにはよけいに自分の要求を主張しづらくなってしまうからといって、男の子よりもたんに劣っているとは言えない。男の子とは異なる特質と才能を持っている。それは概して男の子たちには備わっていない豊かな感受性と理解力だ。もちろん反対に男の子のほうが劣っているというわけでもない。

思春期はことに少女にとってつらいものだ。感情が沸き立ちやすく、野生馬のように跳ねあがって、いななく。親が彼女たちを普通ではなく、どこかおかしいのではと思うのも無理はない。薬物治療で気分をなだめて、やっかいな十代の何年かをやり過ごせないかとすら思うかもしれない。『眠り姫』のように娘を深い眠りにおちいらせて、目覚めたときには穏やかにすっきりと生まれ変わって、優雅に大人の女性に成長していてもらえたらというのは夢物語だ（実際にわたしは本書を執筆しながら、『白雪姫《しらゆき》』も『眠り姫』も、そのほかの多くの似たようなおとぎ話も、そうした親の願いから生みだされたのではと考えた。手のつけられない十代の娘をちょっとのあいだ眠らせてしまえたらと想像したのではないかと）。

それが無理な話だとしても、十代の数年間に感情の起伏がはげしくなるのは——嵐のごとく怒りだしたり、急に自信を失ったり——思春期の少女の特性であって、欠陥ではない。だからといって親は制限をもうけたり態度の悪さを叱ったりしてはいけないというわけではない。でも、精神的に深刻な問題をかかえているのではないかぎり、娘の感情の起伏のはげしさを親がむりやり治めようとする必要もない。

十代の娘に、はげしくいらだつこともあるだろう。にわかには信じられないかもしれないが、そうした彼女たちの変化には筋のとおった理由がある。つまり、少女たちは作動試験《ベータテスト》をしているようなもの。筋肉をほぐしつつ、これからとても愛情深い親や思いやりのある友人になれるように、自分たちの知性と情緒の腕試しをしているのだ。

女性は物事を深く感じとる。感情移入する。親友は誰かと尋ねられて、ほとんどの男性が妻と答えるのに対し、ほとんどの女性は同性の名を挙げることにもその特徴がよく表れている。[*7] 兵士は母に手紙を書く。真夜中に幼い子供たちが泣き叫んで捜すのもママだ。

女性の感受性は強みだ。思春期に大切なのは、その感受性に押しつぶされない術《すべ》を学ぶことに違いない。大人になってからはその感受性を失わないようにすることが大切になる。

女性たちはなんでも男性を基準に考えることをやめなくてはいけない。男性たちの話し方を真似たり、同じ仕事を目指したりする必要はないし、彼らの身勝手さをただひがんでいても仕方がない。そうした強迫観念は男性に植えつけられたように考えられているけれど、じつは自分たちで作りあげているとも言える。

7. 恐れずに認めよう。女の子だってすばらしい

高校一年生のとき、わたしは学校代表のサッカーチームでゴールキーパーとなり、大会で優勝を果たした。ずば抜けてうまい選手というわけではなかったけれど、じゅうぶんに活躍できていた。女子のスポーツ競技では、積極的に取り組むことで技術の不足をだいぶ補える。

ところがそれから、変化が起きた。はっきりと目に見えてわかるような身体の変化ではなかったものの、ある自覚が芽生えた。朝起きたら、乳房や、お腹や、太腿《ふともも》――どれも自分の身体に間違いないのに――が、やわになってしまったような感覚だった。自分に向けられる男性の目は、ただそこにあるものを荷物のように見ているのではなく、〝わたし〟を認識していた。

そうした変化はしだいにわたしのなかに運動選手としては致命的なためらい癖を生みだした。二年生になってまたサッカーの代表チームの選手に選ばれると、相手チームの選手がボールを蹴《け》りだすときに、はっと、自分の鼻や胸やお腹や、身体のどこかを傷つけてしまうのではと感じるようになった。ひどいけがをするのではと急に不安をいだいた。次のシーズンには、わたしは選

出されなかった。

ある意味で、女性はみな移行《トランジション》するとも言える。最良の環境が整えられていたとしても、それはつらいことだ。変化には喪失感がともなう。勇気も必要だ。

大人の女性になるにつれ、男の子とほとんど同じように強くてたくましかったはずの身体を失い、柔らかさと性的魅力が加わるとはいえ、傷つきやすい身体に成長する。最初の数年は成長しすぎたヤドカリがもっと大きな新しい貝殻を懸命に探しまわっているような気分かもしれない。代わりの貝殻を見つけてかぶってみても、どうも似合わない。もう男の子たちに腕相撲を挑んでも勝てる気がしない。

だから感受性に頼らざるをえなくなり、その才能を磨く。視線だけで一撃を加えたり、反対に相手をなだめたりもできるようになる。うまくすれば、言葉や、ユーモアや、策略や、感受性で、不安に打ち勝てるかもしれない。そうした能力を最大限に生かして、耐えるときと自制するべきときをわきまえて、生きていくこともできるだろう。

ただしどうか、どのような大人の女性になるにしても、これまで男女同権論者《フェミニスト》たちが訴えてきた言葉にしっかりと耳を傾け、性別の固定観念に縛られるのはやめてほしい。少女たちは宇宙飛行士にも看護師にもなれる。トラックのミニカーで遊ぼうが、お人形で遊ぼうがそれぞれの自由だ。それに、男性に惹《ひ》かれるかもしれないし、ほかの女性に惹かれるかもしれない。どうであれ、女性としてなにも劣るわけではないし、女性にふさわしくないことなど何もない。

現代の若い女性たちには、これまで以上に教育を受ける機会と仕事の選択肢が広がっている。それをあなたの娘さんにも伝えてほしい。そしてまた、女性のもっとも特異な能力――出産――

が、きっと人生にすばらしい恩恵をもたらしてくれることも。

娘たちにほかにどのようなことを教えるにしろ、そこにもうひとつ加えてほしいことがある。なぜならそれを否定しやすい文化があるし、彼女たちは犠牲者扱いされやすいからだ。疑問をいだくのはごく自然なことでもある。なによりも、真実だからこそ、こう伝えてほしい。

あなたは女性に生まれ、幸運で特別な人。女性に生まれたのは贈り物で、その人生には逃したらもったいない喜びがたくさん詰まっているのだと。

なぜ問題視されるのか

わたしは二〇一九年十月までに本書のための取材をほぼ終えていた。苦悩と喪失の物語の数々が頭から離れることはなくても、折りあいをつけられるようになった。もう息苦しくなったり、胸を引き裂かれそうな思いをしたりもせずに過ごせていた。陰茎形成術《ファロプラスティ》のために少女の腕から皮膚、脂肪、神経、動脈が切りとられた画像は、わたしの頭からずっと消し去ることはできないかもしれない。ぎゅっと丸めて包みこまれた、皺《しわ》だらけの薄い皮膚の切れ端。あんな中世じみた思想を信じこんでしまったのは失敗だったと悔やんで取り乱していた人たちの告白。*8 そうしたものは傷ついたCDのように、いやというほどわたしの頭のなかでぐるぐる再生されつづけ、すでに悩まされていた不眠の症状を悪化させた。

でもある時点から、困惑させられるほど流行しているこの現象は、自分自身が直面していることではないのだと、どうにか達観して考えられるようになった。どのような報道にしても見聞きしているうちに、ある時点から誰もが慣れてしまうのと同じように。

けれどその後、つきあいの長い大切な友人がわたしの住む町を訪れ、夕食に誘ってくれた。話すうちに、わたしが取り組んでいる仕事について友人があえて触れないようにしていることに気づいた。妙な緊張感を取りはらうために、ともかく、ぎこちなさの理由を突きとめようと、わたしは本書について切りだした。友人は目に見えてうろたえていた。もうじゅうぶんに苦しんでいるトランスジェンダーの人たちを傷つけることになると言うのだ。すでにわたしはその人たちを傷つけたも同然だと友人は言い放った。なぜそのようなことをするのかと問いただした。わたしがそんなことをするなんて信じがたいと。世の中にはいろいろな問題があるのに、よりにもよって、どうしてそれを取りあげたのかと知りたがった。わたしが書いたことによって、トランスジェンダーの人たちが自分自身を傷つけるかもしれないと友人は言うのだ。どうして放っておいてあげられなかったのかと、友人はわたしに詰め寄った。

わたしにとってはとても敬愛する友人なので、そのように言われたことに衝撃を受けた。当然ながら、西欧諸国の思春期の世代に吹き荒れているこの社会的伝染について自分が調べたせいで、人々を傷つけてしまうかもしれないと考えると耐えられなかった。話を聞かせてくれた大人のトランスジェンダーたちにはひたすら敬服している。本書を執筆するなかでわたしが出会ったのは、きわめてまじめで思慮深く善良な人々だ。

いっぽうでわたしは、より傷つきやすい、べつの集団が気がかりで仕方がなかった。アイデンティティ・ポリティクス〔ジェンダー、民族、宗教、人種などアイデンティティに基づく集団の利益のために行なう政治活動〕や、多様性を認める革新的な認証制度が推し進められるなかで、野放しにされてしまったかのように見える人々だ。本来ならわたしたち大人にとってとても頼もしく思える存在なのに、絶望に追いこまれて、きわめて危うい状態にある集団、つまり十代の少女たち。未来への希望を託せる人々だ。その心を引き裂かれさえしなければ。

突然トランスジェンダーだと主張しはじめた十代についての懸念を口に出すのは、政治的に賢明ではなく、世間体を気にしなければならない風潮があり、端的に言って疎まれる。本物かそうではないのかと、すべてのトランスジェンダーを非難する行為だというのだ。けれどむろん、社会的伝染におかされている十代は、幼い頃からずっと性別違和に悩まされつづけ、大人になってトランスジェンダーとしての人生を築いた人々とはまったく違う。

過激な人々――トランスジェンダーの場合も、そうではない場合も多いが――が、ほんとうに苦しんでいる人々の戦いに乗じて、絶望しかけている若者たちが突発的な熱狂に巻きこまれているとの指摘を非難し、攻撃し、くつがえして封じこめようとしている。わたしが話を聞いた多くの大人のトランスジェンダーたちは、彼らのためにという名目で活動家たちが主張していることについて謝罪していた。そうした活動家たちが極端な急進派であることを忘れてはならない。

若者たちが取り返しのつかない過ちをしないように歯止めをかけなければいけないはずの機関が、どこもその役割を果たせていない。学校、大学、医師、セラピスト、教会までもが、より重要な弱者を擁護しているという強固な主張に説き伏せられている。

変身できるとのふれこみの商品を買わされてしまったも同然の少女たち。でも彼女たちにはまだ換金できる最後の資産が残されている。常にわが子の身を案じて電話を待っている親だ。わたしの知るかぎり、この親という名のカードには期限がない。

もしあなたがトランスジェンダーだと自認する十代で、家族と連絡を断っていて、たまたま本書を手に取ったのだとしたら、あなたの両親はたぶんあなたが望んでいるような〝イケてる家族〟ではないのだろう。あなたを名づける権利は自分たちにあると信じきっていて、出生時に付けた名前で呼ぶのをやめはしないだろう。なぜならどの親も、そもそもそういうものだからだ。あなたがいくら説明しようと、〝ジェンダークィア〟と〝トランスジェンダー〟の区別もつかない。残念ながら、あなたが望む性別で見てくれるようにはならないだろう。

しかも、十年後にあなたがもし〝シス（ジェンダー）〟として、つまり生まれたときの性別のまま女性として子供を授かったとしてもまだ、親はあなたがしていることのあら探しを続けているかもしれない。ただし子供の成長にうまく気づけないほどまぬけな親でも、よい仲間であることに変わりはない。親たちにとって、あなたが誕生した瞬間から始まった眠れぬ日々の習慣はなかなかやめられるものではない。

だから、あなたの友人やセラピストが言うことは正しいのかもしれない。あなたの親は〝有害〟で、そんな親にわずらわされる必要はない。あなたが悪夢を見ていた晩には狭いベッドにもぐりこんできて、黙ってひと晩眠れずにそばで過ごし、翌日の晩もまた飛び起きてきて同じことを繰り返していたような負け犬だ。あなたのどんなにささいな痛みも見逃さず、むずかる身体を抱きかかえ、不規則な呼吸に耳を澄まして、数えきれないほどの夜を過ごしてきた。

親はたくさんのへまをする。あなたが六年生で劇に出たときには、あなたが傷ついていることも知らずに大はしゃぎしていたかもしれない。そしていま、あなたに必要とされなくなっても、わびしい、さえない親であることをやめられそうにない。もうあなたを年齢相応の大人として見るべきなのに、いまでもあなたのことばかり見ているのは、あなたが彼らの世界のすべてだからだ。

親はあなたを決して理解できないだろう。あなたには自分の求める人生がわかっていて、すでにそのとおりに歩きだしているかもしれない。そうだとすれば失うものはもう何もない。親に連絡してあげてはどうだろう？

おわりに　その後

ルーシー

「はじめに」で紹介したルーシーは、テストステロン補充療法を三カ月でやめた。声はすっかり変わってしまったが、そのことで恐ろしくなって打ちきったという。トランス男性として人生を歩むため大学を中退して、生物学的には女性の〝ボーイフレンド〟と暮らしていたので、その関係にも終止符を打ち、復学して、いまはトランス男性と自認してはいない。もうすぐ二十三歳で大学一年生となり、いまも男の子っぽいショートヘアは多彩な明るい色に染めている。

わたしが母親にルーシーが大学に戻ってテストステロン補充療法をやめたのはよかったと言うと、母親はまだ慎重で、喜んでいるふうはなかった。ルーシーはいまも腕にトランスジェンダーのしるしのタトゥーを入れている。大学に戻ったとはいえ、娘がまたいつ心変わりしてテストステロン補充療法を受けはじめはしないかと、母親は気を揉《も》みながら暮らしている。

とはいえ、いまのところ、状況は改善されているようだ。ルーシーの成績評価点の平均は四・〇で、両親とのやりとりも、ジェンダーの話題を持ちださないかぎり、ほとんど突っかかってくることはなくなったという。大学のキャンパスでは〝クィア〟のコミュニティに加わっている。これから数年は母親が固唾《かたず》をのんで見守る日々が続きそうだ。

ジュリー

バレエダンサー志望でふたりの母親をもつジュリーは、テストステロン補充療法を受けはじめ、トップ手術に踏みきった。母親のシャーリーとは二年も口を利《き》いていなかったが、どちらの母親とも月に一度は連絡をとりあうようになった。大学へは行っていない。ずっとレストランで働いているが、給仕係の助手から料理人の助手へと昇進した。

けれどいまもダンス・カンパニーでは男性役をつとめている。公演には母親たちが招待され、シャーリーは舞台上のジュリーを見つけるのに苦労している。でもどちらの母親も、ジュリーのパフォーマンスについては手放しで褒めていた。

誕生日にはシャーリーからの散歩の誘いにジュリーが応じた。「怒らせるようなことはいっさい口にしないように、とても気をつけていた」とシャーリーは話していた。

あるとき、テストステロンの長期にわたる投与の危険性について話そうとしたら、ジュリーからそれについては話したくないときっぱり拒まれたという。ジュリーは二十歳になり、いまも自分はトランス男性だと頑《かたく》なに言い張っている――以前ほどけんか腰にではないが。

娘に何を言おうとしても反発されるとはいえ、ジュリーがまた口を利いてくれるようになっただけでも喜ばしいことだとシャーリーは承知している。「親にとっては言い表わせないくらいだと。

サリー

サリーが大学を卒業して一年半が経っても、見通しは暗いように思われた。高校では水泳の全国大会で優勝し、アイビーリーグの名門大学を卒業しながら、なおも両親との連絡は断っていた。祖母から受け継いだ名を母親曰《いわ》く〝インターネット上のミーム名だとか〟に変える手続きをとった。Ｉｎｓｔａｇｒａｍのアカウントを見ると、頻繁にマリファナを吸っていることがわかる。大きなタトゥーをいくつも身体に入れている。「ライカーズ〔全島が刑務所になっている〕の元受刑者みたい」当時、母親のメアリーはネットにあげられた画像を見て、そうこぼしていた。

いっさい音沙汰《おとさた》がないまま、感謝祭や誕生日が何度も過ぎていった。サリーはＳＮＳでいまは〝クィアの家族〟が自分のほんとうの家族だと公言していた。メアリーはいきり立っていた。「こう言ってやりたいくらいだった。『あなたはどこまで子供なの。血でつながっているのが家族でしょう。わたしたちはいつだって駆けつける家族なのに』」と。そしていまも娘にこう伝えたがっている。「わたしはあなたのためにここにいる。どんなに恐ろしい姿になっていても、帰ってきて、手助けや、お金や、支えが必要だと言ってくれたら、すぐに差しだしてあげるから」

メアリーの夫のデイヴが重病にかかった。メアリーは息子たちのひとりにサリーへの伝言を託した。それでも、連絡はなかった。

そして数カ月まえ、以前から薬物中毒に苦しんでいた長男が過剰摂取で重篤な状態におちいった。快復の見込みはなかった。サリーはその兄の病状を知って母親に電話をかけてきた。

最初、メアリーは娘の声だとわからなかった。テストステロンの投与で声がすっかり低くなっていたからだ。それでも娘が連絡してくれただけでうれしかった。「あの子はこう言ったんです。『わたしにとって、これからも母親はひとりだけなんだってわかった』」

サリーは何度かメアリーのもとを訪れ、母親の同僚たちとも一緒にブランチを楽しみもした。メアリーが娘をもとの名前で同僚に紹介しても、サリーは正そうとはしなかったという――女性の人称代名詞を使ったときも。それどころか、サリーが職場ではもとの名前を使い、人称代名詞もいまは女性で申請していることをメアリーは知った。もうテストステロン補充療法も受けていないらしく、身体的な変化が見られるのはいまのところ男性のような声だけだ。トップ手術にも踏みきらなかったらしい。大学院への入学を検討しているという。

それが何を意味しているのか、メアリーは尋ねられずにいる。いまのところは娘とまた連絡をとりあえるようになっただけでもうれしいと言う。サリーの態度が軟化したのは二十五歳になった直後であることにメアリーは気づいていた。ちょうど前頭前野が成熟すると言われている年齢だ。「そんなことってあるのね」メアリーはそう言って笑った。

ガヤトリ

ガヤトリのインド系アメリカ人の両親は、異文化への順応を試みたのは間違いだったとの結論に達した。ガヤトリを伝統的なインド文化にあらためてなじませようと、一家で進歩的なアメリカ人の都市を出て、インド系の親類が暮らす町へと引っ越した。

この転居が大いに成果をあげて、ガヤトリは〝トランスジェンダー〟との思いこみからほぼ抜けだした。新たな学校にはもとの名前で入学し、いまのところガヤトリはその名前を変えていない（ただし以前の状態で出会った友人たちとはネット上でクィアとしてつながっていて、両親にはいまも〝バイセクシャル〟だと主張している）。引っ越す際に母親はこっそり娘のブレストバインダーを捨てたが、ガヤトリはまだそれに替わるものは入手していない。スカートもまた穿《は》くようになった。ホルモン剤についても、もうしばらくまえから口に出さなくなった。

ジョアンナ

ジョアンナは大学の最終学年に両乳房の切除手術を受け、両腕はタトゥーに覆われている。大学卒業後、インターンシップで働きだして、その勤務は一年で終了した。いまも両親とは近しい関係を保っていて、それはあらゆる意味で望ましいことだ。なにより、いまも両親に支えられている。

ジョアンナが冬の休暇を家に戻って過ごした直後に、わたしは母親のレイチェルと話した。「彼らはきのう帰ったところ。一週間、滞在してた」レイチェルは言った。

「彼女は誰と来たの？」わたしはまぬけな質問をした。

「あっ、わたしが〝彼ら《they》〟と言ったからね」母親は声を落とした。「なかなか彼とは言えなくて」人質にとられてでもいるかのように声をひそめてそう打ち明けた。

父親のリチャードが娘の職探しを手伝っているという。ジョアンナは長いあいだ就職先を見つけるのに苦労していて、ｔｈｅｙを人称代名詞に使用した履歴書に〝トランスジェンダー〟と記しても一般には通用しづらいことを理解しはじめている。

自認する性別がはっきりと定まらないことを除けば、ジョアンナは幸せなようだ。また化粧をするようになり、おかげで母親曰く〝ハイブリッド〟っぽく見えるそうだ。それをどのように考えればいいのか母親のレイチェルは決めかねている。そこが問題なのかもしれない。

メレディス

メレディスはアイビーリーグの大学三年生になって頻繁に腹痛を訴えるようになり、母親は娘が助けを求めているしるしかもしれないと察して、家に呼び戻した。学位を取れなくなるかもしれないことは誰も気に留めなかった。メレディス本人ですら、学業に追いつめられて大学生活を楽しめなくなっていたと打ち明けた。診察した医師たちはみなメレディスの健康に問題はないと診断したが、腹痛は治まらなかったので、ブレストバインダーの着用は取りやめた。

メレディスはまだテストステロンの投与を受けている。それを認めてくれなければ家には帰らないと拒んだが、両親はその費用を払うつもりはない(「あの子のヘロインに金など払えるか」メレディスの母親は夫がそう言ったとわたしに話してくれた)。いまのところ、両親は仕方なくテストステロンの投与を黙認している。その話題をあらためて持ちだして娘と議論できるようになる機会を探っている。

そこで、メレディスの母親にほかの親たちに何か助言はないかと訊《き》いてみた。「わたしに言えるとすれば、つながりを保つこと。実際にわたしたちは一週間はあいだを空けないように、だいたい週に二度は娘と話をしていたけれど、たぶんもっと連絡をとるべきだったのでしょうね。新学期の九月には二度は娘のもとを訪ねておけばよかった」母親はそう言った。「ほかの親御さんたちには、お子さんとほんとうにつながりを保ってほしい。驚かされるほど大学生活を送る心の準備ができていない子供たちもいるのだから」

謝辞

友人たちが避雷針を立てる手助けをしてくれたなら、その傍らに立つ彼らの記念写真を撮ればいいのか、大きく後ろにさがってもらったほうがいいのでしょうか？　多くの人々の助けがなければ、本書を書くことはできませんでした。そのうちの何人かにはここでお礼を申しあげます。そのほかの方々も写真には撮りませんが忘れられるはずがありません。

わたしのすばらしいエージェントのグレン・ハートリーはほんとうに最初から本書を擁護してくれました。以来ずっと真実を率直にわたしに伝えてくれたのは、本物の友人の証《あか》しです。彼とリン・チューは無敵のチームです。

レグネリー社の優秀な人々はほかの誰もが恐れていた領域へ勇敢に打って出ました。わたしに耐えてくれるトム・スペンスのような思いやりのある人物と知りあえたのは幸運だと思っています。エリザベス・カンターはまさに才気あふれる編集者です。たぶんお互いに予想もしていなかったような窮地に際して、わたしのセラピストの役割も担ってくれました。ジョン・カルーソーは当初から表紙について見事なビジョンを持っていました。キャスリーン・カランはわたしの誤りを正してくれました。本書の販売促進を手ぎわよく行なってくれたのはアリッサ・コードバです。ジリアン・リチャーズの綿密な事実確認にも助けられました。

本書は、発端となった記事を掲載してくれたウォール・ストリート・ジャーナル紙の協力がなければ、生みだされなかったでしょう。ジェイムズ・タラントは偉大な編集者ですばらしい人物です。マシュー・ヘネシーは、奥歯に物が挟まったような物言いにおちいらないよう何度もわたしを踏みとどまらせてくれました。ビル・マクガーンの思いやりと支えに助けられました。メアリー・キッセルは暗がりからわたしを連れだし、大切な友人となりました。

性別違和、人間心理学、解剖学、内分泌学について知識の乏しいわたしが理解できるよう、辛抱強く手助けしてくれたのは、ケネス・ズッカー、リサ・リットマン、レイ・ブランチャード、ポール・マクヒュー、ウィル・マローン、マイケル・レイドロウ、パトリック・ラパート、J・マイケル・ベイリー、ポール・フラスらの博士たちと、精神分析家のリサ・マルキアーノです。ヘザー・ヘイング教授からは現代の学生文化に分け入る重要な知見を得ました。ほとんどの先生方が時間を割いて各章に目を通し、多くの間違いを見つけてくださいました。先生方がわたしを救うために最善を尽くしてくださったにもかかわらず、わたしが取りこぼした誤りはあるはずです。

ブレンダ・レブサック、レイチェル・オルソン、リンダ・コーン、グレイシー・ヴァン・デア・マークは自宅にわたしを招き入れ、カリフォルニア州の公立学校制度によって子供たちに吹きこまれている極端なジェンダー思想《イデオロギー》についての資料をたどる手助けをしてくれました。みずからの職場での地位を危険にさらしてまで協力してくださったのです。アメリカの子供たちのために。

アレン・エストリンとマリッサ・ストレイトには常に支えられていました。ふたりの助けと友情に感謝します。キャンディス・オーウェンズは、メディアのほとんどの人々が関心を示すようになるずっとまえに、彼女の番組で十代に蔓延《まんえん》するこの現象について討論の場を設けてくれました。

記事を送ってくれたり助けを申し出てくれたりした多くの友人たちと家族に感謝します。愉快な友人関係にはばかげた逸話もつきものなので、お名前は割愛します。すでに苦境にありながらわたしを励まし、助けてくれた人たちにも感謝を。エミリー・ジノス、ハクシ・ホルヴァス、ウォルト・ハイヤー、ジュリア・D・ロバートソン、カーラ・ダンスキー、ジュリア・ベック、マリアン・ルティィリアーノ博士、ブランドン・ショーウォルター、マデリン・カーンズ。

ブリー・ジョントリーはこのうえなく寛大でした。デニースは洞察力に満ちていました。〝ミズ・ノビス〟、〝エマ・ゼーン〟、〝キャサリン・ケイヴ〟、バーバラ・プライス、そして、大勢の母親と父親たちが連絡をくれ、専門知識を伝え、たくさんの有益な収集記事を提供し、データ分析を手伝ってくれました。みな、ほかの誰かを助けられればという一心で、計り知れない苦悩を明かしてくれたのです。本書でみなさんからの信頼に応《こた》えられていますように。

ジャーナリズムについてわたしはスー・ザッカーマンからすべてを学びました。

書くことを教えてくれたのは父です。おてんばで、不器用で、こわがりだったり、怒ってばかりいたり、そのどんなときでもずっと父に見守られて成長してきたわたしはいつまでもあなたの娘です。母は、物心がついた頃から、このプロジェクトが始まってからもずっと、常にわたしを助け、支えてくれました。たいへんなときでも、元気で、明るく、優美にがんばり抜ける母にはただ呆然《ぼうぜん》と驚かされるばかりです。義母と義父は品位と寛大さのお手本です。ふたりの愛にいつも感謝しています。

夫が決してわたしに変わるよう求めないのは日常の奇跡です。本書のすべてに目を通し、あらゆるアイディアを改良し、それ以上になによりも、とても多くの目やたくさんの反発にひとりで向きあって耐《た》えずともすむようにしてくれました。

J、R、Dに。わたしがこの本にかかりきりになり、仕事をするためにあなたたちをベッドに追い立ててしまった晩が何日もありました。わたしが知りあいでもない親子の物語にどうしてそれほど時間を割くのか、あなたたちがとても不思議に思っているのはわかっています。でも、あなたたちが傷ついたら、わたしは決して裏切らないと約束します。ほかの人たちと同じようにあなたたちにトーラー〔モーセ五書、ユダヤ教の律法〕を教え、必要なら命を救う手術を受けさせます。そのためにはほかの子供たちの親御さんにも頼らなくてはいけません。本書にはわたしがするべきことが書かれているのです。それだけでも、ときにはじゅうぶんな理由になるのではないでしょうか。人生で大切なことのためには戦う価値があることをいつも忘れないでほしい。そして、真実を決して恐れないで。

解説

岩波明

1 「性別違和」診断基準の問題点

本書は、米国のジャーナリスト、アビゲイル・シュライアーによる、『Irreversible Damage: The Transgender Craze Seducing Our Daughters』(レグナリー・パブリッシング)の全訳である。この本には、米国の十代の少女たちにおける「トランスジェンダー」(生来の性別と本人が思う性別が異なる現象)に関する過度の熱狂について、さらにその社会的背景が詳細に述べられており、刊行直後から大変な反響を引き起こした。

二〇二〇年に発刊された本書は全米でベストセラーになった一方、トランスジェンダーの人権を否定するものとして、トランスジェンダーの活動家や左翼団体などから、執拗で頻繁な攻撃を受けることとなった。その激しい恫喝により、通販大手のAmazonはこの本の広告を一時停止し、この本を取り置いた図書館や書店に抗議の電話などが殺到した。

ある日、前触れなく、十六歳のルーシーは、自分の性別は間違っている、自分はトランスジェンダーで、性別を変更する手続きや処置をしなければならない、と突然主張するようになる。元々はディズニー映画が好きで女の子らしかった彼女は、中学生になると精神的に不安定となって沈み込むことが多くなり、同性の友達とうまくいかなくなった。

心理療法家によるセラピーを受けても、ルーシーの状態は改善しなかった。高校に入った彼女は、何人かの友達とともに、自分の精神的な不調は「性別違和（Gender Dysphoria）」が原因だと確信する。それから間もなく彼女は、男性ホルモンであるテストステロンの投与を受けるようになり、さらに髪をそり上げ男性の服を着て、新しい名前を名乗ったのだ。

少女ルーシーは特殊なケースではない。この十年あまり、米国においては、性別違和を訴える十代の女性が急増している。

著者が記載しているように、かつて「性同一性障害」と呼ばれた「性別違和」という現象（症状）は、自分の生物学的性別に激しい不快感、嫌悪感を持つもので、通常は就学前、あるいは小児期にこれを自覚する。米国精神医学会の診断基準集ＤＳＭ－５（Diagnostic and Statistical Manual of Mental Disorders　Fifth edition）によれば、この現象は男性の〇・〇〇五～〇・〇一四％、女性の〇・〇〇二～〇・〇〇三％にみられるもので、その多くは男児であった。

この「性別違和」という用語（診断名）は、本書でもしばしば登場するＤＳＭ－５という文書に記載されているものである。ＤＳＭとは、米国の精神医学会（精神科医の専門団体）が発行している診断基準集であり、最初のバージョンであるＤＳＭ－Ｉは一九五二年に刊行された。ＤＳＭ－５（二〇一三年）はその第5版にあたるものである。

ＤＳＭ－５は「青年および成人の性別違和」の診断基準について以下のように定義している。

青年および成人の性別違和（302．85）

A その人が体験し、または表出するジェンダーと指定されたジェンダーとの間の著しい不一致が少なくとも6か月、以下のうち2つ以上によって示される。

1．その人が体験し、または表出するジェンダーと、第一次および／または第二次性徴（または若年青年においては予想される第二次性徴）との間の著しい不一致。

2．その人が体験し、または表出するジェンダーとの間の著しい不一致のために、第一次および／または第二次性徴から解放されたい（または若年青年においては予想される第二次性徴の発達をくい止めたい）という強い欲求。

3．反対のジェンダーの第一次および／または第二次性徴を強く望む。

4．反対のジェンダー（または指定されたジェンダーとは異なる別のジェンダー）になりたいという強い欲求。

5．反対のジェンダー（または指定されたジェンダーとは異なる別のジェンダー）として扱われたい強い欲求。

6．反対のジェンダー（または指定されたジェンダーとは異なる別のジェンダー）に定型的な感情や反応を持っているという強い確信。

B その状態は臨床的に意味のある苦痛、または、社会、職業または他の重要な領域における機能の障害と関連している。

前述したように、性別違和は、これまでは「性同一性障害」と呼ばれた疾患とほぼ同一のものである。ところが、ジェンダー問題の議論が高まる中で、この症状（特徴）は、疾患でも障害でもないという意見が優勢となり、性別違和という呼称に変更された。

この性別違和の診断基準には、重大な問題点がある。欠陥と言ってもよいものである。それは、この基準においては、六か月というしばりをもうけているものの、ほとんど横断面だけの症状で診断が可能となる点である。

本来、性別違和は生まれながらの特徴（症状）である。米国の代表的な精神医学の教科書である「カプラン　臨床精神医学テキスト」（メディカル・サイエンス・インターナショナル）は、性別違和について次のように述べている。


性別違和をもつ成人のほとんどが、幼いうちから自分が他の同性の子どもとは違うと感じていたものの、その違和感の元が何であったかはわからなかったと報告している。多くの者がジェンダーの不一致をごく幼い時期から強烈に感じており、その不一致は青年期から成人期にかけより強くなったと報告している。


上記の点を考えれば、DSM-5の診断基準は、小児期からの時間的な経過を無視している不完全なものである。この点については、推測になるが、診断基準の作成にあたって、なんらかの圧力が影響していたのかもしれない。

DSMにおける診断名や診断基準の内容が純粋な医学的なデータというよりも、社会的、政治的な要因に影響されることがみられている。たとえば、最近では、「アスペルガー障害（アスペルガー症候群）」という診断名が、この疾患の提唱者であったハンス・アスペルガー博士が第二次大戦中にナチスドイツの協力者であった可能性が指摘されたことによって、DSM–5の診断名から削除された。

本書に記載されているように、米国のトランスジェンダーの推進者、活動家たちは、当事者本人が「性別違和」を自覚し認識していれば「性別違和」と「診断」され、希望があれば、その後の医療的処置を受けることは当然の権利であると主張している。

けれども、長期経過という視点からは、本書のルーシーや他のトランスジェンダーの少女たちは、本来の性別違和と診断することは難しい。彼女たちは、思春期になってから性別違和を自認したからである。

最近の十年あまり、米国などの西側諸国においては、性別違和を訴える思春期の少女が激増した。こういった患者数の増加は医学雑誌などに報告されている。しかしながら、思春期の彼らを対象に詳細に臨床的な症状や経過を検討した研究はほとんど見当たらない。思春期にみられる性別違和が、真の性別違和なのか、それとも一過性の現象であるのかについては、さらなる研究、調査が必要である。

2　社会的、政治的問題と医療

本書の著者によれば、トランスジェンダーの急増という状況を引き起こした原因として、教育現場と精神保健の問題をあげている。多くのハイスクールや大学では、性別違和を訴える少女を擁護し、時には親に知らせることなく、男性名の使用を認め、積極的にホルモン療法や手術に誘導することも行われているという。

また多くのケースでは、精神保健の専門家（医師やカウンセラーなど）も、当事者の訴えをそのまま受け入れ、「性別違和」の診断にお墨付きを与えている。医師のお墨付きを得た患者は、思春期抑制のためのホルモン療法やテストステロンの投与、さらにトップ手術にまで至ってしまう。つまり、本書に述べられたトランスジェンダーに関する現象は、「医原性（イアトロジェニック）」の側面も大きい（医原性とは治療者によって引き起こされるという意味）。

他の医学の分野でも同様の傾向はあるが、精神医学における概念や治療法は、かなりの「迷走」を経て、発展してきた歴史がある。しばらく前まで定説であった考え方が、まったくくつがえされることも珍しいことではない。

たとえば、発達障害の代表的な疾患に自閉症（早期幼児自閉症）がある。自閉症においては、対人関係、コミュニケーションの障害と独特のこだわりの強さが特徴的であるが、かつて自閉症の原因は親の養育の仕方の失敗が原因で発症するものと信じられていた。しかしこの考え方は、現在は完全に否定されている。一九六〇年代から一九八〇年代にかけては、「反精神医学」の嵐が荒れ狂った。反精神医学の提唱者たちは、精神疾患、特に統合失調症（かつての精神分裂病）を医学的な「疾患」とは認めず、社会的な抑圧による反応であると主張した。彼らは、抑圧から自由になった「解放区」を設立し、患者とスタッフの差別をなくしたコミューンの運営を目指した。こうした活動は、新左翼的な運動と結びつき進歩的な文化人から支持されたが、実際は無残な失敗に終わっている。

最近、一九九〇年代に米国を中心に起きた「事件」として、「抑圧された記憶」の問題があげられる。この問題は本書にも記載されている。精神科医やカウンセラーは真摯に治療をしていたと信じていたにもかかわらず、この問題のため、多くの当事者とその家族は不幸のどん底に陥れられた。

この「偽の記憶」あるいは「抑圧された記憶」に関する問題は、トランスジェンダーをめぐる問題と似た構造を持っている。これは、専門家である心理療法家（医師やカウンセラー）が、意図せずに、患者のトラウマを「捏造」してしまったケースであり、後に大きな社会問題となった。というのは、心理療法家によって捏造された「偽りの記憶」によって患者の家族などが虐待の加害者として告発され、刑事事件となることが米国で続発した。その結果、数多くの無実の人が有罪判決を受け、服役することになった。

カウンセラーは、「心の悩み」を持った思春期の患者に尋ねる。「あなたは、子供の頃、虐待された経験があるのではないですか？」そうすると、何割かの患者は、それまで「忘れていた」虐待の体験を「思い出す」のである。その加害者は父親のこともあれば、家族の親しい友人であったりする。カウンセリングを続ける中で、虐待の記憶は次第に明確なものになり、患者は自分の精神的な不調が、そのような児童期の「トラウマ」が原因であることを自覚することになる。しかしこのような虐待の記憶は、ほとんどが捏造されたものであることが後に証明された（『抑圧された記憶の神話』E・F・ロフタス、K・ケッチャム　誠信書房）。

過去においても、現在でも、治療を求めているのは、思春期特有の不安定な症状を持つ若者、特に少女たちである。彼女たちの症状は、憂うつさ、不安感が中心で、周囲とうまく対人関係が築けない、いつも理由なくいらいらして落ち着かない、といったものが多い。時に感情的な不安定さは深刻となり、リストカットやオーバードーズを繰り返すこととなる。

こういった思春期の患者は、病院を受診した場合、「うつ病」「不安障害」などと診断され、何らかの投薬を受けることが多いが、クスリの効果は限定的である。パーソナリティ障害と診断される例もある。彼女たちは、心理療法家のカウンセリングを受けるようになるケースもあるが、やはり明確な効果を示すことは少ないようだ。というのは彼女たちの問題は「疾患」というよりは、思春期における精神的な混乱とでもいうべきものだからである。

「偽の記憶」の事件においては、心理療法家が、「虐待によるトラウマ」という正解を患者に与えたが、トランスジェンダーの問題においては、患者はすでに性別違和という答えを用意している。心理療法家は、それを支持して治療への道筋を提供する役目を担っているのである。

著者であるシュライアーは、トランスジェンダーの少女たちに対する医療的な処置について警告を発している。思春期の抑制のために使用する性ホルモンの阻害薬にしても、男性ホルモンにしても、重大な副作用があることに加えて、投与された個体のホルモンバランスに永続的な障害を残す可能性がある。ホルモン投与によって、将来妊娠ができなくなるケースもみられている。

まして外科手術となれば、取り返しのきかないものであることは明らかで、長期にわたる臨床研究もないまま、未成年の少女が自分で決断すべきものではない。実際、ホルモン治療や外科療法はトランスジェンダーの当事者の予後をかえって悪化させるとして、ジョンズ・ホプキンス大学などではこういった治療を中止した。

わが国においても、遅ればせながら、ＬＧＢＴ（レスビアン、ゲイ、バイセクシュアル、トランスジェンダーの総称）やトランスジェンダーに関する議論が活発になっている。けれども、幸いなことに、日本の学校関係者も、医療関係者も、トランスジェンダーの扱いについては比較的慎重である。臨床的にも、トランスジェンダーを訴える人が病院の外来を受診することは多いとは言えない。ＡＳＤ（自閉スペクトラム症）圏の疾患では性別違和を訴える比率が高いが、大部分は男性であり、米国のような状況には至っていない。

現在のトランスジェンダーの問題は、医療的な問題よりは、差別と少数者の権利擁護の問題という側面がクローズアップされている。これは米国でも、日本でも同様である。そのため、どうしても、社会的、あるいは政治的な視点から語られることが多く、反応も先鋭化しやすい。この本の著者に対しても厳しい批判が行われた。しかしながら、この問題は、本来医療の問題である。多数の症例を集めた客観的なデータに基づいて性別違和の定義を確立し、標準的な治療指針を得ることが何よりも求められている。

Ourselves（New York, NY: HarperCollins Publishers, 2017）, 46.

＊5. 例として Kravetz, *Strange Contagion*, 55–81.

＊6. 例として S. Jarvi ほか, "The Impact of Social Contagion on Non-Suicidal Self-Injury: A Review of the Literature," *Archives of Suicide Research* 17, no. 1（2013）: 1–19, https://www.ncbi.nlm.nih.gov/pubmed/23387399

＊7. Deborah Tannen, "Rapport Talk and Report-Talk," in *Interpersonal Communication: Putting Theory into Practice*, Leila Monaghan, Jane E. Goodman, Jennifer Meta Robinson編, 2nd ed.,（Oxford: Wiley-Blackwell, 2012）, 191.

＊8. 生まれたときの性別を改めるために陰茎形成術を受けたが、性別適合手術は失敗だったと告白している有名なユーチューバーの例がある。Tyler Jace Vine, "I Hate My Arm," YouTube, September 26, 2016, https://www.youtube.com/watch?v=vseH5D8e3A8&feature=youtu.be ; Tyler Jace Vine, "I Shouldn't Have Transitioned," YouTube, December 2, 2019, https://www.youtube.com/watch?v=SLewBHur61Q&feature=youtu.be

＊ 2. Detransition Subreddits, https://subredditstats.com/r/detrans; https://www.reddit.com/r/detrans/
＊ 3. アンドルー・サリヴァンによる優れた長文の記事に示されている。“The Hard Questions About Young People and Gender Transitions,” Intelligencer, *New York*, November 1, 2019, http://nymag.com/intelligencer/2019/11/andrew-sullivan-hard-questions-gender-transitions-for-young.html
＊ 4. レイ・ブランチャード（@BlanchardPhD),「類似する疾病とは対照的に、『精神疾患の診断・統計マニュアル』（DSM-5）の性別違和の診断基準に"寛解""完全寛解""部分寛解"は明記されていない。したがって臨床または研究目的で、脱トランスした患者を記録する明らかな方法はない」2019年5月18日午前10時40分Twitterへの投稿より。https://twitter.com/blanchardphd/status/1129758706277769216?lang=en
＊ 5. Helena, “ROGD — A Detransitioner Speaks （Guest Post）,” *Lily Maynard* （blog）, November 11, 2018, http://lilymaynard.com/rogd-a-detransitioner-speaks-guest-post/
＊ 6. Helena, “ROGD — A Detransitioner Speaks （Guest Post）.”
＊ 7. Helena, “How Mental Illness Becomes Identity: Tumblr, a Callout Post, Part 2,” 4thwavenow, August 13, 2019, https://4thwavenow.com/2019/08/13/how-mental-illnesses-become-identities-tumblr-a-callout-post-part-2/
＊ 8. Helena, “How Mental Illness Becomes Identity.”
＊ 9. Helena, “ROGD — A Detransitioner Speaks （Guest Post）.”
＊ 10. 同上
＊ 11. 同上

11　あと戻り

＊ 1. Arlene Stein, *Unbound: Transgender Men and the Remaking of Identity* （New York, NY: Penguin Random House, 2018）, 127.
＊ 2. 突如トランスジェンダーを自認しはじめた10代の娘をもつ親たちのためのオンライン・コミュニティ、4thWaveNow の開設者デニースの言葉より
＊ 3. W. Vandereycken, “Can Eating Disorders Become ‘Contagious’ in Group Therapy and Specialist Inpatient Care?” *European Eating Disorders Review* 19, no. 4 （July–August 2011）: 289–95, 10.1002/erv.1087.
＊ 4. Lee Daniel Kravetz, *Strange Contagion: Inside the Surprising Science of Infectious Behaviors and Viral Emotions and What They Tell Us about*

BioEdge, September 15, 2018, https://www.bioedge.org/bioethics/13-year-olds-given-mastectomies-at-california-clinic/12816

＊ 26. Report of the U.S. Transgender Survey 2015, National Center for Transgender Equality, 102, http://www.ustranssurvey.org/

＊ 27. Mamoon Rashid and Muhammad Sarmad Tamimy, "Phalloplasty: The Dream and the Reality," *Indian Journal of Plastic Surgery* 46, no. 2 （May–August 2013） 283–93, https://www.ncbi.nlm.nih.gov/pmc/articles/PMC3901910/

＊ 28. Compare Eli Coleman ほか, "Standards of Care for the Health of Transsexual, Transgender, and Gender Nonconforming People," 7th Version, WPATH, 2012, 18–21, 35－36, https://www.wpath.org/media/cms/Documents/SOC%20v7/Standards%20of%20Care_V7%20Full%20Book_English.pdf と "Standards of Care for the Health of Transsexual, Transgender, and Gender Nonconforming People," 6th Version, WPATH, 2001, 8–11, 13. 詳細はSarah L. Schulz, "Informed Consent Model of Transgender Care : An Alternative to Diagnosis of Gender Dysphoria," *Journal of Humanistic Psychology* 58, no. 1 （2018）, 83.

＊ 29. Section 1557, 45 C.F.R. § 92.207 （5）, U.S Code of Federal Regulations, last updated April 6, 2020, https://www.govregs.com/regulations/expand/title45_chapterA_part92_subpartC_section92.207

＊ 30. 詳細はKristian Foden-Vencil, "In Oregon, Medicaid Now Covers Transgender Medical Care," NPR, January 10, 2015, https://www.npr.org/sections/healthshots/2015/01/10/376154299/in-oregon-medicaid-now-covers-transgendermedical-care ; そのほかに "Oregon Health Plan Coverage of Gender Dysphoria: Frequently Asked Questions for Current or Future Clients," Basic Rights Oregon, November 2015, 3–4, http://www.basicrights.org/wp-content/uploads/2015/09/OHP_FAQ_For_Individuals_Nov_2015.pdf

10 後悔

＊ 1. Benji/Gnc_Centric, "Benji/Gnc_Centric: On Being Kicked off Twitter and Medium," 4thwavenow, December 27, 2019, https://4thwavenow.com/2019/12/27/benji-gnc_centric-on-being-kicked-off-twitter-and-medium/

Nonbinary Persons on Testosterone," *Journal of Pediatric & Adolescent Gynecology* 31, no. 2 (April 1, 2018), https://www.jpagonline.org/article/S1083-3188(18)30025-1/fulltext ("テストステロンの補充療法を受けている多くのFtM(トランス男性)やGNB(ジェンダー不適合行動)の人々には、わたしたちの仮説に反して、子宮内膜の増殖や分泌期子宮内膜といった変化は見られていない。子宮内膜がんの発症リスクとの関連は不明だが、このデータは出血の傾向による患者集団の診察とカウンセリングに重要なものとなるだろう")

＊ 19. 詳細は Paul W. Hruz, "Deficiencies in Scientific Evidence for Medical Management of Gender Dysphoria," *The Linacre Quarterly* 87, no. 1 (September 20, 2019) : 1–9, 1, 3, 5–6; Cecilia Dhejne ほか, "Long-TermFollow-Up of Transsexual Persons Undergoing Sex Reassignment Surgery: Cohort Study in Sweden," PLoS ONE 6, no. 2 (February 22, 2011) : 1–8, 1, 4, 6; Rosalia Costa, "Psychological Support, Puberty Suppression, and Psychosocial Functioning in Adolescents with Gender Dysphoria," *Journal of Sexual Medicine* 12, no. 11 (2015) : 2206–2214, 2207.

＊ 20. Sarah Peitzmeier ほか, "Health Impact of Chest Binding among Transgender Adults: A Community-Engaged Cross-Sectional Study," Culture, Health & Sexuality 19, no. 1 (June 14, 2016), 3, 5, 8.

＊ 21. 詳細はScott Mosser, "FTM/N Breast Binding Guide and Safety Before Surgery," Gender Confi rmation Center, https://www.genderconfirmation.com/breast-binding/

＊ 22. Juliana Bunim, "First U.S. Study of Transgender Youth Funded by NIH," University of California San Francisco, August 17, 2015, https://www.ucsf.edu/news/2015/08/131301/first-us-study-transgender-youth-funded-nih

＊ 23. Is This Appropriate Treatment?, "Dr. Johanna Olson-Kennedy Explains Why Mastectomies for Healthy Teen Girls Is No Big Deal," YouTube, November 5, 2018, https://www.youtube.com/watch?v=5Y6espcXPJk

＊ 24. 詳細は Johanna Olson-Kennedy ほか, "Chest Reconstruction and Chest Dysphoria in Transmasculine Minors and Young Adults: Comparisons of Nonsurgical and Postsurgical Cohorts," *JAMA Pediatrics* 172, no. 5 (May2018) : 431–36, https://www.ncbi.nlm.nih.gov/pmc/articles/PMC5875384/

＊ 25. Michael Cook, "13-Year-Olds Given Mastectomies at California Clinic,"

人々の割合も高い

＊ 11. Peter Celec ほか, "On the Effects of Testosterone on Brain Behavioral Functions," *Frontiers in Neuroscience* 9 （February 17, 2015）, 3. （"あらゆる行動パラメータから、不安はもっともテストステロンの影響を受けやすい感情と思われる。テストステロンが不安に及ぼす影響についてマウスで調べ分析し、もっとも引用されている論文によれば、複数の実験結果で不安の減少が見られ……"）

＊ 12. 例として H. Asscheman ほか, "A Long-Term Follow-Up Study of Mortality in Transsexuals Receiving Treatment with Cross-Sex Hormones," *European Journal of Endocrinology* 164, no. 4 （April 2011）, 635, 637-41.

＊ 13. M. E. Kerckhof ほか, "Prevance of Sexual Dysfunctions in Transgender Persons: Results from the ENIGI Follow-Up Study," *Journal of Sexual Medicine* 16, no. 12 （December 2019）: 1–12, 7.

＊ 14. 詳細は Darios Getahun ほか, "Cross-Sex Hormones and Acute Cardiovascular Events in Transgender Persons: A Cohort Study," *Annals of Internal Medicine* 169, no. 4 （July 12, 2018）; Talal Alzahrani ほか, "Cardiovascular Disease Risk Factors and Myocardial Infarction in the Transgender Population," *Circulation: Cardiovascular Quality and Outcomes* 12, no. 4 （April 5, 2019）, 6, Figure 1.

＊ 15. 多嚢胞性卵巣症候群の場合に女性が投与されるテストステロン濃度のおよそ6倍にあたる

＊ 16. Alzahrani ほか, "Cardiovascular Disease Risk Factors and Myocardial Infarction in the Transgender Population," 6, Figure 1. （内分泌学者ウィリアム・マローン博士からわたしが受けた説明によれば「テストステロンのみの影響による正確な増加率を算出するのは難しい。関連があるのは確かだが……算出するにはさらなる研究が必要」とのこと）

＊ 17. *The Guidelines for the Primary and Gender-Affi rming Care of Transgender and Gender Nonbinary People,* UCSF Center of Excellence for Transgender Health, 2nd ed., June 17, 2016, 49, https://transcare.ucsf.edu/sites/transcare.ucsf.edu/files/Transgender-PGACG-6-17-16.pdf

＊ 18. 例として Fenway Health, *The Medical Care of Transgender Persons,* Fall 2015, 20, http://lgbthealtheducation.org/wp-content/uploads/COM-2245-The-Medical-Care-of-Transgender-Persons.pdf ; Frances Grimstad ほか, "Evaluation of Uterine Pathology in Transgender Men and Gender

Gender Identity Disorder: A Prospective Follow-Up Study," *Journal of Sexual Medicine* 8, no. 8 (August 2011) : 2276–83, https://www.ncbi.nlm.nih.gov/pubmed/20646177

＊ 7. 例として J. Ristori and T. D. Steensma, "Gender Dysphoria in Childhood," *International Review of Psychiatry* 28, no. 1 (2016) : 13–20, 10.3109/09540261.2015.1115754, 15.

＊ 8. 詳細は Schneider ほか, "Brain Maturation, Cognition and Voice Pattern in a Gender Dysphoria Case under Pubertal Suppression."

＊ 9. 思春期は通常、ほとんど兆候の見られない１期から成人の生殖器が完全に形成される５期までの"タナーの分類〔イギリスの小児科医ジェイムズ・タナーが提唱した〕"によって５段階に分けられる。思春期ブロッカーはこのうちの早くも２期で投与されることが多い。少女たちの乳房がようやくふくらみはじめ、卵巣はまだ発育しておらず、性的に成熟しているとはとうてい言えない段階だ。思春期の早い段階で成長を止めれば、生殖器は子供の状態のままとなってしまう。異性のホルモン補充療法を行なえば、少女たちは生物学的な生殖行為ができなくなり、オーガズムすら感じられなくなる可能性もある

＊ 10. トランスジェンダーを自認する10代の少女たちに思春期ブロッカーの使用を推奨する人々は、自殺の危険性を減らせると主張している。最近の顕著な例では、ハーバード大学医科大学院のジャック・ターバン博士が、ニューヨーク・タイムズ紙で「思春期ブロッカーの使用が、若年成人のトランスジェンダーで自殺を考える人々の割合の低下につながっている」との研究結果が得られたと発表した。JackTurban, "What South Dakota Doesn't Get About Transgender Children," *New York Times*, February 6, 2020. その主張の根拠とされる資料からは、またべつの見方ができる。博士がデータを取りはじめてからの1年で、思春期ブロッカーを投与していて自殺を考えた人々の割合は50%をわずかに上回り、依然として憂慮すべき高さだ。Jack L. Turban ほか, "Pubertal Suppression for Transgender Youth and Risk of Suicidal Ideation," *Pediatrics* 145, no. 2 (2020) , 5, Table 3. 参照。小児内分泌学の准教授ポール・ヘルツ博士は言う。「半分の人々がなお自殺を考えている状況では功を奏しているとは言いがたい」問題なのは、トランスジェンダーを自認し、"自殺を考え、計画した"人数は、思春期ブロッカーを投与してきた人々のほうが、投与していない人々よりもはるかに多いことだ。同様に、思春期ブロッカーを投与していて、自殺を試みて入院する

edu/Trans-At-UCLA
＊ 30. Amy Joyce, “How Helicopter Parents Are Ruining College Students,” *Washington Post*, September 2, 2014, https://www.washingtonpost.com/news/parenting/wp/2014/09/02/how-helicopter-parents-are-ruining-college-students/
＊ 31. 詳細は“Colleges and Universities that Cover Transition-Related Medical Expenses Under Student Health Insurance,” Campus Pride, 2019, https://www.campuspride.org/tpc/student-health-insurance/ （プリンストン大学はこのリストにないが、方針を転換して以降、トランスジェンダーのための療法に健康保険が適用されている）
＊ 32. Monica and Victor Wang, “For Trans Students, Health Care Only First Step,” *Yale Daily News*, October 9, 2015, https://yaledailynews.com/blog/2015/10/09/for-trans-students-health-care-only-first-step/

9　身体の改造

＊ 1. これを最初にわたしに指摘してくれたのはマリアン・ルティリアーノ博士。知見を与えてくださったことに心から感謝しています
＊ 2. 例として Ian Janssen ほか, “Skeletal Muscle Mass and Distribution in 468 Men and Women Aged 18–88 Yr,” *Journal of Applied Physiology* 89 （2000）: 81–88, https://www.physiology.org/doi/full/10.1152/jappl.2000.89.1.81
＊ 3. 例として Diane Ehrensaft, *The Gender Creative Child: Pathways for Nuturing and Supporting Children* （New York, NY: The Experiment, 2016）, 257.
＊ 4. Alexa Tsoulis-Reay, “What It’s Like to Be Chemically Castrated,” The Cut, December 1, 2015, https://www.thecut.com/2015/12/what-its-like-to-be-chemically-castrated.html
＊ 5. 詳細は Maiko A. Schneider ほか, “Brain Maturation, Cognition and Voice Pattern in a Gender Dysphoria Case under Pubertal Suppression,” *Frontiers in Human Neuroscience* 11 （November 2017） 1, 4–6 .（思春期に感情が抑圧された患者には“総体的な知能指数の低下”が見られるものの、"性別違和の若者たちが思春期ブロッカーを使用することによる脳の発達と認識力への影響についてはまだ結論づけられる調査結果が不足している"）
＊ 6. 例として A. L. de Vries ほか, “Puberty Suppression in Adolescents with

ga=2.165844918.929942533.1586180922-1430403405.1583510202.pdf?_ga=2.162811380.910185904.1534872273-1928237950.1534872273
* 21. NPR（@NPR），「平均して、月経がある人々はタンポンとナプキンの売上税だけで、年間およそ１億５千万ドルを支払っている」2019年10月19日 午後6時34分Twitterへの投稿より。 https://twitter.com/NPR/status/1185685574239379456
* 22. Jonathon Van Maren, Jonathon, "Some Trans Activists Want to Call Women 'Bleeders' to Be Inclusive of 'Trans Men," *The Bridgehead*（blog）, December 14, 2018, https://thebridgehead.ca/2018/12/14/some-trans-activists-want-to-call-women-bleeders-to-be-inclusive-of-trans-men/
* 23. Darcel Rockett, "Kids Are Seeing Porn Sooner than Adults Think," *Chicago Tribune*, April 8, 2018, https://www.njherald.com/lifestyle/20180408/kids-areseeing-porn-sooner-than-adults-think
* 24. Gail Dines, "Choking Women Is All the Rage. It's Branded as Fun, Sexy 'Breath Play," *The Guardian*, May 13, 2018, https://www.theguardian.com/commentisfree/2018/may/13/choking-women-me-too-breath-play
* 25. Olga Khazan, "The Startling Rise of Choking During Sex," *The Atlantic*, June 24, 2019, https://www.theatlantic.com/health/archive/2019/06/how-pornaffecting-choking-during-sex/592375/
* 26. 詳細はColin Atagi, "Palm Springs Pool Getting Unisex Shower, Formal Policy after Teens Encounter Trans Woman", *Palm Springs Desert Sun*, January 24, 2019, https://www.desertsun.com/story/news/2019/01/24/poolgetting-unisex-shower-formal-policy-after-teens-encounter-transwoman/2670287002/
* 27. Lisa Littman, "Parent Reports of Adolescents and Young Adults and Perceived to Show Signs of a Rapid Onset of Gender Dysphoria," *PloS One* 14, no. 3（August 16, 2018）, 6, Table 1, https://journals.plos.org/plosone/article?id=10.1371/journal.pone.0202330
* 28. Grace Harmon, "More Than Half of the Student Body at Evergreen Identifies as LGBTQ or Questioning," KNKX, February 18, 2020, https://www.knkx.org/post/more-half-student-body-evergreen-identifies-lgbtq-or-questioning 参照
* 29. "Trans @ UCLA: UCLA is a Top 10 Trans-Friendly Campus!," UCLA Lesbian Gay Bisexual Transgender Resource Center, https://www.lgbt.ucla.

alaskapublic.org/2019/09/30/anchorage-settles-case-on-transgender-access-to-womens-shelter/ . ほかにMadeleine Kearns, “Women-Only Rape Relief Shelter Defunded, Then Vandalized,” *National Review*, August 28, 2019, https://www.nationalreview.com/2019/08/women-only-rape-relief-shelter-defunded-then-vandalized/

* 12. Justin Wm. Moyer, “Smith College to Admit Transgender Women in Historic Policy Change,” *Washington Post*, May 3, 2015, https://www.washingtonpost.com/news/morning-mix/wp/2015/05/04/smith-college-to-admit-transgender-women-in-historic-policy-change/
* 13. National Center for Transgender Equality, 2015 Transgender Survey, 102.
* 14. Matt Margolis, “Is it Fair for Boys to Compete on Girls Sports Teams?” PJ Media, June 10, 2018, https://pjmedia.com/trending/is-it-fair-for-boys-tocompete-on-girls-sports-teams/
* 15. Andy Ross, “Meet Natalie Fahey, Southern Illinois' First Transgender Swimmer,” *Swimming World*, June 20, 2018, https://www.swimmingworldmagazine.com/news/meet-natalie-fahey-southern-illinois-first-transgender-swimmer/
* 16. Christie Aschwanden, “Trans Athletes Are Posting Victories and Shaking Up Sports.” Wired, October 29, 2019, https://www.wired.com/story/the-glorious-victories-of-trans-athletes-are-shaking-up-sports/
* 17. Brooke Sopelsa, “Martina Navratilova Dropped by LGBTQ Nonprofi t After ‘Transphobic’ Comment,” NBC News, February 20, 2019, https://www.nbcnews.com/feature/nbc-out/martina-navratilova-dropped-lgbtq-nonprofitafter-transphobic-comment-n973626
* 18. Joanna Hoffman, “Athlete Ally: Navratilova's Statements Transphobic and Counter to our Work, Vision and Values,” Athlete Ally, February 19, 2019, https://www.athleteally.org/navratilovas-statements-transphobic-counter-to-our-work-vision/
* 19. Lila Shapiro, “Andrea Long Chu Wants More,” Vulture, October 16, 2019, https://www.vulture.com/2019/10/andrea-long-chu-on-her-debut-book-females.html
* 20. “Safer Sex for Trans Bodies,” Whitman-Walker Health and the Human Rights Campaign Foundation, 2016, https://assets2.hrc.org/files/assets/resources/Trans_Safer_Sex_Guide_FINAL.pdf?_

LGBTQ Nation, October 7, 2019, https://www.lgbtqnation.com/2019/10/remembering-transgender-pioneer-christine-jorgensen/
* 5. Stephen Whittle, "A Brief History of Transgender Issues," *The Guardian*, June 2, 2010, https://www.theguardian.com/lifeandstyle/2010/jun/02/brief-history-transgender-issues
* 6. Erin Kelly, "Call Her Christine: The Original American Trans Celebrity," All That's Interesting, June 4, 2015, https://allthatsinteresting.com/christine-jorgensen
* 7. Bedwell, "Remembering Transgender Pioneer Christine Jorgensen."
* 8. Candice Brown Elliot, 1999, quoted in Whittle, "A Brief History of Transgender Issues."
* 9. Sara G. Miller, "1 in 6 Americans Take a Psychiatric Drug," *Scientific American*, December 13, 2016, https://www.scientificamerican.com/article/1-in-6-americans-takes-a-psychiatric-drug/
* 10. Madeleine Kearns "California's Transgender Prison Policy Is a Disaster for Women," *National Review*, June 26, 2019, https://www.nationalreview.com/2019/06/californias-transgender-prison-policy-is-a-disaster-for-women/
* 11. Marissa J. Lang, "Lesbian Bars Are Vanishing All over the Country. In D.C., Two Just Opened Their Doors," *Washington Post*, October 22, 2018, https://www.washingtonpost.com/local/lesbian-bars-are-vanishing-all-over-the-country-in-dc-two-just-opened-their-doors/2018/10/22/14609ac6-d3ad-11e8-8c22-fa2ef74bd6d6_story.html ; Riese, "38 Lesbian Magazines that Burned Brightly, Died Hard, Left a Mark," AutoStraddle, October 12, 2016, https://www.autostraddle.com/38-lesbian-magazines-that-burned-brightly-died-hard-left-a-mark-354199/ ; Mary Margaret Olohan, "'My Privacy Is Being Invaded': High School Girl Objects to New Transgender Bathroom Policy," The Daily Signal, November 21, 2019, https://www.dailysignal.com/2019/11/21/my-privacy-is-being-invaded-high-school-girl-reacts-to-new-transgender-bathroom-policy/ ; Nazia Parveen, "Transgender Prisoner Who Sexually AssaultedInmates Jailed for Life," *The Guardian*, October 11, 2018, https://www.theguardian.com/uk-news/2018/oct/11/transgender-prisoner-who-sexually-assaulted-inmates-jailed-for-life ; Zachariah Hughes, "Anchorage Settles Case on Transgender Access to Women's Shelter," Alaska Public Media, September 30, 2019, https://www.

Psyche （New York, NY: Simon & Schuster: 2010）, 32–33.『クレイジー・ライク・アメリカ』紀伊國屋書店
＊ 14. 同上 32.
＊ 15. 同上
＊ 16. 同上 33.
＊ 17. L. Marchiano, “The Language of the Psyche: Symptoms as Symbols,” in *Transgender Children and Young People: Born in Your Own Body*, H. Brunskell-Evans and M. Moore編 （Newcastle upon Tyne: Cambridge Scholars Publishing, 2018）, 107–122.
＊ 18. この箇所についての資料の一部はもともとウォール・ストリート・ジャーナル紙の週末インタビューの記事として掲載されていた。詳細は Abigail Shrier, “Standing Against Psychiatry’s Crazes,” *Wall Street Journal*, May 3, 2019, https://www.wsj.com/articles/standing-against-psychiatrys-crazes-11556920766
＊ 19. Paul McHugh, “Transgender Surgery Isn’t the Solution,” *Wall Street Journal*, June 12, 2014, https://www.wsj.com/articles/paul-mchugh-transgender-surgery-isnt-the-solution-1402615120
＊ 20. Paul McHugh, “Surgical Sex,” First Things, November 2004, https://www.firstthings.com/article/2004/11/surgical-sex?mod=article_inline

8　格上げされたもの、格下げされたもの

＊ 1. Sanchez Manning, “Girls Are Skipping School to Avoid Sharing Gender Neutral Toilets with Boys after Being Left to Feel Unsafe and Ashamed,” Daily Mail, October 5, 2019, https://www.dailymail.co.uk/news/article-7542005/Girls-skipping-school-avoid-sharing-gender-neutral-toilets-boys.html
＊ 2. Lane Moore, “A Complete Beginner’s Guide to Chest Binding,” *Cosmopolitan*, March 21, 2016, https://www.cosmopolitan.com/sex-love/news/a55546/how-to-bind-your-chest/
＊ 3. Courtney Roark, “Period Poverty Affects Transgender and Gender Non-Conforming People, Too,” *Teen Vogue*, October 18, 2019, https://www.teenvogue.com/story/period-poverty-transgender-and-gender-non-conforming-people
＊ 4. Michael Bedwell, “Remembering Transgender Pioneer Christine Jorgensen,”

7　反対派

＊ 1. 米国精神医学会の性同一性障害のワークグループの議長として行なった

＊ 2. 世界トランスジェンダー・ヘルス専門家協会（WPATH）のガイドライン "Standards of Care" 2011年第7版

＊ 3. "Transgender Kids: Who Knows Best?" *This World,* BBC, [42:00], https://vimeo.com/217950594

＊ 4. "Transgender Kids: Who Knows Best?" *This World* ; J. Ristori and T.D.Steensma, "Gender Dysphoria in Childhood," *International Review of Psychiatry* 28, no. 1 （2016）, 15, Table 1. 参照

＊ 5. 詳細は "Transgender Kids: "Who Knows Best?" *This World.*

＊ 6. ズッカー博士の診療科を閉鎖し、彼を解雇した病院は、2018年に、ズッカー氏の仕事について誤った情報を伝え、根拠のない申し立てにより名誉を傷つけたとして公式に謝罪した。病院はズッカー博士に損害賠償金として55万ドルと裁判費用を支払った

＊ 7. "Open Letter to the Board of Trustees of CAMH," iPetitions, January 11, 2016, https://www.ipetitions.com/petition/boardoftrustees-CAMH

＊ 8. Alice D. Dreger, "The Controversy Surrounding *The Man Who Would be Queen*: A Case History of the Politics of Science, Identity, and Sex in the Internet Age," *Archives of Sexual Behavior* 37 （2008）, https://link.springer.com/article/10.1007/s10508-007-9301-1

＊ 9. 例として Clifford N. Lazarus, "Why DID or MPD Is a Bogus Diagnosis," *Psychology Today,* December 29, 2011, https://www.psychologytoday.com/us/blog/think-well/201112/why-did-or-mpd-is-bogus-diagnosis

＊ 10. 例として United States District Court Middle District of Florida Jacksonville Division, *Adams v. School Board of St. Johns County, Florida,* Expert Report of Diane Ehrensaft, Ph.D. （activist child psychologist）, http://files.eqcf.org/wp-content/uploads/2017/12/137-P-Preliminary-FOF_COL.pdf

＊ 11. 例としてJ. Ristori and T. D. Steensma, "Gender Dysphoria in Childhood," 15, （showing an over 85 percent gender dysphoria desistance rate）.

＊ 12. 例として *Frontiero v. Richardson,* 411 U.S. 677. 686 （1973）; *Obergefell v. Hodges,* 135 S. Ct. 2584, 2596 （2015） ("近年ようやく精神科医たちも性的指向は正常な人間の性的関心の表れであり、変わらないものであると認めるようになった")

＊ 13. 詳細は Watters, Ethan, *Crazy Like Us: The Globalization of the American*

Psychiatry 46, no. 10 （2007）:1307–1314.

＊ 17. "The 41% Trans Suicide Attempt Rate: A Tale of Flawed Data and Lazy Journalists," 4thwavenow, August 3, 2015, https://4thwavenow.com/2015/08/03/the-41-trans-suicide-rate-a-tale-of-flawed-data-and-lazy-journalists/

＊ 18. Cecilia Dhejne ほか, "Long-Term Follow-Up of Transsexual Persons Undergoing Sex Reassignment Surgery: Cohort Study in Sweden," PloS One 6, no. 2 （February 2011）, https://doi.org/10.1371/journal.pone.0016885

＊ 19. 詳細は "Board of Directors Part One: Agenda and Papers of a Meeting to be Held in Public," The Tavistock and Portman NHS Foundation Trust, 53. 54頁 "Self-Harm" の項では、思春期ブロッカーの投与は性別違和に好ましい効果が見られないことが示されている。著者ファイルにコピー

＊ 20. Jamie Doward, "Governor of Tavistock Foundation Quits over Damning Report into Gender Identity Clinic," *The Guardian*, February 23, 2019, https://www.theguardian.com/society/2019/feb/23/child-transgender-service-governor-quits-chaos

＊ 21. Kristina R. Olson ほか, "Mental Health of Transgender Children Who Are Supported in Their Identities," *Pediatrics* 137, no. 3 （March 2016）, https://pediatrics.aappublications.org/content/137/3/e20153223

＊ 22. 子供たちの社会的性別移行を支持した親たちの報告をもとにした研究であることにも留意したい。親の報告をもとに子供たちの精神状態を評価するのはごく一般的な手法だが、この親たちの場合には先入観があることを否定できない。子供の社会的性別移行を堂々と支持していたということは、自分たちが正しい決断をしたと報告したがる可能性が高いと考えられる。間違った選択をしてしまったかもしれないなどと、親が容易に受け入れられるだろうか？

＊ 23. J. Ristori and T. D. Steensma, "Gender Dysphoria in Childhood," *International Review of Psychiatry* 28, no. 1 （2016）: 13–20, 10.3109/09540261.2015.1115754.

＊ 24. 詳細はジョン・コラピントの優れた著書で見事に明示されている。*As Nature Made Him: The Boy Who Was Raised as a Girl* （New York, NY: HaperCollins Publishers, 2000）.『ブレンダと呼ばれた少年』扶桑社

＊ 9. A. L. de Vries ほか, “Puberty Suppression in Adolescents with Gender Identity Disorder: A Prospective Follow-Up Study,” *Journal of Sexual Medicine* 8, no. 8 （August 2011） : 2276–83, https://www.ncbi.nlm.nih.gov/pubmed/20646177

＊ 10. Riittakerttu Kaltiala-Heino ほか, “Gender Dysphoria in Adolescence: Current Perspectives,” *Adolescent Health, Medicine, and Therapeutics* 9 （2018） , 31–41, https://www.ncbi.nlm.nih.gov/pmc/articles/PMC5841333/

＊ 11. De Vries ほか, “Puberty Suppression in Adolescents with Gender Identity Disorder.”

＊ 12. Joe Magliano, “Why Are Teen Brains Designed for Risk-taking?” *Psychology Today*, June 9, 2016, https://www.psychologytoday.com/us/blog/the-wide-wide-world-psychology/201506/why-are-teen-brains-designed-risk-taking ; Laurence Steinberg, “A Social Neuroscience Perspective on Adolescent Risk-Taking,” *Developmental Review* 28 no. 1 （March 2008） : 78–106, https://www.ncbi.nlm.nih.gov/pmc/articles/PMC2396566/

＊ 13. 詳細は Magliano, “Why Are Teen Brains Designed for Risk-taking?”

＊ 14. 詳細は Sara B. Johnson ほか, “Adolescent Maturity and the Brain: the Promise and Pitfalls of Neuroscience Research in Adolescent Health Policy,” *Journal of Adolescent Health* 45, no. 3 （September 2009） : 216–221, https://www.ncbi.nlm.nih.gov/pmc/articles/PMC2892678/

＊ 15. T. D. Steensma ほか, “Desisting and Persisting Gender Dysphoria after Childhood: A Qualitative Follow-Up Study,” *Clinical Child Psychology and Psychiatry* 16, no. 4 （October 2011） : 499–516, https://www.ncbi.nlm.nih.gov/pubmed/21216800 ; ほかに “Could Social Transition Increase Persistence Rates in ‘Trans’ Kids?” 4thwavenow, November 28, 2016, https://4thwavenow.com/2016/11/28/could-social-transition-increase-persistence-rates-in-trans-kids/

＊ 16. 例として C. Dhejne ほか, “Mental Health and Gender Dysphoria: A Review of the Literature,” *International Review of Psychiatry* 28, no. 1 （2016） : 44–57, https://www.ncbi.nlm.nih.gov/pubmed/26835611; M. S. C. Wallien ほか, “Psychiatric Comorbidity among Children with Gender Identity Disorder,” *Journal of the American Academy of Child and Adolescent*

強い思春期の人々と相対する臨床医がそのような特性のある子供たちに自身の解釈をすりこんでいる可能性がある。そのため、わたしはこの問題をほかの作家にさらに調べてくれるよう頼み、誰かが取り組んでくれることを願っている

＊ 2. Lisa Marchiano, "No, You Don't Have a Disorder. You Have Feelings," Aero, July 8, 2018, https://areomagazine.com/2018/07/08/no-you-dont-have-a-disorder-you-have-feelings/

6　精神科医

＊ 1. "Standards of Care for the Health of Transsexual, Transgender, and Gender-Nonconforming People," World Professional Association for Transgender Health, Version 7, 2012, 9, https://www.wpath.org/media/cms/Documents/SOC%20v7/Standards%20of%20Care_V7%20Full%20Book_English.pdf

＊ 2. American Psychological Association, "Guidelines for Psychological Practice with Transgender and Gender NonConforming People," *American Psychologist* 70 （December 2015）: 832–33, https://www.apa.org/practice/guidelines/transgender.pdf

＊ 3. American Psychological Association, "Guidelines for Psychological Practice with Transgender and Gender NonConforming People," 834–35.

＊ 4. この考え方は民族的同一性障害に前例がある。例として Eugene B. Brody, "Color and Identity Conflict in Young Boys: Observations of Negro Mothers and Sons in Urban Baltimore," Psychiatry 26, no. 2, （1963）: 188–201. 民族的同一性障害と性別違和（当時は性同一性障害と呼ばれていた）の類似点についての総論はKenneth J.Zucker, "Commentary on Langer and Martin's （2004） 'How Dresses Can Make You Mentally Ill: Examining Gender Identity Disorder in Children,'" *Child and Adolescent Social Work Journal* 23, no. 5–6, （2006）: 548–50.

＊ 5. このような治療を求める患者は性別違和の人々だけではない。身体完全同一性障害の人々が健康な手足の切断治療を求める例も多く見られる

＊ 6. American Psychological Association, "Guidelines for Psychological Practice with Transgender and Gender NonConforming People," 838.

＊ 7. 同上 840.

＊ 8. 詳細は Andy Maztner, "Transgender Services," https://andymatzner.com/trans-services/

htm

* 31. Emily Greytak ほか, “From Teasing to Torment: School Climate Revisited: A Survey of U.S. Secondary School Students and Teachers,” GLSEN, September 21, 2016, https://www.glsen.org/sites/default/files/2019-12/From_Teasing_to_Tormet_Revised_2016.pdf

* 32. Asaf Orr ほか, *Schools in Transition*, 3.

* 33. 同上 8.

* 34. 同上 16.

* 35. 同上 24–28.

* 36. 同上 8.

* 37. “Health Education Framework Chapter 6: Grades Nine Through Twelve,” California Board of Education, 2019, https://www.cde.ca.gov/ci/he/cf/

5　ママとパパ

* 1. 性別違和のある人々で自閉スペクトラム症（ASD）と診断される人々の割合が高く見られる。詳細は例としてDoug VanderLaan ほか, “Autism Spectrum Disorder Risk Factors and Autistic Traits in Gender Dysphoric Children,” *Journal of Autism and Developmental Disorders* 45, no. 6 （December 2014）: 1742–1750, https://www.researchgate.net/publication/269420151_Autism_Spectrum_Disorder_Risk_Factors_and_Autistic_Traits_in_Gender_Dysphoric_Children ; A. L. de Vries ほか, “Autism Spectrum Disorders in Gender Dysphoric Children and Adolescents,” *Journal of Autism and Developmental Disorders* 40, no. 8（August 2010）: 930–36; Riittakerttu Kaltiala-Heinoほか, “Gender Dysphoria in Adolescence: Current Perspectives,” *Adolescent Health,Medicine, and Therapeutics* 9 （2018）, 34, https://www.ncbi.nlm.nih.gov/pmc/articles/PMC5841333/. わたしが話をした多くの親たちが、娘に“高機能自閉症”の兆候が見られると語っていた。つまり、知能は高く、頑固で強いこだわりをもち、相手のしぐさを読みとるのに苦労し、人との適切な距離を取るのが苦手で、感情移入しづらいという特徴がある。本書の取材のあいだに、わたしは自閉症とその対処法について、ふたつの憂慮すべき事実を知った。性別違和と同様に、自閉スペクトラム症と診断される人々もこの10年で急増していたのだ。しかも、多くの自閉症の専門医たちが自閉症患者にジェンダーの探究を熱心に勧めている。こだわりの

＊ 19. サクラメントでの親たちの抗議により、本書はカリフォルニア州の公式認定図書から除外された。 Greg Burt, "Parents Say Proposed CA Health Curriculum 'Makes Us Sick': Sacramento Rally May 8," California Family Council, April 30, 2019, https://californiafamily.org/2019/parents-say-proposed-ca-health-curriculum-makes-us-sick/ 参照。ただし現在でもカリフォルニア州教育委員会の電子図書館には所蔵されていて、教師たちは teachingbooks.net で入手できる。狡猾な抜け道では？

＊ 20. Brook Pessin-Whedbee, *Who Are You? The Kids' Guide to Gender Identity,*（London: Jessica Kingsley Publishers, 2016）.

＊ 21. 幼児教育者のあいだで広く使われている用語。詳細は Elizabeth Meyer, A. Tilland-Stanford, and Lee Airton, "Transgender and Gender-Creative Students in PK-12 Schools: What We Can Learn From Their Teachers," *Teachers College Record* 118 （January 2016）, https://www.researchgate.net/publication/307044198_Transgender_and_gender-creative_students_in_PK-12_schools_What_we_can_learn_from_their_teachers

＊ 22. Lindsay Amer, "Why Kids Need to Learn About Gender and Sexuality," TED, May 2019, https://www.ted.com/talks/lindsay_amer_why_kids_need_to_learn_about_gender_and_sexuality?language=en#t-450080

＊ 23. Asaf Orr ほか, *Schools in Transition*, 4.

＊ 24. Positive Prevention PLUS, *Sexual Health Education for America's Youth: Curriculum and Teacher's Guide for Middle School and Community Settings* （2016）, 38.

＊ 25. Positive Prevention PLUS, *Sexual Health Education for America's Youth.*

＊ 26. 詳細は Positive Prevention PLUS; *Teen Talk; Be Real, Be Ready.*

＊ 27. "Health Education Framework Chapter 3: Transitional Kindergarten Through Grade Three," California Board of Education, April 2019 Review, 46.

＊ 28. 同上

＊ 29. Nabozny v. Polesny, 92 F.3d 446 （7th Cir. 1996）.

＊ 30. Michelle M. Johns ほか, "Transgender Identity and Experiences of Violence Victimization, Substance Use, Suicide Risk, and Sexual Risk Behaviors among High School Students – 19 States and Large Urban School Districts, 2017," Morbidity and Mortality Weekly Report 68, no. 3, （January 25, 2019）: 67–71, https://www.cdc.gov/mmwr/volumes/68/wr/mm6803a3.

'Transgender' Has Achieved Some Popularity, but Faces Social and Political Obstacles to Dictionary Coronation," *The Atlantic,* September 24, 2014, https://www.theatlantic.com/entertainment/archive/2014/09/cisgenders-linguistic-uphill-battle/380342/

＊ 10. 詳細は Asaf Orr ほか, *Schools in Transition: A Guide for Supporting Transgender Students in K-12 Schools,* Beth Sherouse 編 （New York, NY: ACLU; San Leandro, CA: GenderSpectrum; Washington, D.C.: Human Rights Campaign Foundation; San Francisco, CA: National Center for Lesbian Rights; Washington, D.C.: National Education Association）, 6, https://www.genderspectrum.org/staging/wp-content/uploads/2015/08/Schools-in-Transition-2015.pdf

＊ 11. 学校で広く使用されている"性スペクトラム"の定義から。"The Language of Gender," GenderSpectrum, https://www.genderspectrum.org/the-language-ofgender/

＊ 12. "The Language of Gender," Gender Spectrum.

＊ 13. Asaf Orr ほか, *Schools in Transition,* n. 11. この手引書がおそらくK-12〔幼稚園1年と12年間の初等・中等教育を合わせた13年間〕の教育期間でトランスジェンダーの生徒たちに対応するための指導要領としてもっとも広く採用されている

＊ 14. "Health Education Framework: 2019 Revision of the Health Education Framework," California Department of Education, https://www.cde.ca.gov/ci/he/cf/

＊ 15. Sam Killermann, "The Genderbread Person Version 2," Its Pronounced Metrosexual, https://www.itspronouncedmetrosexual.com/2012/03/the-genderbread-person-v2-0/

＊ 16. "The Gender Unicorn," Trans Student Educational Resources, http://www.transstudent.org/gender/

＊ 17. Jessica Herthel, *I am Jazz* （New York, NY: Dial Books, 2014）.『アイ・アム・ジャズ』がいかにでたらめな科学なのかを明快に示している論考に Michael Laidlaw, "Gender Dysphoria and Children: An Endocrinologist's Survey of *I am Jazz,*" Public Discourse, April 5, 2018, https://www.thepublicdiscourse.com/2018/04/21220/

＊ 18. 詳細は California Healthy Youth Act, AB 329, section 51932（b）, Chapter Three.

4　学校

＊ 1. "州教育評議会"は年4回開かれ、800人近くの評議員がいる。カリフォルニア教員組合（CTA）"日程表：CTA州評議会" https://www.cta.org/Professional-Development/Events/Calendar/Conference/2019/06/CTA-State-Council.aspx

＊ 2. カリフォルニア教員組合 *Report of Board of Directors, Committees, and Items of New Business, State Council of Education,* June 1–2, 2019. Los Angeles, California. 著者ファイル

＊ 3. カリフォルニア教員組合 *Report of Board of Directors, Committees, and Items of New Business*; Attorney General Opinion, 04-112, November 29, 2004, http://www.stdhivtraining.org/resource.php?id=255, 2参照

＊ 4. カリフォルニア教員組合"Policies: Health, Welfare, and Safety," 292,（emphasisadded）. 著者ファイル

＊ 5. California Healthy Youth Act, AB 329, section 51932（b）, https://leginfo.legislature.ca.gov/faces/billNavClient.xhtml?bill_id=201520160AB329

＊ 6. California Healthy Youth Act, AB 329, California Education Code 51938（a）, https://leginfo.legislature.ca.gov/faces/billTextClient.xhtml?bill_id=201520160AB329

＊ 7. California Healthy Youth Act, AB 329, California Education Code, 51932（b）, https://leginfo.legislature.ca.gov/faces/codes_displayText.xhtml?lawCode=EDC&division=4.&title=2.&part=28.&chapter=5.6.&article=1; "Question & Answer Guide on California's Parental Opt-Out Statutes: Parents' and Schools' Legal Rights and Responsibilities Regarding Public School Curricula," California Safe Schools Coalition, 4, http://www.casafeschools.org/OptOutQA.pdf 参照。この点についての有益な論考の詳細はMargot Cleveland, "The Transgender Agenda Hits Kindergarten," *National Review,* September 4, 2017, https://www.nationalreview.com/2017/09/transgender-agenda-schools-kindergarten-california-opt-in-opt-out-state-laws-prevent/

＊ 8. Nicole Russell, "American History: LGBTQ Edition," *The American Spectator,* Oct. 1, 2019, https://spectator.org/american-history-lgbtq-edition/

＊ 9. Paula Blank, "Will 'Cisgender' Survive?: The Linguistic Complement to www.youtube.com/watch?v=IBie5_3WllQ

＊ 18. Bertie, “IM ON TESTOSTERONE!!”

＊ 19. 同上

＊ 20. Jett Taylor, “FTM – Manipulative Parents.” YouTube, February 4, 2017, https://www.youtube.com/watch?v=oRHwNMptWyw&t=2s

＊ 21. 詳細は Rachel McKinnon, “Mother's Day 2017 Special: Should Trans Women Also Get to Celebrate ‘Mother's Day?’ Trans101, #3,” YouTube, May 14, 2017, https://www.youtube.com/watch?v=_8HIUJF--ho

＊ 22. Skylar Kergil, “To Parents Who May Have a Transgender Child,” YouTube, January 13, 2015, https://www.youtube.com/watch?v=ByG1DZmdoX0

＊ 23. 例としてRussell B. Toomey; Amy K. Syvertsen, and Maura Shramko, “Transgender Adolescent Suicide Behavior,” *Pediatrics*（October 2018）: 142. この上昇率は自己申告によるものなので高くなりやすい（自殺行為についての自己申告はあきらかな理由により統計が高く出やすい)。それでも、10代でトランスジェンダーを自認した人々の自殺と自傷行為が急増していることについては、じゅうぶんな根拠が示されている。例として Hacsi Horvath, “The Theatre of the Body: A Detransitioned Epidemiologist Examines Suicidality, Affirmation, and Transgender Identity,” 4thWaveNow, December 19, 2018, https://4thwavenow.com/tag/41-transgender-suicide/

＊ 24. Kergil, “To Parents Who May Have a Transgender Child.”

＊ 25. Lisa Littman, “Parent Reports of Adolescents and Young Adults and Perceived to Show Signs of a Rapid Onset of Gender Dysphoria,” *PloS One* 14, no. 3（August 16, 2018）, Fig. 1, https://journals.plos.org/plosone/article?id=10.1371/journal.pone.0202330

＊ 26. Littman, “Parent Reports of Adolescents and Young Adults and Perceived to Show Signs of a Rapid Onset.”

＊ 27. Ash Hardell, “Ash Hardell,” https://www.hardellmedia.com/

＊ 28. Ash Hardell, “Testosterone? For Non-binary People?” YouTube, May 16, 2017, https://www.youtube.com/watch?v=-KJP2264wJk

＊ 29. McKinnon, “Mother's Day 2017 Special.”

＊ 30. 例としてLittman, “Parent Reports of Adolescents and Young Adults and Perceived to Show Signs of a Rapid Onset,” Figure 1.

＊ 31. Wes Tucker, “Where Has Wes Tucker Been,” YouTube, March 25, 2018, https://www.youtube.com/watch?v=DSGVfz_0Y0E

＊6. Abigail Shrier,チェイス・ロスとの独自インタビューより。2019年5月23日著者ファイル
＊7. Ashley Wylde, "Changing the Way You Identify," YouTube, May 9, 2016, https://www.youtube.com/watch?v=YZY7kkYzWIc.（「どのような自認も自由で、個人的なもので、変更可能であることを指摘しておきたい」）
＊8. 例として Ashley Wylde, "What If I'm Doubting My Gender?" YouTube, June 27, 2016, https://www.youtube.com/watch?v=M7d4SKYJRg8&t=8s
＊9. Chase Ross, "Why I Stopped T," YouTube, July 5, 2011, https://www.youtube.com/watch?v=FSAqVa-NltQ&t=399s
＊10. Kaylee Korol（@kaylee.cake）「性別移行には不安がつきものであることを理解しておくのがとても重要だと思う」Instagram, June 16, 2019, https://www.instagram.com/p/ByyH326FVYx/?utm_source=ig_web_button_share_sheet
＊11. 詳細は Elliott James, "My First Binder: FTM Transgender," YouTube, May 11, 2017, https://www.youtube.com/watch?v=pl8jI1idlt4
＊12. 詳細は R. Cumming, K. Sylvester, and J. Fuld, "Understanding the Eff ects on Lung Function of Chest Binder Use in the Transgender Population," *Thorax* 71, no. 3（2016）, https://thorax.bmj.com/content/71/Suppl_3/A227.1?utm_source=TrendMD&utm_medium=cpc&utm_campaign=Thorax_TrendMD-1 ; Zing Tsjeng, "Inside the Landmark, Long Overdue Study on Chest Binding," *Vice*, September 28, 2016, https://www.vice.com/en_us/article/7xzpxx/chestbinding-health-project-inside-landmark-overdue-transgender-study
＊13. Harrison Browne, "My Dysphoria Got Worse After Top Surgery," YouTube, Dec. 29, 2018, https://www.youtube.com/watch?v=NKoeJCg9tFw.（動画ブログより。トップ手術で乳房への違和感がやわらぐ反面、下半身のでっぱりがないことへの違和感は逆に強まる）
＊14. Chase Ross, "Trans 101: Ep. 8 – Medical Transition." YouTube, August 8, 2017, https://www.youtube.com/watch?v=AfHsoQLbYe8
＊15. Kaylee Korol （@kaylee.cake）, "Trans tip number 2! Everyone seems to forget this!" Instagram, June 12, 2019, https://www.instagram.com/p/Byn-zdMBLLz/?utm_source=ig_web_button_share_sheet
＊16. Korol （@kaylee.cake）, "Trans tip number 2!"
＊17. Alex Bertie, "IM ON TESTOSTERONE!!" YouTube, April 19, 2016, https://

＊ 31. 例として Barabobam, “Having a Psych Eval. Soon,” Reddit, November 29, 2014, https://www.reddit.com/r/asktransgender/comments/2nt8gi/having_a_psych_eval_soon/ ; Anonymous, “Is It Best to Be Completely Honest, or Lie a Little Bit to Get on HRT Faster?” Reddit, March 14, 2016, https://www.reddit.com/r/asktransgender/comments/4agf76/is_it_best_to_be_completely_honest_or_lie_a/ ; Anonymous, “What Things Should I Never Tell MyPsychologist?” Reddit, May 8, 2016, https://www.reddit.com/r/asktransgender/comments/4ihwar/what_things_should_i_never_tell_my_psychologist/

＊ 32. Riley J. Dennis, “Why is the Trans Suicide Rate So High? - Riley J. Dennis,” YouTube, July 8, 2018, https://www.youtube.com/watch?v=Kx_7biZoNaY

＊ 33. Laurie Toby Edison, “‘Rapid Onset Gender Dysphoria’: Weaponized Science from the Right Wing,” *Body Impolitic* （blog）, September 27, 2018, https://laurietobyedison.com/body-impolitic-blog/2018/09/rapid-onset-gender-dysphoria-weaponized-science-from-the-right-wing/

＊ 34. Rebecca A. Schwartz-Mette and Amanda J. Rose, “Co-Rumination Mediates Contagion of Internalizing Symptoms Within Youths’ Friendships,” *Developmental Psychology* 48, no. 5 （2012）: 1355–65; Amanda J. Rose, “Co-Rumination in the Friendships of Girls and Boys,” *Child Development* 73, no. 6 （Nov – Dec. 2002）: 1830–43.

＊ 35. Jeremy Pettit and Thomas E. Joiner, “Negative-Feedback Seeking Leads to Depressive Symptom Increases Under Conditions of Stress,” *Journal of Psychopathology and Behavioral Assessment* 23, （March 2001）: 69–74.

3 インフルエンサー

＊ 1. Chase Ross, “Anti-LGBT Ads on My Trans Videos: YouTube Hypocrisy,” YouTube, June 2, 2018, https://www.youtube.com/watch?v=0ZcYaoovQhw

＊ 2. Emre Kaya （@emrekaya）, Instagram, https://www.instagram.com/emrelds

＊ 3. Ty Turner, “How to Tell If You Are Transgender,” YouTube, February 20, 2015, https://www.youtube.com/watch?v=f1rT7xOumO4&t=22s

＊ 4. Jake Edwards, “YOU DON’T NEED DYSPHORIA TO BE TRANS,” YouTube, Oct.10, 2018, https://www.youtube.com/watch?v=havm9yfTphU

＊ 5. Turner, “How to Tell If You Are Transgender.”

to the Well Being of Society," Huff Post, May 25, 2011, https://www.huffpost.com/entry/a-parable-about-contribut_b_152781
* 20. "Psychology Today Response," *Psychology Today*, December 5, 2018, https://www.gdaworkinggroup.com/letter-to-psychology-today
* 21. *Diagnostic and Statistical Manual of Mental Disorders*, 5th ed.,（Washington, D.C.: American Psychiatric Association, 2013）.
* 22. M. Goodman and R. Nash, *Examining Health Outcomes for People Who Are Transgender*（Washington, D.C.: Patient-Centered Outcomes Research Institute, 2019）, https://www.pcori.org/sites/default/files/Goodman076-Final-Research-Report.pdf
* 23. Michelle M. Johns ほか, "Transgender Identity and Experiences of Violence Victimization, Substance Use, Suicide Risk, and Sexual Risk Behaviors among High School Students - 19 States and Large Urban School Districts, 2017," Morbidity and Mortality Weekly Report 68, no. 3,（January 25, 2019）: 67-71, https://www.cdc.gov/mmwr/volumes/68/wr/mm6803a3.htm
* 24. Rayner, "Minister Orders Inquiry Into 4,000 Percent Rise."
* 25. Andrew Gilligan, "Surge in Girls Switching Gender," The Times, June 29, 2019, https://www.thetimes.co.uk/article/surge-in-girls-switching-gender-c69nl57vt ; ほかに T. Steensma, P. Cohen-Ketenis and K. Zucker, "Evidence for a Change in the Sex Ratio of Children Referred for Gender Dysphoria: Data from the Center of Expertise on Gender Dysphoria in Amsterdam（1988–2016）," *Journal of Sex & Marital Therapy* 44, no. 7,（2018）: 713–15.
* 26. 例として"Referrals to GIDS, 2014–15 to 2018–19," Gender Identity Development Service, June 25, 2019, http://gids.nhs.uk/number-referrals
* 27. L. Frisen, O. Soder, and P. A. Rydelius, "Dramatic Increase of Gender Dysphoria in Youth," *Lakartidningen*（February 22, 2017）: 114, https://www.ncbi.nlm.nih.gov/pubmed/28245038
* 28. Aitken ほか, "Evidence for an Altered Sex Ratio in Clinic-Referred Adolescents with Gender Dysphoria," 756–63.
* 29. De Graaf, "Sex Ratio in Children and Adolescents."
* 30. "2017 Plastic Surgery Statistics Report," *American Society of Plastic Surgeons*, https://www.plasticsurgery.org/documents/News/Statistics/2017/body-contouring-gender-confirmation-2017.pdf

school-i-question-browns-failure-to-defend-lisa-littman/

＊ 13. Joerg Heber, “Correcting the Scientifi c Record on Gender Incongruence — And an Apology,” *PLoS Blogs*, March 19, 2019, https://blogs.plos.org/everyone/2019/03/19/correcting-the-scientific-record-and-an-apology/

＊ 14. “Why Are So Many Teenage Girls Appearing in Gender Clinics?” *The Economist*, September 1, 2018, https://www.economist.com/united-states/2018/09/01/why-are-so-many-teenage-girls-appearing-in-gender-clinics

＊ 15. K. R. Olson ほか, “Mental Health of Transgender Children Who Are Supported in Their Identities.” Pediatrics 137, no. 3, （March 2016）, https://sdlab.fas.harvard.edu/files/sdlab/files/olson_2016_pediatrics_mental_health_of_transgender_children.pdf

＊ 16. “The 2018 Altmetric Top 100,” Altmetric, https://www.altmetric.com/top100/2018/. (“論文評価指標オルトメトリクスにより過去1年に280万の研究発表から2500万以上の引用数を抽出。このページには過去１年にもっとも引用され、実際に注目を得た学術論文の上位100が表示されている”）リットマンの論文は81位

＊17. 例としてKen Zucker (@ZuckerKJ),「性別違和の急激な発生についてリサ・リットマンの重要な論文が現在ネットの PLOS ONE で閲覧できる。アクセス自由なので、誰でもこのリンクをダウンロードできる」2018年8月17日午前11時07分Twitterへの投稿より。https://twitter.com/zuckerkj/status/1030154133452480512?lang=en; そのほかにMichael Bailey (@profjmb),「@PLOSONE 性別違和の急激な発生 (ROGD) に関するリットマンの研究は、不完全だとしても、文献として価値のある重要なもの。完璧な研究を待っていたら、何も得られない（研究はみな不完全なもの)」2018年8月25日午前9時40分Twitterへの投稿より。https://twitter.com/profjmb/status/1033393586782564352?lang=en

＊ 18. Charles Murray がこの重要な指摘をしている。Charles Murray (@charlesmurray),「リットマンが在職期間の保証もなくブラウン大学で教え、公平に事実を記録し、その結果を、力添えとなる上席の共著者もなしに出版したことをちょっと考えてみてほしい。脱帽である」2018年8月31日午前4時09分Twitterへの投稿より。https://twitter.com/charlesmurray/status/1035484702021480448?lang=en

＊ 19. 例としてLisa Littman and Michael Littman, “A Parable About Contributing

＊4. Kenneth J. Zucker ほか, "Demographics, Behavior Problems, and Psychosexual Characteristics of Adolescents with Gender Identity Disorder or TransvesticFetishism," *Journal of Sex and Marital Therapy* （March 2015）, 152–53参照

＊5. L. Littman, "Parent Reports of Adolescents and Young Adults Perceived to Show Signs of a Rapid Onset of Gender Dysphoria," PLoS ONE 14, no. 3 （August 16, 2018）, https://journals.plos.org/plosone/article?id=10.1371/journal.pone.0202330

＊6. Littman, "Parent Reports of Adolescents and Young Adults," 17. ("若年成人のトランスジェンダーの推定発現率は0.7%"（2016年の推計による)。"だが、この研究で記述されている友人グループの3分の1以上で、グループ内の半数以上の思春期及び若年成人が、同時期に局地的にトランスジェンダーを自認する割合はその推定発現率の70倍にも増加している")

＊7. L. S. Penrose, *On the Objective Study of Crowd Behaviour* （London: H. K. Lewis & Col, Ltd., 1935）, 18–19.

＊8. Penrose, *On the Objective Study of Crowd Behavior*, 19.

＊9. Shannon Keating, "Gender Dysphoria Isn't a 'Social Contagion,' According to a New Study," BuzzFeed, April 22, 2019, https://www.buzzfeednews.com/article/shannonkeating/rapid-onset-gender-dysphoria-flawed-methods-transgender; ほかに Arjee Javellana Restar, "Methodological Critique of Littman's （2018） Parental-Respondents Accounts of 'Rapid-Onset Gender Dysphoria,'" *Archives of Sexual Behavior*, 22 （April 2019）, https://link.springer.com/article/10.1007/s10508-019-1453-2

＊10. Rachel McKinnon（@rachelvmckinnon),「リットマンの"研究"は恐ろしく意図的であるとともに"重大な"害を及ぼす。その危険性は低くない」2019年5月6日午後4時51分Twitterへの投稿より。https://twitter.com/SportIsARight/status/1125548559053524994?s=20

＊11. Brynn Tannehill, "The Discredited Brown Study on Trans Youth Isn's Just Junk Science — It's Dangerous," Into, September 19, 2018, https://www.intomore.com/you/the-discredited-brown-study-on-trans-youth-isnt-just-junk-science-its-dangerous

＊12. Jeff rey S. Flier, "As a Former Dean of Harvard Medical School, I Question Brown's Failure to Defend Lisa Littman," Quillette, August 31, 2018, https://quillette.com/2018/08/31/as-a-former-dean-of-harvard-medical-

Journal of Abnormal Child Psychology 25, (1997) : 217–27. 参照
＊ 27. Virginia Sole-Smith, "Why Are Girls Getting Their Periods So Young?" *Scientific American*, May 2019, 38–40, https://www.scientificamerican.com/article/why-are-girls-getting-their-periods-so-young/
＊ 28. Jane Randel and Amy Sanchez, "Parenting in the Digital Age of Pornography," Huff Post, February 26, 2017, https://www.huffpost.com/entry/parenting-in-the-digital-age-of-pornography_b_9301802
＊ 29. Kate Julian, "Why Are Young People Having So Little Sex?" *The Atlantic*, December 2018, https://www.theatlantic.com/magazine/archive/2018/12/thesex-recession/573949/

2　謎

＊ 1. "2017 Plastic Surgery Statistics Report," American Society of PlasticSurgeons, https://www.plasticsurgery.org/documents/News/Statistics/2017/body-contouring-gender-confirmation-2017.pdf . "Emma Zane."のハンドルネームを使用している母親によるTwitterへのすばらしい投稿で言及されている。EZ, (@ZaneEmma),「2016年から2017年のあいだに、女性として生まれ、アメリカで性別適合手術を受けた人数は4倍に急増し、性別適合手術を受けた全人数のうちトランス男性が70%を占める（1年まえには46%だった）。これは若い女性たちに偏って影響を及ぼしている公衆衛生学的な伝染病と呼ぶべきものではないのか！」2018年11月30日午後4時22分Twitterへの投稿より。https://twitter.com/zaneemma/status/1068616160218738688?s=12
＊ 2. Gordon Rayner, "Minister Orders Inquiry Into 4,000 Percent Rise in Children Wanting to Change Sex," *The Telegraph*, September 16, 2018, https://www.telegraph.co.uk/politics/2018/09/16/minister-orders-inquiry-4000-per-cent-rise-children-wanting/
＊ 3. Nastasja M. de Graaf ほか, "Sex Ratio in Children and Adolescents Referred to the Gender Identity Development Service in the UK"; "Referrals to GIDS, 2014–15 to 2018–19," Gender Identity Development Service, June 25, 2019, http://gids.nhs.uk/number-referrals; Madison Aitken ほか, "Evidence for anAltered Sex Ratio in Clinic-Referred Adolescents with Gender Dysphoria," *Journal of Sexual Medicine* 12, no.3 (January 2015), 756–63.

2," 4thWaveNow, March 20, 2019, https://4thwavenow.com/2019/03/20/tumblr-a-call-out-post/ 参照
＊ 15. 上記のすばらしいブログ記事に記録されている。Helena, "How Mental Illness Becomes Identity: Tumblr, a Callout Post, Part 2."
＊ 16. "Facetune," Wikipedia, Nov. 26, 2019, 12:00 U.T.C., https://en.wikipedia.org/wiki/Facetune#Criticism
＊ 17. "A New Reality for Beauty Standards: How Selfi es and Filters Aff ect Body Image," EurekAlert!, Boston Medical Center, Aug. 2, 2018, https://www.eurekalert.org/pub_releases/2018-08/bmc-anr080118.php
＊ 18. Twenge, "Teens Have Less Face Time with Their Friends."
＊ 19. 同上。アメリカの10代が友人と過ごす時間について、1970年代から延べ820万人を調査し動向を分析した
＊ 20. グレッグ・ルキアノフとジョナサン・ハイトが優れた共著で、この点について掘り下げている。*The Coddling of the American Mind*, 19–32.『傷つきやすいアメリカの大学生たち：大学と若者をダメにする「善意」と「誤った信念」の正体』草思社
＊ 21. Twenge, "Have Smartphones Destroyed a Generation?"
＊ 22. Megan Gannon, "How Babies Learn to Fear Heights," Live Science, July 26, 2013, https://www.livescience.com/38432-how-babies-learn-to-fear-heights.html 参照。生後9カ月くらいで、赤ん坊は高さを警戒するようになる
＊23. The National Center for Transgender Equality〔全米トランスジェンダー平等のための国立センター〕の2015年アメリカのトランスジェンダー調査によると、女性として生まれ、トランスジェンダーを自認する人のうち、陰茎形成術を受けたり希望したりする人はわずか12％とされている。National Center for Transgender Equality, https://www.transequality.org/sites/default/files/docs/USTS-Full-Report-FINAL.PDF
＊ 24. "Why is DeviantArt So In Favour of the Transgender Community?" DeviantArt Forum, November 26, 2016, https://forum.deviantart.com/community/complaints/2251465/
＊ 25. Kenneth J. Zucker ほか, "Gender Dysphoria in Adults," *Annual Review of Clinical Psychology* 12, no. 1 （March 2016）, 217, https://doi.org/10.1146/annurev-clinpsy-021815-093034
＊ 26. K. J. Zucker, S. J. Bradley, and M. Sanikhani, "Sex Diff erences in Referral Rates of Children with Gender Identity Disorder: Some Hypotheses,"

rates-reachhistoric-lows
＊ 3. Heather D. Boonstra, "What Is Behind the Declines in Teen Pregnancy Rates?" Guttmacher Institute, December 3, 2014, https://www.guttmacher.org/gpr/2014/09/what-behind-declines-teen-pregnancy-rates
＊ 4. Jean Twenge, iGen: *Why Today's Super-Connected Kids are Growing Up Less Rebellious, More Tolerant, Less Happy-and Completely Unprepared for Adulthood* （New York, NY: Simon and Schuster, 2017）.
＊ 5. Twenge, "Teens Have Less Face Time with Their Friends."
＊ 6. Boonstra, "What Is Behind the Declines in Teen Pregnancy Rates?"
＊ 7. JRE Clips, "Joe Rogan & Jonathan Haidt - Social Media is Giving Kids Anxiety," January 7, 2019, YouTube, https://www.youtube.com/watch?v=CI6rX96oYnY;ほかにGreg Lukianoff and Jonathan Haidt, *TheCoddling of the American Mind*: How Good *Intentions and Bad Ideas AreSetting Up a Generation for Failure* （New York, NY: Penguin Press, 2018）, 160–61.『傷つきやすいアメリカの大学生たち：大学と若者をダメにする「善意」と「誤った信念」の正体』草思社
＊ 8. Brian Resnick, "Have Smartphones Really Destroyed a Generation? We Don't Know," Vox, May 16, 2019, https://www.vox.com/science-andhealth/2019/2/20/18210498/smartphones-tech-social-media-teens-depressionanxiety-research
＊ 9. David Levine, "Why Teen Girls Are at Such a High Risk for Depression," U.S. News, August 22, 2017, https://health.usnews.com/health-care/patientadvice/articles/2017-08-22/why-teen-girls-are-at-such-a-high-risk-fordepression
＊ 10. JRE Clips, "Joe Rogan & Jonathan Haidt."
＊ 11. 同上
＊ 12. Jean Twenge, "Have Smartphones Destroyed a Generation?" *The Atlantic*, September 2017, https://www.theatlantic.com/magazine/archive/2017/09/hasthe-smartphone-destroyed-a-generation/534198/
＊ 13. Kurt Schlosser, "New Research Finds 95% of Teens Have Access to a Smartphone; 45% Online 'Almost Constantly,'" GeekWire, June 1, 2018, https://www.geekwire.com/2018/new-research-finds-95-teens-access-smartphone-45-online-almost-constantly
＊ 14. Helena, "How Mental Illness Becomes Identity: Tumblr, a Callout Post, Part

9, 2017, https://www.foxnews.com/politics/new-california-law-allows-jailtime-for-using-wrong-gender-pronoun-sponsor-denies-that-would-happen

* 7. Josh Blackman, "The Government Can't Make You Use 'Zhir' or 'Ze' in Place of 'She' and 'He,'" *Washington Post,* June 16, 2016, https://www.washingtonpost.com/news/in-theory/wp/2016/06/16/the-government-cant-make-you-use-zhir-or-ze-in-place-of-she-and-he/

* 8. *Diagnostic and Statistical Manual of Mental Disorders,* 4th edition, textrevision （DSM-IV-TR） （American Psychiatric Association, 2000）, 579.

* 9. Kenneth J. Zucker, "The Myth of Persistence: Response to 'A Critical Commentary on Follow-Up Studies and 'Desistance' Theories about Transgender and Gender Non-Conforming Children' by Temple Newhook et al. （2018）," *International Journal of Transgenderism* （May 2018）; ほかに J.Ristori and T.D. Steensma, "Gender Dysphoria in Childhood," *International Review of Social Psychiatry* 28, no. 1 （2016）: 13–20.

* 10. Nastasja M. de Graaf ほか, "Sex Ratio in Children and Adolescents Referred to the Gender Identity Development Service in the UK （2009–2016）," *Archives of Sexual Behavior* 47, no. 5 （April 2018）: 1301–1304, https://www.researchgate.net/publication/324768316_Sex_Ratio_in_Children_and_Adolescents_Referred_to_the_Gender_Identity_Development_Service_in_the_UK_2009-2016

* 11. Ranna Parekh 編, "What Is Gender Dysphoria?" American Psychiatric Association, February 2016 （"Gender Dysphoria," DSM-5 の項より引用）, https://www.psychiatry.org/patients-families/gender-dysphoria/what-is-genderdysphoria

1　少女たち

* 1. Jean Twenge, "Teens Have Less Face Time with Their Friends — And Are Lonelier Than Ever," The Conversation, March 20, 2019, https://theconversation.com/teens-have-less-face-time-with-their-friends-and-arelonelier-than-ever-113240

* 2. Rebecca Wind, "U.S. Teen Pregnancy, Birth and Abortion Rates Reach Historic Lows," Guttmacher Institute, May 5, 2014, https://www.guttmacher.org/news-release/2014/us-teen-pregnancy-birth-and-abortion-

Lewis & Co., 1952.

- Steele, Shelby. *White Guilt: How Blacks and Whites Together Destroyed the Promise of the Civil Rights Era.* New York, NY: HarperCollins, 2006.『白い罪：公民権運動はなぜ敗北したか』シェルビー・スティール／藤永康政　訳　径書房
- Twenge, Jean M. iGen: *Why Today's Super-Connected Kids Are Growing Up Less Rebellious, More Tolerant, Less Happy-and Completely Unprepared for Adulthood.* New York, NY: Simon & Schuster, 2017.
- Watters, Ethan. *Crazy Like Us: The Globalization of the American Psyche.* New York, NY: Simon & Schuster, 2010.『クレイジー・ライク・アメリカ：心の病はいかに輸出されたか』イーサン・ウォッターズ／阿部宏美　訳　紀伊國屋書店

原　注

〔"Twitter"はすべて"現X"、URLは原著が本国で発売された2020年時点のものです〕

はじめに　伝染

＊1. Julie Beck, "'Americanitis' : The Disease of Living Too Fast," *The Atlantic,* March 11, 2016, https://www.theatlantic.com/health/archive/2016/03/thehistory-of-neurasthenia-or-americanitis-health-happiness-and-culture/473253/

＊2. Ethan Watters, *Crazy Like Us: The Globalization of the American Psyche* (New York, NY: Simon & Schuster, 2010), 34.『クレイジー・ライク・アメリカ：心の病はいかに輸出されたか』紀伊國屋書店

＊3. Paul M. McHugh, *Try to Remember: Psychiatry's Clash over Meaning, Memory, and Mind* (New York, NY: Dana Press, 2008), 69 ("虚偽記憶症候群"は女性に多く見られたと言及されている)

＊4. Mandy Van Deven, "How We Became a Nation of Cutters," Salon, August 19, 2011, https://www.salon.com/2011/08/19/tender_cut_interview/

＊5. Robert Bartholomew, "Why Are Females Prone to Mass Hysteria?" *Psychology Today,* March 31, 2017, https://www.psychologytoday.com/us/blog/its-catching/201703/why-are-females-prone-mass-hysteria

＊6. Brooke Singman, "New California Law Allows Jail Time for Using Wrong Gender Pronoun, Sponsor Denies That Would Happen," Fox News, October

参考文献

- Anderson, Ryan T. *When Harry Became Sally: Responding to the Transgender Moment*. New York, NY: Encounter Books, 2018.
- Bailey, J. Michael *The Man Who Would Be Queen: The Science of Gender-Bending and Transsexualism*. Washington, D.C.: Joseph Henry Press, 2003.
- Colapinto, John. *As Nature Made Him: The Boy Who Was Raised as a Girl*. New York, NY: HarperCollins Publishers, 2000. 『ブレンダと呼ばれた少年』ジョン・コラピント／村井智之　訳　扶桑社
- Flanagan, Caitlin. *Girl Land*. New York, NY: Little, Brown and Company, 2013.
- Frances, Allen. *Saving Normal: An Insider's Revolt Against Out-of-Control Psychiatric Diagnosis, DSM-5, Big Pharma, and the Medicalization of Ordinary Life*. New York, NY: HarperCollins Publishers, 2013.
- "Gender Identity Disorder." In *DSM-IV: Diagnostic and Statistical Manual of Mental Disorders. 4th edition*. Washington, D.C.: American Psychiatric Association, 1994.
- "Gender Dysphoria." In *DSM-5*: *Diagnostic and Statistical Manual of Mental Disorders*. 5th edition. Washington, D.C.: American Psychiatric Association, 2013.
- Kravetz, Daniel Lee. *Strange Contagion*: *Inside the Surprising Science of Infectious Behaviors and Viral Emotions and What They Tell Us about Ourselves*. New York, NY: Harper Collins Publishers, 2017.
- Lukianoff , Greg and Jonathan Haidt. *The Coddling of the American Mind: How Good Intentions and Bad Ideas Are Setting Up a Generation for Failure*. New York, NY: Penguin Press, 2018. 『傷つきやすいアメリカの大学生たち：大学と若者をダメにする「善意」と「誤った信念」の正体』グレッグ・ルキアノフ／ジョナサン・ハイト／西川由紀子　訳　草思社
- McHugh, Paul R. *Try to Remember: Psychiatry's Clash Over Meaning, Memory, and Mind*. New York, NY: Dana Press, 2008.
- Penrose, L. S. *On the Objective Study of Crowd Behaviour*. London: H. K.

装幀／神長文夫＋柏田幸子
ＤＴＰ製作／荒川典久

アビゲイル・シュライアー（Abigail Shrier）

独立系ジャーナリスト。コロンビア大学で文学士号（Euretta J. Kellett Fellowship）、オックスフォード大学で哲学士号、イェール大学法科大学院で法務博士の学位を取得。2021年にバーバラ・オルソン賞（ジャーナリズムの優秀性と独立性に贈られる）を受賞。また本書はエコノミスト誌とタイムズ紙（ロンドン）の年間ベストブックに選ばれた。

岩波 明（いわなみ　あきら）

1959年、神奈川県生まれ。東京大学医学部卒。昭和大学特任教授（医学博士）。主な研究分野は精神疾患の認知機能障害、発達障害。著書に『狂気という隣人 精神科医の現場報告』（新潮文庫）、『発達障害』（文春新書）などがある。

トランスジェンダーになりたい少女たち
SNS・学校・医療が煽る流行の悲劇

令和6年4月11日　第1刷発行
令和6年4月29日　第4刷発行

著　者　アビゲイル・シュライアー
監　訳　岩波明
共　訳　村山美雪・高橋知子・寺尾まち子
発行者　赤堀正卓
発行所　株式会社産経新聞出版
〒100-8077 東京都千代田区大手町1-7-2 産経新聞社8階
電話　03-3242-9930　FAX　03-3243-0573
発　売　日本工業新聞社　電話　03-3243-0571（書籍営業）
印刷・製本　株式会社シナノ
電話　03-5911-3355

ISBN 978-4-8191-1434-9　C0095
